Vocational Training:
International Perspectives

国际成人教育与职业教育理论前沿译丛

全球职业培训概览

格哈德·博什（德）　吉恩·查尔斯特（加）/ 著

马　勇　赵兴碧　魏　娜　刘　颖/译

ZJFS.BNUP.COM ｜ WWW.BNUPG.COM

北京师范大学出版集团
BEIJING NORMAL UNIVERSITY PUBLISHING GROUP
北京师范大学出版社

京师职教
JingShi Vocational Education

Vocational Training International Perspectives / by Gerhard Bosch and Jean Charest / ISBN: 978-0-415-46721-6
Copyright © 2010 by Taylor & Francis.
Authorized translation from English language edition published by Routledge, an imprint of Taylor & Francis Group
LLC; All rights reserved; 本书原版由 Taylor & Francis 出版集团旗下, Routledge 出版, 并经其授权翻译出版.
版权所有, 侵权必究.

Beijing Normal University Press is authorized to publish and distribute exclusively the Chinese (Simplified
Characters) language edition. This edition is authorized for sale throughout Mainland of China. No part of the
publication may be reproduced or distributed by any means, or stored in a database or retrieval system, without the
prior written permission of the publisher. 本书中文简体翻译版授权由北京师范大学出版社独家出版并限在中国
大陆地区销售. 未经出版者书面许可, 不得以任何方式复制或发行本书的任何部分.

Copies of this book sold without a Taylor & Francis sticker on the cover are unauthorized and illegal. 本书封面贴有
Taylor & Francis 公司防伪标签, 无标签者不得销售.

北京市版权局著作权合同登记号:01-2013-3925

QUANQIU ZHIYE PEIXUN GAILAN

图书在版编目(CIP)数据

全球职业培训概览 /(德)博什,(加)查尔斯特著;马勇等
译. —北京:北京师范大学出版社, 2016. 10(2022. 3 重印)
(国际成人教育与职业教育理论前沿译丛)
ISBN 978-7-303-20046-7

Ⅰ. ①全… Ⅱ. ①博… ②查… ③马… Ⅲ. ①职业培训 – 研
究 – 世界 Ⅳ. ①C975

中国版本图书馆 CIP 数据核字(2016)第 016612 号

营 销 中 心 电 话 010-58802755 58800035

出版发行:北京师范大学出版社 www. bnupg. com
　　　　　北京市西城区新街口外大街 12-3 号
　　　　　邮政编码:100088
印　　刷:北京虎彩文化传播有限公司
经　　销:全国新华书店
开　　本:787 mm×1092 mm 1/16
印　　张:20. 25
字　　数:300 千字
版　　次:2016 年 10 月第 1 版
印　　次:2022 年 3 月第 2 次印刷
定　　价:47. 00 元

策划编辑:易　新　姚贵平　　　责任编辑:鲍红玉
美术编辑:高　霞　　　　　　　　装帧设计:高　霞
责任校对:陈　民　　　　　　　　责任印制:马　洁

内容简介

本书是在题为"十国职业培训的比较视域：制度、革新和成果"的研究报告基础上写作而成的，时间跨度从 2005 年到 2007 年。整个项目基于在蒙特利尔、盖尔森基兴和墨西哥举行的三次国际研讨会的成果。全书共十一章，研究者以独特的分析视野，努力揭示各国职业培训制度的组织原则，与普通教育的联系，对继续培训、劳动力市场、社会参与者的各种作用，以及各种制度的优劣。本书尤其关注最近十年各国的革新性创举，这为职业培训制度提供了较丰富的比较分析素材，有较高的参考价值。

作者简介

参与本书编写的作者共有 16 位，他们分别来自美国、德国、加拿大、澳大利亚、丹麦、墨西哥、摩洛哥、韩国、法国和英国十个不同的国家。由于他们在经济学、教育学、社会学等方面有着持续的相关研究，加之项目本身具有的国际视野，作者们以严谨的研究态度和科学的研究方法对本国的职业教育展开了较为全面的、深入的、客观的研究和评价。对各位作者更为具体的介绍可参见全书结尾的作者介绍。

致 谢

本书在题为"十国职业培训的比较视域：制度、革新和成果"的研究报告基础上写作而成，时间跨度从 2005 年到 2007 年。整个项目基于在蒙特利尔、盖尔森基兴和墨西哥举行的三次国际研讨会的成果。研究者以独特的分析视野，努力揭示各国职业培训制度的组织原则，与普通教育的联系，对继续培训、劳动力市场、社会参与者的各种作用，以及各种制度的优劣。本书尤其关注最近十年各国的革新性创举。本项研究为职业培训制度提供分析比较的素材，研究结果日后可供各国参考。

本项目也是加拿大"全球化与工作大学校际研究中心（CRIMT）"和德国工作技术和培训机构（IAQ）的合作研究项目之一。除了对以上两所研究机构表示感谢之外，还要向亚历山大·凡·哈穆博尔德·斯蒂芬顿（Alexander von Humboldt－Stiftung）（跨国合作项目；德国）表示诚挚的谢意；合作伙伴培训委员会（实用研究补助金项目；魁北克），加拿大人力资源和技术开发（行业协会项目—人力资源合作），加拿大主要合作研究的社会科学和人文研究委员会提供了经济支持和后勤保障。

笔者还要向来自 10 个国家的 16 位研究者表示衷心感谢，正因为他们的不懈努力，才使这个项目顺利完成，本书才得以与读者见面。各位研究者在整个合作过程中亲密无间，还要感谢各位撰稿人的努力及为此付出的心血。这里要特别感谢阿那夫·阿提加·加西亚（Arnulfo Arteaga Garcia），他负责组织了 2006 年 10 月在墨西哥自治大学举行的国际研讨会，也正是这次研讨会发表的一些论文充实了本书的内容。还要非常感谢蒙特利尔的瞿尔·娜咕尹（Chau Nguyen）和曼彻斯特的安迪·威尔森（Andy Wilson），为本书提供优秀的翻译和编辑；感谢莫妮卡·斯拜思（Monika Spies）（IAQ，Gelsenkirchen），正是有了她极具价值的文章，才促成本书最后完成。最后，还要谢谢沙拉·哈斯汀斯（Sarah Hastings）、特里·克拉格（Terry Clague）和来自劳特利奇出版社的劳拉·D·H·斯坦思（Laura D. H. Stearns）通力合作负责本书的付印，感谢彼得·菲尔布拉特（Peter Fairbtother）（丛书编辑）为原书修改给予的极大帮助与支持。

目 录

第一章　国际视域下的职业培训

杰哈德·博什 & 简·查尔瑞斯特

一、引　言

职业教育与培训（Vocational Education and Training，VET）因其特定内容或培训目的的不同而有不同定义。联合国教科文组织（Uniteded Nations Educational，Scientific and Cultral Organization，UNESCO）和国际劳工组织（International Labour Organization，ILO）将其定义为"为从事某一专职领域的工作和有效投入某项工作而做的准备（UNEVOC，2006：1）"。如此机械的定义似乎并不准确，大学教育也为学生进入不同工作和特定职业领域提供准备。对某些诸如医生、教师或律师行业，这些类型的职业教育更容易定义和区分。因此VET与高等教育的主要区别并不在于是否提供工作准备，而在其对专业领域的早期规范以及对应 VET 较低的社会地位。在一些国家，对 VET 的贬低诸如被描述成为"成绩不理想学生的出路"的现象屡见不鲜。VET 的社会地位由其在整个教育体系和劳动力市场中的角色共同决定。在一些国家，VET 受到高度重视，它为从事工作比较复杂、难度大的受教育者提供优厚的待遇和丰富的就业机会；而在另外一些国家，VET 通常被视为与受教育者从事工作比较简单、难度小、工作报酬低和就业机会少相连。VET 的质量的高低，使得职业资格证书对雇主的意义可能会因国家而异。在一些国家，职业资格证书无疑证明了持证者在一些职业领域从事复杂工作的能力；然而在另一些国家，职业资格证书只表明持证者在校学习成绩不佳，只具备了某些特定工作中的基本技能。

过去，在职业教育与普通教育的中学阶段，教育培训体系中的大部分内容迥然不同。两种体系存在严格界限原因有三。第一，普通教育和职业教育为学生提供的出路不同。普通教育或学历教育为学生升

2　　　　入大学做准备，职业教育则以直接进入社会劳动力市场为导向（Shavit
和 Muller，2000：30）。职业培训的认证一般不与继续教育的学历证
书挂钩。

　　第二，两种体系，参与者不尽相同。和普通教育不同的是，VET
并非由独立"体系"统辖，往往由"诸多培训机构包括公立、非政府和
私立机构，代表各自利益，行政机构和风格。令人尴尬的是，社会的
正规职业教育培训经常与学校和高等教育体系相重叠，而教育部部长
经常和劳动就业部部长一同制定职业教育培训的方针政策（UNEVOC
2006：1）"。然而在某些地方，如美国的实习制度或公司特殊培训新
人制度就与普通教育制度没有关联，培训全由公司或社会合作伙伴负
责。国家可能会用调控劳动力市场或商品市场的方式影响培训，比如
颁发执照、征税或评估质量标准，而不会通过教育部门干预培训。

　　第三，不同机构、参与者、学习地点、学习内容和学习标准，体
现了职业教育培训项目产生和目标的多元性，一些国家为了避免技术
落后，往往由政府、公司或商业机构来组织职业教育培训项目。上述
的参与者也许会致力于促进新技术的传播或在特定地区发展某种产
业。有时，社会性的目标，例如，普通教育系统中的困难群体怎样融
入劳动力市场，更是当务之急。为了控制劳动力市场，行业工会或专
业组织不仅制定了标准，还降低了竞争性不强的外来企业的竞争力。
为增加行业工会会员就业的机会，不同行业的产业工会希望职业教育
培训能再有所拓展。

　　由于参与者和目标的多样性，国家 VET 体系与普通教育系统从
内在和外在形式上，都有混合、相交的地方。如只着眼于两者的联
系，很难理解这种异构的系统。职业培训系统深深扎根于不同国民生
产、劳动力市场、劳资关系和社会分层体系。在一个国家中，提供职
业培训教育的机构的这种融合，不仅反映各参与者的利益和实力，还
反映彼此长期妥协的过程。由于不同国家采取的方法各异，各个国家
职业教育培训系统以及制度安排呈现不同差异性也就不足为奇了
（Bosch 和 Charest，2008a）。

　　为了区分差别，教育类别和培训体制也相应发展。比如，根据各
国培训制度的构成原则（学徒制度、公司培训、政府培训、税收制度、

学校培训)(Lynch，1994)，对不同国家进行分类。职业培训缺乏的国家，往往依赖市场规律，尤其是低技能的工人和中小型公司。其他分类基于资本主义的二元论，其中国民经济被形容为"自由市场"或"协调市场"经济(Hall 和 Soskice，2001；Estevez－Abe，Iversen 和 Soskice，2001；Bosch，Lehndorff 和 Rubery，2009；Iversen 和 Stephens，2008)。克劳奇、芬格尔德和沙科(1999)按照"国家、利益集团、当地商业网络和公司的某些种类"等"广义"的定义划分来分析七国职业教育和培训制度的特点，体现资本主义的不同形式。类型学有助于理解具体制度如何影响实施职业培训社会主体的行为，同时还有助于我们理解在确保不同制度的稳定性方面，哪些制度是关键的。然而，在实用主义者看来，类型学本身呆板，无法解释其中一些变化。于是阿斯顿、格林(1996)和赛伦(2004)更侧重于社会更广层面的职业培训系统的调查变化。他们都同时强调理解过去和当前制度的主要特点和特质的重要性，并将其看作是社会主体的产物。

今天，与第二次世界大战刚结束那时相比，发达国家的职业培训体系和教育体系之间的差别越来越大。美国、加拿大、澳大利亚和英国的学徒制体系曾高度发达，这一事实早为世人遗忘(参见 Marsden，1995；Thelen，2004)。德国职业教育的双元制占据主导地位也是近来之事。20 世纪 60 年代，拥有职业资格证书的从业者只占 20%(1964)；20 世纪 80 年代末期，职业培训中双元制的扩展使得这个比例飞涨到 60%的顶峰(Geigler，2002：339)，此后呈逐渐下滑趋势。

过去 40 年，发达国家的 VET 体系逐渐多样化。在英语世界自由市场经济中，传统学徒制体系逐渐丧失主导地位。与此同时，大中专院校的普通教育却呈现前所未有的迅猛发展之势。它们不仅为雇主们提供良好基本技能的年轻人，同时还能在工作场所提供培训，从而使其具备中等技能。只有在某些工会实力强大，有着社团合作传统的国家(德国、奥地利、瑞士、丹麦和挪威)，全新学徒制项目才在制造行业和服务行业逐渐立足，职业培训标准已经提高，低层次职业培训逐渐淡出历史舞台。取而代之的是较高水平的高等教育比例的增加，以及继续学习深造机会的增多。随着高中扩招，这些国家都试图加强普通教育和职业培训之间的关系。从国际视野来看，职业培训体系的重要性并未消失，反而像异域奇葩一样绽放。这种状况不仅存在于高度发达国家，在很多发展中国家也存在，如韩国、中欧和东欧国家都大量采取以普通中等教育和高等教育为基础的发展策略。多数情况下，雇主协会和工会的弱势使得它们无法开展大规模的项目，而只有依靠统计学来验证职业教育培训的地位。

自由市场经济中的职业培训体系下滑的后果显而易见。许多公司开始抱怨职业合格的员工匮乏。大学毕业生人数攀升，他们大多只受过理论培训，还有大量没受过任何培训，他们之间形成一个断层，那就是缺乏受过培训即具备实践经验又有理论知识技能的员工。各国政府试图提高职业培训的社会地位。澳大利亚、英国和加拿大开始施行全新实习制度，与此同时，以学校为主的职业培训也正在进一步扩展。

经过长时间多元发展，在自由市场经济下，职业技术教育的扩大投资和统筹市场经济下普通教育的扩招越来越趋同。是否让二者趋于一致？一些学者坚持认为，向服务行业的结构转变会产生一致，因为服务行业无须专业知识，更强调普通技能（Castells，1996：238）。另一些学者认为，对普通技能的增多需求并不会相应减少对特定专业技能的需求（Clarke和Winch，2007；Bosch，2008）。意味着职业培训需要更广层面上的普通技能，而这种专业技能需要通过所谓"软技能"才能获得。

对普通技能的需求增长成为高中和高等教育发展的主要动力。而这两种教育在很多国家都是造成职业教育培训和普通教育之间以及基础教育和继续教育培训之间混乱的原因。这些变化导致了新的要求，以加强联系和建立职业教育与普通教育之间以及职业教育和继续教育培训之间平等的地位和尊重。改善职业教育与培训和劳动力市场之间的联系的压力也同样存在，过去这种压力往往由工会和雇主彼此协调。

鉴于起点存在巨大差异，重组国民教育和培训体系时，各国压力相同，面临不同挑战。本书分析 10 个国家面对机遇时采取的应对措施，其中七国（美国、加拿大、英国、法国、德国、澳大利亚、丹麦）属发达国家，四个国家实行自由市场经济，另外三个国家则是合作市场经济的三种不同表现形式。韩国因其瞩目的经济发展成果已加入发达国家联盟，另两个国家（墨西哥和摩洛哥）还在努力跻身其列。这后三个国家如何通过改革国民教育和培训过程来奋起直追面临着更大挑战。它们必须在照搬发达国家发展模式或跳过某些发展阶段之间做出抉择。由于这些国家社会合作者自身存在缺陷，它们可以被视为国家主导的经济体。

接下来，我们将用经济合作与发展组织（OECD）和 UNESCO 指标来分析被调查国家的普通教育在高中和专科以上阶段取得的进展，以及VET 的重要性。比较 VET 结构的主要变化，首先，考察 VET 与普通教育之间的关联；其次，分析初级职业教育和继续职业教育；最后，分析VET 与劳动力市场的联系，重点将放在社会合作者[1]的角色扮演方面。

二、中高等普通教育和职业教育培训的发展趋势

近几十年，经合组织国家的普通教育水平呈上涨趋势。2005 年，年龄 25—34 岁的成年人中有 77% 完成了高中教育。这个数字比高于30 岁的年龄组（如 55—64 岁）的调查人群的数字高出 23 个百分点。发达国家的这个比率更是高达 80%。25—34 岁成年人的高中毕业率低于上一辈，反映教育水平呈上升趋势（见表 1.1）。在发达国家，高中毕业证书渐渐成为进入劳动力市场和谋取有职业前景的好工作的最低标准。问卷中关于 25—34 岁的年龄段，韩国毕业率最高。25—34 岁年龄段与 55—64 岁年龄段教育水平的比较，揭示一个以技术结构为特征的欠发达国家向高度发达国家转变时，是如何在一代人中影响如此深远。墨西哥和摩洛哥[2]奋力追赶，拥有大量劳动力，进入劳动力市场的年轻人大多没有初中毕业证书。

表 1.1　完成高中教育的人数及参加定位项目高中教育的入学率（2005 年） *6*

（单位：%）

	年龄			初中教育入学率*		
				普通项目	职前培训与培训项目	
	25—34 岁	55—64 岁	区分度		所有项目	以学校和工作为主的项目
经合组织平均值	77	54	＋23	50.3	51.7	16.2

---

①　关于五国（加拿大、丹麦、德国、韩国、美国）的比较已发表于其他资料（Bosch 和 Charest 2007，2008a 和 2008b）。

②　摩洛哥不属经合组织，因此没有出现在经合组织的数据当中。

续表

	年龄			初中教育入学率*		
				普通项目	职前培训与培训项目	
	25—34 岁	55—64 岁	区分度		所有项目	以学校和工作为主的项目
欧盟平均值	79	54	＋25	44.1	56.2	56.2
澳大利亚	79	50	＋29	38.5	61.5	m
加拿大	91	75	＋16	m	m	m
丹麦	87	75	＋12	52.1	47.5	47.7
法国	81	51	＋30	43.6	56.4	11.3
德国	84	79	＋5	39.7	60.3	45.0
韩国	97	35	＋62	71.5	28.5	a
墨西哥	24	12	＋12	89.8	10.2	m
英国	73	60	＋13	27.8	72.2	m
美国	87	86	＋1	100	—	
不含墨西哥和韩国	73(18)	74(36)	＋61（＋29）			

[资料来源：OECD(2007)，表 A1.2a 和表 C1.1]

注释：＊完成定位项目的初中毕业人数百分比；m 表示数据缺失；a 表示不适用

　　普通教育的普及提高了职业培训水准。与过去相比，更多参与职业培训的年轻人拥有初级教育背景，这使得增加职业培训的理论学习成为可能。因技术革新而使得大量语言学上的"软技能"需求日渐增长，以及服务行业的日益重要性和劳动组织的变化，工作团队背负责任更多，这就意味着很多职业项目比过去更需理论基础。在一些国家，应聘的高级项目工作人员最低必须持有高中毕业证，如满怀抱负的 IT 精英或银行职员（参见本书德国章节）。因此，大部分发达国家（意大利除外），包括韩国，已逐渐淘汰初中阶段 VET。欠发达国家墨西哥，初中阶段职业教育还在继续发展，因为这可以为日益增长的制造行业提供大量中低级劳动力。令人惊讶的是，就摩洛哥而言，VET 入学率很低，更多投入普通教育，究其原因，也许是因为缺乏类似产业所造成的（见表 1.2）。

表1.2 中学教育，ISCED 2 和 3* 阶段，职业教育的入学人数（2002 年）

国家	初中（ISCED 2）			高中（ISCED 2）		
	入学人数（人）	职业项目（项）	占总入学率百分比（%）	入学人数（人）	职业项目（项）	占总入学率百分比（%）
摩洛哥	1147 922	28 342	2	610 135	777 55	13
加拿大	—	—	—	—	—	—
墨西哥	6 892 913	1 232 843	18	3 295 272	359 171	11
美国	12 942848	—	—	10 911 670	—	—
韩国	1 851 685	—	—	1 810 074	580 274	32
丹麦	224 860			222 003	118 329	53
法国	3 275 540	—	—	2 583 587	1 457 240	56
德国	5 664 699	—	—	2 781 860	1 729 839	62
英国	2 345 939			6 873 115	4 724 242	69
澳大利亚	1 292 337	332 371	26	1 221 293	769 687	63

资料来源：UNEVOC(2006)，70—81，http：//www. unesco. org/education/information/nfsunesco/doc/isced_1997. htm，访问时间 2008 年 10 月 15 日

注释：* ISCED 指国际教育分类标准(1997)，专门规范定义了各级别教育（从最低级 0 级到最高级 6 日）。

过去，高中教育的方向是为高等教育提供准备，墨西哥和摩洛哥依旧如此。随着高中教育普及和低水平层次职业教育培训逐步淘汰，高中教育日渐多样化(UNEVOC，2006：25)。在经合组织和欧盟国家中，超过一半的高中生都报名参加了职前培训或职业培训的项目。这种发展趋势被称为全新"职业教育主义"（参见本书法国章节）。然而，这种全新"职业教育主义"采取不同形式；法国和英国 VET 建立在学校的基础上；德国和丹麦则以学徒制项目为主；美国和加拿大资格条件更为宽松，还可凭此入读大学。在以学校为基础的体系中，职业培训日渐萎缩，开始转向副学士学位（两年制）和学士学位。图表中没有美国学徒制方面的统计数字，因其没有像诸如德国、丹麦、法国、澳大利亚、加拿大和英国一样与教育系统正式联系。实际上，职业教育项目可能比数据上显示广泛得多。近年来，声誉欠佳的韩国职业教育培训一落千丈。但职业教育在韩国仍比美加两国更具重要性的主要原因也许就在于韩国的职业教育提供了接受高等教育和进一步深

造学习的机会并未就此终止。

当下越来越多的年轻人开始在学业和培训上选择继续深造。多个国家的高等教育增长率叹为观止（见表 1.3）。韩国年龄段在 25—34 岁的高等教育毕业率远远高于 55—64 岁年龄段 41 个百分点。高等教育普及被视为知识社会中准备充分的年轻人应对日益提高的技能要求挑战的正常反应。以下范例中，德国唯一没有普及高等教育——相反呈下降趋势。与此同时，德国贸易顺差全球第一，原因在于高附加值制造业的专业化。谜底也许就在于德国 VET 系统找到了最适合自己的方法，为满足经济发展，它向社会输送中等技能人才，它与劳动力市场、良好的薪酬和广阔的职业前景紧密相连，使它仍对年轻人保持有吸引力。

表 1.3　完成高等教育的毕业率（2005 年）

（单位：%）

	年龄		区分度
	25—34 岁	55—64 岁	
经合组织平均值	32	19	＋13
欧盟平均值	30	17	＋13
澳大利亚	38	24	＋14
加拿大	54	36	＋18
丹麦	40	27	＋13
法国	39	16	＋23
德国	22	23	＋1
韩国	51	10	＋41
墨西哥	18	8	＋10
英国	35	24	＋11
美国	39	37	＋2
范围（不包括墨西哥和韩国）	36(32)	29(21)	42(24)

资料来源：OECD(2007)，表格 A1.3a.

随着高中教育普及，其形式也多种多样。在美国、加拿大和澳大利亚，某些行业（如护理）职业培训项目既有本科也有研究生。英国两年制基础学位和法国两年制 IUT（Insititut Universitaire de Technologies，技术研究大学)技术学院学位就是国际教育分类标准(ISCED)5B项目短期学习的范例。美国、加拿大和澳大利亚也已引入可以获得学士学位的课程，比如烹饪、制酒和旅游，与其他国家国际教育分类标准(ISCED)职业教育3级或4级内容相差无几。类似项目对进入研究生学习更具吸引力。职业培训课程日益重要的因素在于实习场所。魁北克近40％的大学项目提供实习场所(参见本书加拿大章节)。

职业教育与专业培训教育区别逐渐模糊。类似项目也出现在国家教育标准分类的不同等级上，这完全取决于该国教育和培训制度。这不仅使得教育水平之间的比较越来越难，还引发人们对于VET作为低学士学位这个普遍定义的质疑。

10

表 1.4　高等教育、非高等教育(ISCED 4)与高等教育(ISCED 5＋6) 阶段职业教育的入学人数(2002 年)

国家	高等教育、非高等教育 (ISCED 4)			高等教育(ISCED 5＋6)		
	所有项目入学人数(人)	职业项目入学人数(人)	职业项目入学人数占总入学率百分比(%)	所有项目入学人数(人)	职业项目入学人数(人)	职业项目入学人数占总入学率百分比(%)
摩洛哥	71 525	66 429	93	335 755	36 231	11
墨西哥				2 236 791	65 815	3
美国	423 316	423 316	100	16 611 711	3 871 711	23
加拿大	—			—		
韩国				3 210 142	1 317 325	41
丹麦	1 015	—	—	201 746	17 550	9
德国	463 341	395 013	85	2 334 569	339 989	15
法国	33 288	15 894	48	2 119 149	508 932	24
英国	—			2 287 833	748 687	33
澳大利亚	175 889	—	—	1 012 210	190 374	19

资料来源：UNEVOC(2006)，82—93

三、普通教育和职业教育与培训的衔接

11

过去，高中教育是年轻人通往大学的必经之路，至今仍备受推崇(UNEVOC，2006：27)；然而在许多国家，职业教育课程被视为成绩不佳或高考失利学生的后备方案(参见本书韩国、法国、英国、美

国、加拿大章节）。学术学习和职业培训的悬殊地位引起世人关注，原因如下：第一，"学术漂移"导致工艺水平的技能短缺、毕业人数剧增（参见本书韩国章节）。第二，早期试图将截然不同的轨迹整合为一的做法破坏了民主国家教育制度的主要目标，即为所有学生提供平等机会。

因此，很多国家采取种种手段试图提高 VET 的地位。方法一，扩大职业教育的学术内容以适应教育或培训的其他形式。职业资格证书被越来越多国家承认，持证者甚至可凭证参加研究生教育，还可进入某些特定职业领域。方法二，建立不同层次职业教育轨迹，或以较低层次为起点，或高中层次，或继续升入研究生等高等教育阶段。方法三，保持现有职业教育内容，但在完成职业培训后提供其他普通教育课程，以满足获得高等教育证书的需要。这种方法也许为扩展职业教育培训的内容而提供了多种可能性，但也代表进一步深造或接受高等教育的漫漫长路。

由于教育培训体制的复杂性，不同参与者对不同学习和资格的需求，使得许多国家都兼容并用以上各种方法。它们往往会优先使用某些方法，因为这些方法也许是最适合它们自身体制的方法。大多数以学校为主的职业教育培训，如美国和加拿大，倾向于第一种，结果造成了高中阶段职业课程内容的不规范。VET 已扩展至大学和学院阶段，现在普通教育和职业培训的分流在较高学习阶段上竞争是减少了。本章中贝尔利和博格（Bailey 和 Berg）认为其结果是导致"学位之上"的政策，具备职业资格原本可以在劳动力市场获得成功的年轻人不再具有竞争力。法国、韩国和墨西哥则偏重第二种。职业教育和普通教育区别不大（如法国高中毕业会考）。法国和韩国，"学术漂移"让越来越多的学生选择高等教育，中等职业资格在直接进入劳动力市场方面丧失其原有价值，VET 与公司实习密切合作。正如法国的报道一针见血地指出，多数实习安排并未按照合作教育原则设计，公司培训被视为获取学习经验而非仅仅运用既学知识。多年以来，韩国政府通过配额限制入学率，扛住了父母希望孩子接受高等教育的压力。然而，因韩国劳动力市场的划分，没受过高等教育的学生工作前景如此渺茫，政府不堪压力，推行民主制之后不得不废弃配额制。

学徒制度较完善的丹麦和德国则青睐第三种，这也就不足为奇了。VET 和高等教育预备课程之间的明确划分，使得 VET 中高级职业课程内容得以保留，与职业培训宗旨不谋而合，即有能力在特定职业领域独立工作(Clarke 和 Winch，2007)。丹麦和德国对职业的定义不再仅限于传统的少数职业，开发更多职业，为实习提供飞速变化和更为灵活的工作环境。对拥有良好理论背景工人的需求日益增加，以模仿为基础的老式手工业模式无法持续(Clarke 和 Winch，2004)，理论学习比例却在增加。现在学徒们一般每周只需两天时间去职业学校，而不需花整整一周，一些行业还可以在培训中心上课。为确保所有学徒达到最低的计算和文化技能，降低退学率，越来越多学徒开始在实习前，实际上已参加预备课程的学习。两个国家为了培养更多高技能的高中毕业生，开展了对精英的追踪调查。德国引进一种全新混合项目或双元制，将学徒制与学士学位的学习有效融合。德国现代学徒制如此普及，以致政府被迫向所有毕业生允诺均有一次实习机会。"实习至上"政策与之前提到某些国家以学校为主制度的"学位至上"政策迥然不同，形成鲜明对照。

以上种种举措促进普通教育与职业培训的衔接。许多国家的职业教育培训转向高等教育看似可能，普通教育与职业培训之间的差别也日益模糊。令人失望的是，这些新方法很少有人使用。对职业教育培训成绩不佳学生的追踪调查以及一些低质量的职业培训表明，这些学生不可能通过接受继续教育获得相应技能。在以学校为主的系统中，相同或类似的机构中提供互通两种类型的课程，课程的评价由学术标准判断，这些地方职业教育的分流尤其低。

以学校为主的职业教育培训，由于教授内容减少，无法再输送足够具备中等技能的年轻人，因此一些国家(澳大利亚、英国、加拿大和摩洛哥)尝试重新激发或彻底改造学徒制度。1995 年，英国率先开展重要复兴项目——现代学徒制计划。雇佣学徒的公司可获补贴，这与德国最大的区别就在于其缺乏法律规定，比如没有规定培训阶段最少时间、没有彻底融入整个教育系统等。现代学徒制特点就在于它对个体员工有很强的依赖性，这妨碍了公认的职业证书的发展(Ryan，2000)。加拿大也试图通过提供补贴和奖学金来说服雇主培训学徒，但即便如此，在加拿大的教育系统中，学徒制无疑仍是最受忽视的一种培训方式，颁布学徒制培养单位的名单数十年没任何改动。20世纪90年代澳大利亚开展了现代学徒制计划，主要将与传统行业相关的全新职业资格（如在服务行业）引进统一体系，这个体系和中小型企业的"集体培训安排"共同发展。然而，最近澳大利亚和加拿大制定学徒制的国家标准，但参加学徒制的年轻人数量依旧很低。欧洲观察家认为，很难相信不久之前各州各省拒不承认各方技能等级证书。摩洛哥也推行一项学徒制，专门针对成绩不佳的学生，其结果是这几乎不可能成为促进经济发展的一项首选政策。

　　参与者、课程、普通教育的提供者和职业课程的日渐多样化对恢复透明的新举措提出要求。为了达到这个目的，许多国家逐渐形成初级和继续VET的资格框架。然而，英国和澳大利亚的经验证明这些资格框架远未达到预期效果。在国家教育和培训这个有等级划分的体系中，它们只为培训的项目和模式提供粗略指导。一方面是数量庞大的培训模式；另一方面因时间、难度或技能水平方面的原因，无法取得对应证书，几乎没有规划自身未来的VET，也无法提供雇主要求的证书。这些资格框架无助于恢复职业教育培训透明度，因为不同职业领域没有结构性标准或清晰明确的方针路线，制度操作起来依旧困难。澳大利亚特别注重VET学员的个案管理，而这在一个透明体系中相同程度的认可多此一举。

　　出人意料的是，英国国家职业资格（National Vocational Qualifications，NVQ）框架的例子就表明，照搬一个在原有国家已淘汰的方案依旧可行。墨西哥借此模式已初显成效，现已为整个欧盟国家所用。2008年，欧洲议会同意引入从基础I级到高级VIII级的8个参考级别的欧洲职业资格框架（European Qualification Framework，EQF）①。成员国将逐步形成自己的国家职业资格框架，所有资格参考八个等级。这个参考等级将以学习成果为依据，成果经评估和认证以确保学分可通过欧洲职业教育培训学分互认体系（European Credit System

_____

①　欧洲委员会，详见 http://ec.europa.eu/education/lifelonglearning — policy/doc44 en.htm（访问时间 2008 年 10 月）。

for Vocational Education and Training，ECVET)①从一个资格体系转到另一资格体系中。如此一来，欧洲各级职业资格证书有其可比性，还增加个人对学习的控制，学生在规定时间内累计学分可获得特定资格，欧盟协议无疑对学生充满诱惑力。然而，英国和澳大利亚的经验却暗示不应急于做出结论。不同培训文化模式整合后结果并不明朗。学习投入不受重视，或许让人质疑整个以标准化课程为基础的 VET 体系，这个体系对公司以及职业培训院校都提出了明确要求，尽管在德国和丹麦，职业教育大为盛行，人们依旧对接受职业教育产生质疑。此外，关于欧洲资格框架的探讨中还包括"学术漂移"，让所有大学和教育部欣然接受欧洲资格框架的最终逻辑，简直难以想象，反对之声再正常不过，只有高技能员工和标准化课程才能确保其质量。此外，高等教育已走向国际化，学生唯有在大学努力学习才能获利。如果高等教育投入和服务标准得到改善，与此同时职业教育培训的课程却放任自流，那正如澳大利亚的教训一样，VET 的声望将一落千丈，VET 迈向高等教育的进程更是举步维艰。最终，如果欧洲职业资格框架的高级证书被排斥在高等教育之外，"学术漂移"将获得更大动力。在德国，最近一项对中层管理者 36 种不同能力的比较得出令人惊讶的结论，那就是具有学士学位的中层管理者的能力价值稍逊于获得 VET 资格证书的职业培训的人。这样，诸如硕士学位和技师证书也许在服务行业是同等的(Klumpp 等人，2008)。然而，在欧洲职业资格框架内职业资格证书远远不如学士学位。从积极一面来看，这可能促成一种全新的英式与德式或丹麦式欧洲职业资格框架模式，也使得 VET 和高等教育之间的标准化职业和前进路径形成完美衔接。如此全新模式在德国和丹麦会比英国更容易接受，英国以公司为主的 VET 课程任重而道远。

15

四、初级职业教育培训和继续职业教育培训之间的衔接

许多国家的初级培训与继续职业培训完全脱节，这已然见怪不

---

① 详见 http：//ec. europa. eu/education/policies/educ/ecVET/index _ en. html(访问时间 2008 年 10 月)。

怪。初级职业教育培训隶属公立学校系统，受到严格规范。一旦学生毕业，继续职业教育培训责任转到个人、公司和其他社会机构。比如，劳动部长或财政部长或劳动力市场的决策者都有可能为各自的目标促进继续职业培训，如尽快为失业人员找到工作、推行新技术或市场自由化。此外，继续职业教育培训比较复杂，涵盖各种课程，包括短期课程和长期项目、学分课程和无学分无资格证书课程。正是由于继续职业教育培训的多样性和管理初级职业教育和继续教育培训的不同政策，使得二者衔接难上加难。

多数情况下，个人为了获取基本职业资格证书、跳槽或者提高自身技能得以升职进行继续职业教育培训。在许多国家，参加继续职业教育培训的成年人，必须自力更生，失业人员除外。如美国和加拿大就秉持这个观点，并以新古典经济学为理论基础。争论中心就在于，考虑到某些外在因素，国家是否应为年轻人高中阶段学习埋单。成人高等教育和继续培训方面，个人必须独立负担所有费用并从中获益最大（Palacios，2003）。一些欧洲福利国家质疑这种看法，他们认为，知识经济中对简单体力工作的要求越来越少，因此，低技能工人很难找到工作。一家资助终生学习的德国政府专家委员会坚持公共财政必须惠及个人（Expertenkommission，2004：214－223）。英国政府正在慢慢调整其方向，目前生活技能提案项目支持没有基本技能的职员将英语作为第二外语提升至英国国家职业资格二级水平。丹麦对继续职业教育培训的财政支持力度很大，它认为成年人理应得到长期学习培训的经费，以获得普通资格或职业资格。此外，为让失业员工重新找到工作，再培训不失为一个上策。这将促进培训文化的发展，而培训文化解释了为什么在经合组织（OECD）中继续职业教育培训的参与率始终居高不下，不仅在年轻人群和避免技能短缺人群中，尤其在中年人和缺乏技术的人群中也一样（OECD，2007：指数 C5）。在欧洲协调的市场经济体中，尤其为了缓解产业重组的压力和避免劳动力市场技术人员的短缺，国家或失业保险金资助失业者的再培训。最近韩国和墨西哥这样的发展中国家开展了类似的劳动力市场项目，作为应对自身经济的结构性改变，从而还可以避免人力资本上的投资损失。

除了提供财政资助以外，明确继续职业教育培训的深造途径能够增加个人继续接受培训的动力，也增加获利或投资机会。学徒制度较完善这两个国家——德国和丹麦，以初级 VET 为基础的课程几乎涵盖所有行业，所有职业资格在多年工作后都可通过晋级培训，参与者如手工艺师、技师、服务行业人员或经营管理者。高级课程标准由使用初级职业教育培训相同标准的社会合作伙伴制定，证书得到全社会认可。这些课程开阔了中级管理岗位视野，而在其他国家，这些课程只对大学毕业生开放。德国 IT 行业已展开全新直通学士和硕士阶段的学习途径，也许会缩小职业培训和高等教育、初级教育和继续教育的差距。德国鼓励学生通过考试获取助学金、学费贷款和工作津贴。两个国家的再培训由失业保险基金赞助，严格坚持为学徒制度而定的职业标准。失业工人接受再培训或选修个人所需课程以取得熟练工证书。多数公司内部培训项目同样遵循学徒制度模式，这就意味着初级职业教育培训与继续教育培训的标准开始对外界产生强烈影响。丹麦加强了与劳动力市场政策的联系；德国通过哈茨改革反而削弱了与劳动力市场政策的联系（Hartz Reforms，2004）。现在多数再培训课程时间不超过三个月，针对失业者的长期再培训（长达两年才可获得某一领域认可的资格）已不复存在，这无疑让低技能工人处于劣势，再一次失去获得职业资格证书的机会。

17

在实行以学校为主的 VET 体系的国家中，如此渐进过程非常罕见。原因之一在于，不同部门制定的初级和继续培训标准难以协调。第二，初级职业教育培训主要针对半熟练工作，这些工作往往没有发展空间。这也许就是初级 VET 的发展成为瓶颈的主要原因，而专业水平职业教育培训却欣欣向荣，某些具有强大话语权的组织制定继续培训标准，这种标准在劳动力市场上极具价值，引导个人通过非透明的培训市场，并鼓励个人积极参与培训。

继续职业教育培训的另一重要类型就是专门针对在职者的以公司为主的培训。在美国，通常如社区学院这样的私立培训提供者和公共教育机构都参与其中。多数国家（丹麦不算其中）参加以公司为主的继续职业教育培训的可能性会随着技能水平的提高而增加。参加继续职业教育培训机会不平等以及质量和收入不匹配，使劳动力市场越发分化。此类培训一般不能获得学分。如果初级 VET 没有提供给工人必要技能，公司投入继续培训的负担势必加重。经合组织承认以公司为主的继续职业教育培训的成本与收益的不平衡，将引起培训上资金不足的风险，因为公司担心物色人才的投资打了水漂（OECD，2003）。基于以上原因，一些国家开始引入征税制度，增加公司培训投资。引入征税制度就是考虑到竞争和产业发展，而非仅仅是公平性。韩国就实施免税的产业化政策。重工业发展年代，以公司为主的培训倾注大量心血。培训员工少于 6％比例的公司将上税。不同国家对征税制度的评估（如韩国、法国、加拿大（魁北克）或摩洛哥）不仅表明公司对继续职业教育培训投资的增加，也表明参与过程中仍存在不公平因素，这些因素不仅取决于个人，还取决于公司规模。时至今日，关于平等的顾虑有增无减，因为新技术在中小型企业的传播也许会因培训资金不足而受阻，工人是否被雇佣取决于有无经过继续职业教育培训。因此，韩国政府努力投入更多资金，专门针对中小型企业和困难工人群体。自从 2004 年以来，法国所有工人每年可接受 20 学时继续教育培训，这项政策将一直延续。法国、加拿大、德国和墨西哥等国开始提供之前的学习可以确认，这将激励低技能员工继续学习以取得资格。

五、与劳动力市场的衔接

無数研究（如 Dieckhoff，2008；Wolbers，2007；Müller 和 Gangl，2003；Shavit 和 Müller，2000）表明，VET 在促进就业方面，成效因国而异。与以学校为主的体制相比，坚持实施高标准的学徒制度将减少年轻人失业和进入低端劳动力市场从事低技能的可能性。有证据表明，个人职业生涯各阶段的回报率也会不尽相同。通过德英美公司的比较可看出，德国公司雇佣的中层经理多来自具备继续教育培训资格证书的熟练工人；英美公司同一岗位多雇佣大学毕业生（Finegold 和 Wagner，1998；Mason 和 Wagner，1999）。

只有培训制度和劳动力市场沿着相同的职业主线和同一协作伙伴，也就是说，工会和雇主组织，两种不同体系间的密切联系才可维系。德国和丹麦的雇主和行业工会在政府支持下，合力开发初级和高级培训项目的职业概览。公司内部订立职业标准和薪酬标准，有利于职业劳动力市场认可初级职业教育培训和继续教育培训证书（Sengenberger，1987；Marsden，1990）。这也有助于协调改革中的方方面面，避免出现不协调或偏离方向的发展。事实上，大部分 VET 体制改革的初衷，如更广泛的职业发展或在团队中不同行业共同学习，来源于时刻观察经济动向的雇主和行业工会以及创新型公司和创新性员工。因为 VET 和公司组织协调变化，大部分来自双元制的毕业生都在受训或在相关领域工作。两个国家工资较低，高等教育回报率相应降低，也使得双元制对父母和年轻人始终充满诱惑力。的确，社会合作伙伴对职业培训内容、培训费用和其他问题持不同意见。然而，职业培训不与行业工会的工作控制挂钩。两国行业工会力量集中在强大的国有工业联盟（德国）或联合会（丹麦），代表不同行业利益，也代表非熟练和半熟练工人利益。因此，工会并没有试图通过划分不同行业的分界线来垄断劳动力市场，反而力图促进各行业相互合作。这就避免职业培训成为社会成员间争论基本原则的焦点。学徒制度的致命伤在于挖墙脚，公司不愿再培训员工。确实，所有公司迫于工会和雇主协会强大的压力，提供学徒制度有助于减少被挖墙脚现象，因而，这就合理解释了为什么德国和丹麦能保持高技能的均衡（Marsden，1990：427）。如果随着开放的产品市场和采纳股东价值策略，即追求短期利益最大化，势必难以保证雇主联盟和工会在职业培训体制方面的合作。德国尤其明显，工会和雇主协会的影响大不如前，长远看，将危及 VET 制度。此外，工资差异的增加也会使人们不再选择学徒制度（Bosch 和 Weinkopf，2008）。

19

各国章节中将包含许多例子，说明在薄弱而分散的社会合作伙伴的国家，改善职业培训和劳动力市场的关系如何举步维艰。直到 20 世纪 90 年代，分崩离析的加拿大和美国劳资关系体系不再鼓励社会参与学徒制度。某些产业如手工业，学徒制培训完全依赖劳资协议，不再有讨价还价的余地。因此，随着行业工会越来越多，合作协议逐渐减少，学徒数量急剧下滑。全国工会联合会或雇主协会无力解决职业培训的种种问题。众所周知，以学校为主的职业教育培训存在缺陷，两国努力兴建国家社团结构以促使雇主和工会共同制定全新技能开发标准。1994 年，美国国会仿照德国双元制和英国国家职业资格等欧洲制度，成立国家技能标准委员会。委员会并未确立技能标准的国家体系，原因在于雇主们无法齐心协力。20 世纪 90 年代早期，加拿大成立联邦标准的劳动力发展委员会，成立 9 年后于 2000 年解散，企业代表们都表示不再支持该机构。

特别是在一些有多年从事传统手工业的国家（澳大利亚、加拿大、美国、英国），行业划分成为最大障碍，阻碍了建立在团队合作和任务灵活分工之上的新形式管理的引入。过去学徒制度依赖雇主和行业工会合作以及国家规定，手工业工会只局限于自身划分的行业，联邦工会组织无力协调各工会，实现 VET 现代化并使行业新划分适应工作组织新形式。行业工会对 VET 和行业划分的控制被视为其扩大实力，并在雇主和保守型政府之间引起敌对情绪。以市场化经济为导向的政府在尝试开放产品市场和劳动力市场时，削弱了劳资双方的集体谈判，这也影响了双方针对培训所能达成的共识。英国根深蒂固的社团结构，如行业制造商名录和实施征税制度都被彻底废除。在很大程度上，学徒制度已经"脱离了劳资关系体系，而学徒制度作为一致认可的职业身份将不复存在（Clarke 和 Wincli，2004：6）"。政策放开主要影响到中级职业培训，许多毕业生（学士学位及以上）的职业比那些社会需求的职业资格保持同等或得到更好的区分和保护。在某些情况下，传统手工业联合会已提高到一个水平，以新形式重现，常常专业游说组织如律师、护士或教师也会出现在其中。

与自由经济的做法相反，韩国政府没有将以公司为主的职业培训全部交由公司，反而要求公司为继续培训缴税。这笔资金用来扶持国家产业政策，社会伙伴不参与其中，劳资关系在公司层面上大致既分散又集中。通过征税，政府将公司内部职业培训资源进行有效分配。然而与劳动力市场融合实属不易，因为高度双元制下社会伙伴并不会在薪酬体系和以培训为基础的职业规划中妥协。职业继续教育与培训提供的只是半熟练工作，前途一般，大部分薪酬只考虑资历而非培训。收入日益不平等和劳动力市场双元化，阻碍劳动力市场各分块之间的流动，损害职业培训声誉。墨西哥和摩洛哥的工会对 VET 影响不大，因此对 VET 制度的政策主要是由政府决策。

然而，政治选择可改善职业教育培训与劳动力市场的联系。法国以学校为主的职业教育培训的证书、项目以及学徒制培训都由职业委员会决定，社会合作伙伴在职业委员会举足轻重。并且，社会合作伙伴同意为继续培训增加税额，并规定所有雇员都可以带薪参加继续VET 的学习休假；1995 年魁北克——加拿大和北美唯一地区——开始了继续培训的征税制度。社会合作伙伴代表全新省级委员会（劳动力市场合作伙伴委员会），主要负责起草征税法令的相关规定（如关于可承受的培训费用）和管理国家基金。其他例子，虽然它们之间互不相连，如许可证的办理或更为精确的职业教育培训术语的引入和公开投标的条件(Philips，2003)。英国工会学习联合会培训学习放假的时间的安排，表明国家有能力将职业培训融入劳动力市场，有效解决培训资金不足的问题。

21

　　在市场经济中，也存在政府决策干预产品市场和劳动力市场。反对规章制度，关注学术资格和高收入人群的利益，也许正是政策无法真正实施的原因。政策败笔在于国家独揽初级和继续教育培训——无法两全其美。英国学习和技能委员会(Learning and Skills Council, LSC)是目前欧洲最大的半官方机构。英国报道一语道破，这个委员会不应被视为社会合作伙伴，甚至不能确保雇主和工会平等代表权。如此权力集中的国家机构，难以在不同社会主体中取得"可行共识"，而这恰恰是走高技能路线的必要前提(Ashton 和 Green，1996：190)。

六、结　论

　　近几十年，自由市场经济和协调市场经济之间的教育培训体制的区别越来越大。从一开始我们就设想，经过数十年分化的这些体制能否重新统一。两种现象都极有可能。首先，自由市场经济重新在继续教育培训上投入更多是为了弥补中等技能缺乏。其次，协调市场经济更加仰赖基础教育和高等教育，以应对向服务行业和知识密集型行业的转变。问题就在于三个国家主导的经济体系是否顺应同一趋势。

　　当然，普通教育还出现一个趋势：所有被调查国家都在追求提高普通基础教育的水准。发达国家高中教育已成为最低标准；相对于此标准的摩洛哥和墨西哥最低标准则是初中教育，它们的高等教育也在扩招；这个过程德国才刚刚开始，发展中国家如摩洛哥和墨西哥还没开始。然而，各国 VET 差异一如既往。丹麦和德国已成功实现学徒制现代化，自由市场经济在振兴各自体制方面收效不大。此外，以学校为主的 VET 的吸引力大不如前。这些国家的职业培训都处于高标准，没有和劳动力市场密切联系。

22

如此分析坚定了最初设想，即职业培训的发展不能仅仅依靠教育和培训制度的自身驱动力，只有完全融入劳动力市场，才能取得社会进步；只有融入劳动力市场，才能实现公司和培训人员的价值。劳资关系、福利国家、收入分配和产品市场差异是职业培训体制长期存在差异的主要原因。这些差异大致总结如下：协调市场经济中的职业培训现代化被视作经济发展的契机，在自由市场经济中却只被视为成绩较差学生的出路。三个国家主导的经济体难以比较的原因就在于它们分属于不同经济发展阶段：墨西哥为了新产业发展高度重视 VET；摩洛哥采取旧式法国模式，重视普通教育而非全新职业主义；韩国职业教育培训连续三十年（60 年代至 90 年代）成为发展新产业的主要驱动力。然而随着高等教育扩招，发展知识密集型产业迫在眉睫，现在国家似乎已失去了对扩招这一过程的控制，扩招主要的驱动原因就在于父母为子女在劳动力市场寻求更好的就业前景。

韩国经验教训让人质疑高等教育史无前例扩招驱动的原因，而如此扩招早为发达国家职业教育培训所排斥。观点之一比较关注需求一方。人们开始讨论，经济变化，尤其是新技术知识高密集型和工种新形式，是否需要相应高技能。另一方面，迫于父母和学生的社会压力，要求通过提高年轻人技能，降低社会不公平，即便某些技能并不是劳动力市场所需要。无论何种原因，如果对技能日益增长的供给能保证国家技术密集型产品和服务的发展，这种互为补充的解释就是可行的。然而，一旦高等教育扩招超出由此获得的技能要求，那许多年轻人很难有用武之地。本书某些章节将讲述一系列趋势，如技能未被充分利用或被错用，或所谓"教育过度①"（Brynin，2002）。因此"很多人质疑这个概念，即职业结构经历了决策者认为的巨大突破或范式转

----

① 我们一般不使用"教育过度"这个术语。忽略文科教育的持续用途和价值，这本来是一种思维的训练模式，不适用于任何特殊行业。从这个意义上来讲，"过度教育"没有意义。然而个人才能在某些工种中不能发挥，以及除了普通教育之外，职业技能仍然缺乏，也是有可能的。

换，认为知识经济的作用被夸大其词"（Anderson，2009）。安德森指出，1994 年至 2004 年英国中等职业比例保持不变。据估计，今后 20 年加拿大新兴工种 40％集中在熟练工种和技术行业（参见本书加拿大章节）。2003 年德国不到 20％的工作需要高等教育资格，而这个数字据估计到 2020 年将上升到 24％（Bonin 等人，2007）。看似劳动力市场还有足够的中级职业岗位可供持有职业培训证书的人，这或多或少解释了以上提及的德国难题。

23

本章内容解释了 VET 下滑的原因，为什么有些国家难以在普通教育和职业教育与培训之间取得平衡。职业培训是否具有吸引力，基本特征就在于其与劳动力市场的衔接如何、薪酬高低、有无就业前景。这种与社会合作伙伴的衔接依然薄弱和不紧密。一定程度上，国家主义是决定社会成员参与度的关键因素，因为只有国家层面才能颁布新的职业概览、才能制定新的标准、才能制定统一规范。地方主义在补充完善标准方面也功不可没，但无法取代开放劳动力市场下的国家主义。如果国家主义消失，就必须做出政治抉择以通过规范劳动力市场或产品市场来重建或促进培训。没有充分发挥选择权无疑会被联系为产品市场规范的缺失和干涉雇主在工作场所的特权。代价就是 VET 每况愈下，高等教育扩招开始失控。

【参考文献】

1. Anderson，P.（2009），Intermediate occupations and the conceptual and empirical limitations of the hourglass economy thesis，*Work*，*Employment and Society*，*A journal of the British Sociological Association* 23(1)，169—180.

2. Ashton，D. and Green，F.（1996）*Education*，*training and the global economy*，Cheltenham，UK：Edward Elgar.

3. Bonin，H. et al.（2007）Zukunft von Bildung und Arbeit. Perspektiven von Arbe-itskraftebedarf und —angebot bis 2020，*IZA Research Report* 9.

4. Bosch，G .（2008）Herausforderungen fur das deutsche Bildungss ystem，in G. Zimmer and P. Dehnbostel(eds.)，*Berufsausbildung in der Entwicklung-Positionen and Leitlinien*，Bielefeld，Germany：Bertelsmann.

5. Bosch，G . and Charest，J.（2007）Il ruolo delle parti socialinei sisterni di formazi-one professionale：un'analisi comparata，*Diritto delle Relazioni Industriali* 17(1)：37—51.

　　—— .（2008a）Vocational training and the labour market in liberal and coordina-

24

ted economies, *Industrial Relations Journal* 39(5): 428—447.

——. (2008b) Vocational training and its links with education and the labour market in five countries, in R. Blanpain (ed.), L. Dickens (Guest Editor), *Bulletin of Comparative Labour Relations: Challenges of European Employment Relations: Employment Regulation: Trade Union Organization: Equality, Flexicurity, Training and New Approaches to Pay* 67: 241—259.

6. Bosch, G., Lehndorff, S. and Rubery, J. (2009) *European employment models in flux — A comparison of institutional change in nine European countries*, New York: Palgrave Houndsmills.

7. Bosch, G. and Weinkopf, C. (2008) *Low wage Germany*, New York: Russell Sage Foundation.

8. Brynin, M. (2002) Overqualification in employment, *Work Employment Society* 16(4): 638—654.

9. Castells, M. (1996) *The rise of the network society*, Oxford — Malden, UK: Blackwell.

10. Clarke, L. and Winch, C. (2004) Apprenticeship and applied theoretical knowledge, Westminster Research, http: //www. wmin. ac. uk/westminsterresearch (accessed 15 October 2008). (A shorter version has been published in: *Educational Philosophy and Theory* 36(5): 509—522.)

——. (2007) Vocational education. *International approaches*, developments and systems, London: Routledge.

11. Crouch, C., Finegold, D. and Sako, M. (1999) *Are skills the answer? The political economy of skill creation in advanced industrial countries*, New York: Oxford University Press.

12. Dieckhoff, M. (2008) Skills and occupational attainment: A comparative study of Germany, Denmark and the UK, *Work and Employment* 22(1): 89—107.

13. Estevez—Abe, M., Iversen, T. and Soskice, D. (2001) Social protection and the formation of skills: A reinterpretation of the welfare state, in P. A. Hall and D. Soskice(eds.), *Varieties of capitalism: The institutional foundations of comparative advantage*, New York: Oxford University Press, 145—183.

14. European Commission, http: //ec. europa. eu/education/lifelong — learning — policy/doc44 _ en. htm(accessed 15 October 2008).

——. http: //ec. europa. eu/education/policies/educ/ecvet/index _ en. html (accessed15 October 2008).

15. Expertenkommission(2004) *Finanzierung lebenslangen Lernens — Der Weg in die Zukunft*, Bielefeld, Germany: Schlussbericht der Expertenkommission Finanzierung lebenslangen Lernens.

16. Finegold, D. and Wagner, K. (1998) The search for flexibility — skills and workplace innovation in the German pump industry, *British Journal of Industrial Relations* 36(3): 469—487.

17. Geigler, R. (2002) *Die Sozialstruktur Deutschlands*, Wiesbaden: Westdeut-

scher Verlag.

18. Hall, P. and Soskice, D. (2001) Varieties of capitalism: *The institutional foundations of comparative advantage*, New York: Oxford University Press.

19. International Standard Classification of Education (1997), http://www. unesco. org/education/information/nfsunesco/doc/isced _ 1997. htm (accessed 15 October 2008).

20. Iversen, T. and Stephens, J. D. (2008)Partisan politics, the welfare state, and three worlds of human capital formation, *in Comparative Political Studies* 41 (4—5): 600—637, http://cps. Sagepub. com/cgi/content/abstract/41 /4—5/600 (accessed15 October 2008).

21. Klumpp, M. , Schaumann, U. , Krins, C. and Diart, M. (2008)*Studie zur Berufswertigkeit Niveauvergleich von beruflichen Weiterbildungsabschliissen und hochscbulischen Abschliissen — Abschlussbericht — Kurzfassung*, Dusseldorf: Westdeutscher Handwerkskammertag, http://www. handwerk — nrw. de/aus — undweiterbildung/initiativen — des — whkt/vergleich — der — berufswertigkeit— von—beruflichen— weiterbildungsabschluessen—und—hochschulischen—abschluessen. html (accessed 15 October 2008).

22. Lynch, L. M. (1994) Introduction, in L. M. Lynch (ed.), *Training and the private sector*: International comparisons, Chicago: University of Chicago Press, 1—24.

23. Marsden, D. (1990) Institutions and labour mobility: Occupational and internal labour markets in Britain, France, Italy and West Germany, in R. Brunetta and C. Dell'Aringa (eds.), *Labour relations and economic performance*: Proceedings of a conference held by the International Economic Association in Venice, Italy: 414—438.

——. (1995)A phoenix from the ashes of apprenticeship? Vocational training in Britain' in *International contributions to labour studies* 5, London, New York: Academic Press: 96—114.

24. Mason, G. and Wagner, K. (1999)*High level skills, knowledge transfer and industrial performance: Electronics in Britain and Germany*. Report by the Anglo—German Foundation for the Study of Industrial Society.

25. Muller, W. and Gangl, M. (2003)Transitions from education to work in Europe: *The Integration of youth into EU labour markets*, Oxford: Oxford University Press.

26. OECD (2003) *The policy agenda for growth: An overview of the sources of economic growth in OECD countries*, Paris: Organization for Economic Cooperation and Development.

——. (2007) Education at a glance, Paris: Organization for Economic Cooperation and Development.

27. Palacios, M. (2003)*Options for financing lifelong learning*, World Bank Policy Research Paper 2994, Washington, DC.

28. Philips, P. (2003) Dual worlds: The two growth paths in US construction, in G. Bosch and P. Philips (eds.), *Building chaos: An international comparison of deregulation in the construction industry*, London: Routledge, 161—187.

29. Ryan, P. (2000) The institutional requirements of apprenticeships: Evidence from smaller EU countries, in *International Journal of Training and Development* 4(1): 42—65.

30. Sengenberger, W. (1987) *Struktur und Funktionsweise von Arbeitsmarkten. Die Bundesrepublik Deutschland im internationalen Vergleich*, Frankfurt/M: Campus.

31. Shavit, Y. and Muller, W. (2000) Vocational secondary education—where diversion and where safety net?, *European Societies* 2 (1): 29—50.

32. Thelen, K. (2004) How institutions evolve: *The political economy of skills in Germany, Britain, the United States, and Japan*, Cambridge: Cambridge University Press.

33. UNEVOC (2006) *Participation in formal technical and vocational training programmes worldwide: A statistical study*, Montreal: UNESCO Institute for Statistics (UIS), http: //unesdoc. unesco. org/images/0014/001496/149652e. pdf (accessed 15 October 2008).

34. Wolbers, M. H. J. (2007) Patterns of labour market entry: A comparative perspective on school—to—work transitions in 11 European countries, *Acta Sociologica* 50: 189—210. 1.

26

第二章　澳大利亚的职业教育与培训
——机制的发展历程

理查德·库尼 & 迈克尔·朗

一、引　言

在过去的 15 年间，澳大利亚的职业教育和培训（VET）不断变革，最终形成现在的体系。第一次改革浪潮始于 20 世纪 80 年代后期到 90 年代中期，通过全面整治，联邦工党政府出台了国家职业资格认证体系。此前，澳大利亚的职业资格认证由各州独立实施。这就意味着，如果一个电工在某个州已接受过资格培训，但他却到另外一个州求职，他又得重新进行认证培训。

这一举措不仅促成了澳大利亚国家 VET 的首次革命，而且还在更广泛的领域产生了积极的影响。这一新机制，旨在为职员提供不断晋升的工作发展平台——培训级别与从事职业岗位的等级对应。随着证书级别的提高（初级、一级、二级），工资待遇也发生相应的变化，从而，实现了一系列劳资关系的改革。职业教育在澳大利亚的经济发展中功不可没，因此，联邦工党政府采取了一系列措施，给予支持，如提供培训费用、制定培训激励机制、扩大新的基础培训规模等。（Cooney，2002；Phillimore，1997、2000）。

然而，用单一的相互连贯的国家体系取代分散的多元的体系仍然是不够的。联邦政府在供给方面采取的措施刺激了培训效果的进一步扩大，但这并不能进行自我维持。因为一旦政府终止补贴，培训效果就大打折扣。这集中体现在基础水平的资格培训上。同时，它不仅使得众多培训质量下降，也易引发员工接受低层次的培训后而选择跳槽。

澳大利亚 VET 体系分化不明确的问题依然存在，在第一次改革浪潮中并没有得到解决，直到保守党于 1996 年发起第二次改革浪潮。这次改革放松了对培训课程、培训过程和培训机构的管制，为以培训服务和雇主为导向的 VET 体系的开发提供了市场（Wheelahan 和

Carter，2001）。

放松管制并没有阻止澳大利亚 VET 体系的继续分化，作为一个广泛开放的体系，教育部门、行业和企业之间的衔接极为复杂，而学校、VET 和大学之间仍然无法衔接。职业资格在某一部门被认可，但可能在其他部门就不被认可。从理论上讲，职业资格在部门之间是可以相互流通的，但在实际中，每个部门不同层次的资格认定是受限制的，一些基础培训重复进行。要想获得学校和高等学历教育资格（学位），需要在规定的课程上取得优异的成绩，然而 VET 资格的获得是建立在能力基础之上的，课程并不明确。这也就造成了资格交叉认定的问题，在职业（培训）部门获得的资格（认定）往往在高校得不到认可，使得职业资格在教育部门之间的转移，往往需要在新的部门进行基础技能的再培训。

行业的不断分化会影响从业者在业内的流动。而从理论上说，职业资格是可以流动的，但在实际中，解除 VET 的课程管制就意味着基础职业资格需要反复认定，而相应的费用支出也在提高。对近期的 VET 资格进行回顾，由行业部门造成的课程分化受到社会各界极大的关注，调查结果发现，在澳大利亚行业培训服务包中，如对于"沟通"能力有多达 380 种的培训方案。通常情况下，员工在从一个行业转入另一行业时，诸如像"沟通"这类一般能力的资格认定是不被认可的（Schofield 和 McDonald，2004）。

企业的分化也促使了培训课程管制规定的解除。许多雇主，尤其是大型企业已实行定制培训，以满足自身的具体需要。这些企业通过自主研发，对员工进行培训，即使是同一行业内，也往往不承认其他公司的培训。许多培训已具备企业特色，这也就造成了企业之间职业资格认定难的问题。

除此之外，澳大利亚 VET 体系的分化也有其历史原因。许多职业资格停滞在非常低的水平（二级或三级），从首次引入至今并未有新的发展。第二次改革浪潮并没有解决上述问题，因此在许多行业之间职业资格仍然无法衔接。

29   可以把澳大利亚 VET 体系的发展看作一次对国家职业资格和职业发展进行衔接的一次尝试。然而"路漫漫其修远兮"，澳大利亚 VET 体系在 VET 之间依旧处于分离状态，在职业资格认证与就业、

职业资格认证与其他资格认证之间联系仍然不够紧密。在澳大利亚，随着职业资格培训部门、企业和行业的增加，以及澳大利亚劳资关系制度的改革，打破了培训、薪酬和职业发展之间的衔接，使雇主采用以计件、绩效为基础的、整齐划一的薪酬体系，而培训和技能等一系列影响工资待遇的因素却并不包括在这一薪酬体系中（Hawke 和 Wood，1998；Work Choice Act，2005）。

本章详细介绍了澳大利亚 VET 体系的结构与功能，并指出分化体系的影响和为克服分化导致的问题而制订的一系列措施。这些措施是为加强教育部门尤其是学校及 VET 之间的联系，同时将针对毕业生实施个案管理，并纳入到教育蓝图中。许多举措在个体层面已经获得了显著效果，取得了成功，但这些并不一定能解决错综复杂的职业教育体系所面临的结构性问题。

二、澳大利亚的普通教育与职业教育

澳大利亚联邦由六个州和两个领地组成，其在 1901 年颁布的宪法中明确规定："开展教育是各州（以及所属领地①）的责任"。与州政府相比，联邦政府②的影响越来越大，在澳大利亚联邦历史上有着浓重的一笔。当各州和领地试图维持自己和联邦政府之间的和谐时，澳大利亚的教育政策和实践不仅仅表现在政治上的争议，即通常意义上的政党之间的分歧，也表现为各州之间的分歧。

澳大利亚的教育体系主要有以下两个特点，可能区别于其他许多国家的教育体系：

• 在职业教育培训和高等教育的参与度方面，年长者所占比例相对较高（OECD，2004，表 A3.4a.）。从这个意义上说，澳大利亚教育体系的显著特点是终身学习。

• 教育部门和劳动力市场之间的衔接往往是松散的。澳大利亚教育政策造就了这种松散的特点，因此需要创建路径去解决这一问题，尤其是对于年轻的澳大利亚人。

---

① 领地有两处：澳大利亚首都领地和北部领地——与州不同。它们的职责区别于联邦立法，在本章，"州"这一术语包括领地，除非另有说明。

② 澳大利亚政府也被称为英联邦成员国政府（澳大利亚联邦政府）和联邦政府。

30　　　　澳大利亚三个部门构成正规教育：

　　•中学教育。

　　•职业教育与培训(VET)。

　　•高等教育。

　　其中，VET 部门与职业培训体系密切相关。另外还有两个与之密切相关的准职业培训部门，即成人和社区教育(Adult and community education，ACE)部门和专门公司提供的培训。前者更像一个正式的部门，而后者更像一个标签，由公共和私营组织开展的活动，以提高其劳动力的技能。

　　澳大利亚学历资格框架(Australian Qualificaions Framework，AQF)作为一个共同的资格架构，覆盖了整个国家在 1995 年到 2000 年间建立的所有部分。AQF 的发展，试图为澳大利亚的多样的培训体系营造更大的连贯性。共同资格架构的一个优势是产生更大的 VET 部分，对此，国家有截然不同的术语和资格标准。表 2.1 显示了国家认可的 AQF 资格评审部分。

表 2.1　AQF 资格评审部门

学校部门认证	VET 部门认证	高等教育部门认证
	在职研究生文凭	博士学位 学士学位 硕士研究生文凭
	高职毕业证书	研究生证书 学士学位 副学士学位和高级文凭
	文凭	文凭
高中 教育证书	四级证书 三级证书 二级证书 一级证书	

资料来源：澳大利亚学历资格框架 2004，http：//www.aqf.edu.au，访问时间 2005 年 5 月 15 日

31　　　　虽然 AQF 在各州与教育部门之间的合作上向前迈进了一步，但这一举措未能满足所期望的成果。依据培训时间的长短所获得的资格等级难以同技能等级相挂钩，例如一个领域的三级证书，(如管道证

书)可能需要三年的联合培训和工作经验,在另一个领域,(如护理员)可能需要 8 周的脱产学习,因此任何一个职业教育培训资格是很难等同于高中毕业证书的。此外,很多教育经费仍然未被列入 AQF 奖励和国家认可的培训框架之内。

最近 AQF 的一项调查指出,澳大利亚所采取的方式与其他大多数国家不同,包括拟议中的欧洲联盟资格架构在内(Bateman 等人,2005)。AQF 不是基于一个标准水平,增加新的类别进入这个框架以适应新资格。举例来说,自启动以来,AQF 从 12 个类别扩大到 15 个类别,在未来几年,预计新的类别将会增加。AQF 不是根据既定标准简单地将新的资格插入框架之内,而是要建立新的类别,以适应新的资格认证的需要。

最近联邦政府采取举措的突出特点是合并了多维分类的方法,以满足 AQF 增加的需要,包括规定水平的学习成果的主要特征。(Victorian Qualifications Authority,2004)资格和组成要素与这些水平对齐。如学校、VET 及大学部门间没有一个整体的衔接构架,AQF 没有提出一个充分协助各部门、先前的学习认可以及跨部门的途径之间的学分转移。(ILO,2008)

从 AQF 作用的失效可以看出,澳大利亚 VET 体系的持续断裂是显而易见的。它仍然是一个名义上的资格框架,没有什么实际意义的课程标准或可以评估的技能和知识。实际上,培训机构参考的是行业培训包中的能力(有关与行业资格相联系的能力的陈述)而不是 AQF。

最后一个资格之间建立等效认定的症结是,虽然职业资格证书可在三个部门之一中得到认可,但是它可能会在任何部门[①]内传递。例如,在大多数州,在校学生学习是为了获得 1 级、2 级、3 级及以上等级的证书;在 VET 机构学习的学生是为获得高中证书[②]。其中一些州,VET 机构的学生可以通过学习获得第二学士学位[③]。因此,一些部门之间已经实现了认可,虽然只是占很小的比例。越来越多的在

---

①　因为大学有具备自行评审资格,VET 资格与高等教育机构的资格交叉重迭,这个 VET 资格可得到高等教育机构的认可。

②　在 VET 机构进行高中学习可能会限制年轻人。

③　国际教育标准 5A 分类或经合组织第三类 A 型教育。见经合组织教育概览 2005 年,词汇。

VET 机构为证书或文凭的学习可以与大学的学士学位对接，更普遍的是，高中证书也认可在 VET 部门的学习。

（一）学校部门

32

州政府依然控制学校部门的课程、评估和融资。因此，各州在学校的政策和做法上有很大不同。大部分（68%）学生是在州立学校[①]学习，其余的在私立学校学习。州立学校的入学是免费[②]的，而私立学校的学费从父母和联邦与州政府[③]的支持中获得。

依据各州的要求，澳大利亚的学校教育包含 12 年或 13 年的教育。各州都规定，至少 15 岁以前必须参加义务教育学习。近年来，一些州已将最低的离校年龄提高到 16 岁或 16 岁以上。学校教育包括小学（通常是 7 年的学校教育）教育和中学教育。虽然历史上曾出现过，但很少有学校将职业教育和学术研究分离开来。重要原因是过去学校教育由外部考核和主要面向大学入学。

所有州都明文规定，要竭力完成较高层次的学校教育。20 世纪 70 年代中期到中学阶段的就读率从不足 35% 大幅上升到 77.1% 的顶峰值，1992 年之前略有下降，到 20 世纪 90 年代保持稳定，然后又增至 2004 年的 75.7%（见图 2.1）。在高中，学生就读的期望更高，毕业率更高，关注改革陷入僵局的人们倡议州政府引入更加多元化的课程，包括提供校内的 VET 及基于学校的新学徒制（School—Based New Apprenticeship，SBNA）。

33

与此同时，许多州纷纷出台措施，以改善从学校到工作的过渡和继续教育，包括 VET 部门。富有开创性的工作是 2000 年维多利亚的柯比评论，自此引发了一系列的举措，旨在完善从中学毕业到职业教育、高等教育和工作[④]的过渡。这些举措包括：

• 创建了全州范围内的本地学习和就业网络（Local Learning and

---

① （ABS，Australia，2002a，4221.0)公立学校仅教高中学习最后两年的 61% 的学生。非公立学校主要是在基督教和其他教派的支持下运作。

② 大多数州政府办的学校收取相对较少的学费。

③ 学生的补助倾斜于社会经济背景较差的学生比例较高的学校。

④ 维多利亚州是澳大利亚六个州之一。柯比报告的正式标题是 The ministerial review of post—compulsory education and training pathways in Victoria. Final report .（维多利亚州义务教育后的教育和培训途径。最终报告。)

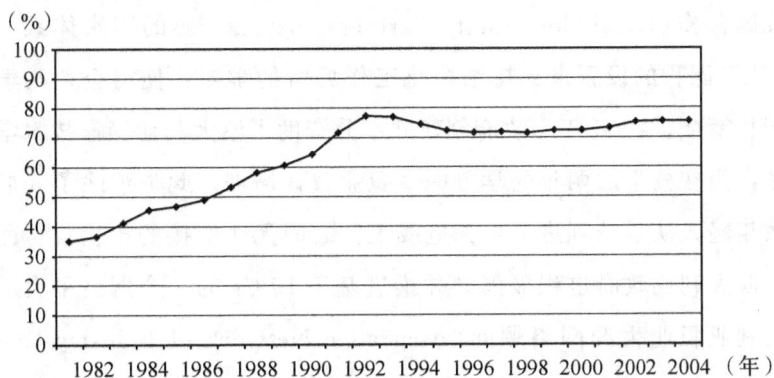

图 2.1 澳大利亚中学的就读率，1981—2004
资料来源：ABS，学校，澳大利亚，2002 年，4221.0

Employment Networks，LLENs），打破了政府之间、教育机构和培训机构之间、行业和社区组织之间的限制，为从学校毕业的年轻人和失业者找到工作提供进一步的培训和教育支持。

• 在公立学校内引入个人管理途径（Managed Individual Pathways，MIPs）——一个指导体系，关于职业生涯规划和对提早离校生进行密切追踪。

• 为 VET 部门和为年轻人提供高中教育的学校之间的竞争扫除障碍，从而为年轻人从学校的学历教育过渡到 VET 部门的职业教育提供途径。

• 设立的另一类高中证书——维多利亚应用学习证书（Victorian Certificate of Applied Learning，VCAL），这种证书依据 VET 和 SB-NA 所建立。

• 通过电话调查，更好地追踪年轻人离校后的过渡，进行个别跟进。

仅从 2003 年或 2004 年开始，许多举措才全面展开，所以全面评估还为时尚早。在改革方面，有一些评论是积极的。其他一些州跟随维多利亚的引领，特别是昆士兰州提出了改革义务教育后的安排。

虽然澳大利亚政府过去在学校部门扮演的角色相对次要，但最近采取的一系列措施集中体现在高中的职业教育方面。澳大利亚政府通过专项资金的引入使得其在职业教育中起主导作用，并创建了基于当地社区合作（Local Community Partnerships，LCPs）的国家体系，通过 VET 课程的设置来支持结构化工作场所的学习，使得企业与学校之间相衔接。2006 年，政府创建并部分资助了澳大利亚国家技术学院体系，为在校生后两年的学习提供职业教育培训。此举消除了人们对多数年轻人从学校到进一步深造或工作之间无法衔接的担扰。与此同时，澳大利亚政府也积极倡导并推进基于 LPCs 的一个网络平台——澳大利亚职业生涯网络顾问（Australian Network of Industry Career Advisors，ANICA）的建设。第二次改革浪潮的显著特点是联邦政府的影响扩大。由于与各州没有充分的对话，与其说此次改革是对 VET 体系进行简化的一次尝试，使体系间更加衔接，倒不如说是联邦政府已主动采取行动，创建一个新的国家体系（诸如澳大利亚技术学院体系）并行于现有的体系。

（二）学校的 VET

学校中的国家职业教育与培训的倡议最初是由澳大利亚政府提供财政的支持而推动的，1996 年得以广泛推广，现已成为遍布澳大利亚主流中学教育的一部分。虽然各州之间的安排不同，但在 2003 年几乎所有的中学学校都推行了一些职业教育计划，近一半（48%）的高中学生参加了职业教育培训，平均每人接受了 211 小时职业培训。

职业教育体系为学生进入 VET 部门提供了途径，完成国家认可的培训成为在校学习的一部分。结构化的工作场所学习作为 VET 计划的一部分打破了学校、职业教育培训部门和不同工种之间的界限。基以学校的新学徒制（SBNA）将薪资、培训和高中学习联系到一起，进一步延伸了这一理念。

学校 VET 计划通常会导致或促成以下两点：一是在澳大利亚学历资格框架（AQF）下获得 VET 资格认证；二是由国家相关部门认可的高级中学证书。理想上的 VET 资格应该是以国家培训包中规定的能力标准为基础，因此，参与学校 VET 项目的学生，在完成中学教育时，既可以获得职业教育培训证书，也可以获得学校的普通证书。这些学生的职业教育培训资格认证，通常是二级证书，但也可能是三级证书，经 VET 部门认证后，可以进入更高级别课程的学习。

首创的结构化的工作场所学习（Structured Workplace Learning，SWL）是 VET 的重要组成部分，它提供了上学和工作之间的衔接。SWL 使学习发生在工作场所或工作场所的模拟是 VET 计划的一部分。这种学习常常被定制、监控、监管和评估。在 2003 年学校 VET 计划中，有一半以上的学生（52%）参加结构化的工作场所的学习（表 2.2）。

表 2.2　VET 学校，结构性工作场所学习和基于学校的新学徒入学人数和时间（1996－2003 年）

35

年份（年）	1996	1997	1998	1999	2000	2001	2002	2003
参与 VET 的中学生比例（%）	16.0	24.7	29.9	34.6	38.0	41.3	44.3	48.3
每个学生参与的平均时间（小时）	—	—	112	144	177	191	201	211
参与机构性工作场所学习课程的 VET 学生比例（%）	—	27.4	52.4	41.1	52.8	59.6	60.6	52.3
基于学校的新学徒方案的中学生比例（%）	—	—	0.4	1.0	1.1	1.4	1.8	2.5

资料来源：MCEETYA，基于学校的 VET 的参与官方数据，2003 年早期版本

注：数据来源可以考证，因为它们都来源于教育主管部门，在自身的教育体系和政策背景下，国家公认的定义，采用不同的数据收集方法获得。

和学校 VET 计划一样，基以学校的新学徒制（SBNAs）为需完成高中学业的年轻人进入学徒制提供了机会。新学徒制的学校满足了全日制学生和业余在职人员连同其他新学徒的需求——提供同等的就业和培训课程。他们的学徒关系或培训关系受到雇主和学徒、实习生（或监护人）之间合同的约束，并由州培训权威机构认可。培训合同是指国家认可的培训计划，通过有偿的工作和结构化培训，以符合培训体系的要求。培训合同指定的资格也必须由 SBNA 约定，并获得行业认可。

与此同时，学生也要参加普通高中证书课程的学习。提供这些课程的学校或培训机构要承认并授权这项培训计划，高中证书还要获得 SBNA 认证。但在 2003 年，最近新出台的 SBNA 体系有约 2.5% 的学生在毕业前两年开始学习 SBNA 课程。

一些研究给予了 VET 积极的评价，因为 VET 把将要离开的学生留在学校，为他们提供进一步的 VET，为他们提供受雇主重视的技能，使他们从学校毕业后就可以立即就业。（Johns 等人，2004）相同

的研究机构也在质疑一些学校课程的质量问题，并指出 VETis 能力培养的结果与大学入学考试相融合存在一定困难。

（三）高等教育部门

36

澳大利亚高等教育机构包括 37 所公立大学和一些较小的公立教育机构（通常是专门的），这些机构信任自己的课程并在某些方面获得联邦政府支持。由联邦政府支持地方费用的大约三分之一是通过助学贷款的方式支付学费。此外，大学招收公费国内学生，主要是在研究生阶段，但是本科课程的数量却越来越多（从一个非常低的基数）。2003 年，公费的国际学生占招生总量的 22.6％，申请的人数比例更高。多数大学是根据州立法建立的，但实际上由澳大利亚政府负责。

高等教育部门，还包括了一些其他的、通常较小的、集中拥有100 000人入学规模的高等教育机构。这些机构得到国家主管部门的认可，但很少得到联邦资金。它们包括规模较小的私立大学、技术与继续教育（TAFE）学院和专业机构及新近出现的国际大学。它们侧重于研究生课程。

在过去二十年，高等教育招生规模的国内学生人数迅速增长，1988 年至 2001 年间，招生规模增长了 61％，在持续的突破后，最近几年似乎还在持续增长（见表 2.3）。有证据表明，在 2004 年和 2005年增长停滞面临着学生贡献的支付费用增加。

表 2.4 显示了 2003 年招生的年龄及学历。在 15—19 岁的年轻人中，13.5％的人在 2003 年间接受高等教育，20—24 岁的人占到了16.9％。大学提供多样化的课程，包括通识课、辅修课和专业职业课。学校提供的课程包括为专业而制定的课程，如工程、机械和法律；又包括辅修课，如护理课；此外还涉及新的职业课程，如酿酒、干酪制作、

37

旅游、体育管理和冲浪。新的职业课程的快速发展也引发了关于这些课程质量的一些担忧以及它们如何和毕业后的就业机会相衔接，但是至今为止，很少限制它们的发展。这些新领域课程的学习，也可以在 VET机构进行，这再次引发了各教育部门之间的衔接问题。

表 2.3 澳大利亚的国内学生高等教育入学人数(1988—2003 年)

年份(年)	1988	1989	1990	1991	1992	1993	1994	1995
入学人数(千人)	402.6	420.0	460.1	504.9	525.3	538.5	544.9	558.0
年份(年)	1996	1997	1998	1999	2000	2001	2002	2003
入学人数(千人)	580.9	595.9	599.7	603.2	599.9	649.7	711.6	719.6

资料来源：DEST 1988—2000 年，时间序列，表 14 和相关出版物，发生在 2002 年一系列的重大突破，http：//www.dest.gov.au，访问时间 2005 年 5 月 21 日。

澳大利亚高等教育界的一个特点是研究生文凭的增长。从表 2.3 可看出研究生文凭和硕士证书超过了过去三十年的总和。具有这些资格的学生绝大多数选择跨专业读研，其目的是为了进一步提升职业技能，从而在专业领域做出贡献。然而，国内学生的入学人数，在 20 世纪 90 年代后期开始下降，因为政府的政策对获取这些资格方面的课程①提供较少的支持。往往在同一领域强有力的衔接课，以及有助于研究生证书和文凭的硕士研究生课程更受欢迎。

表 2.4 澳大利亚国内学生按年龄和广泛的层面上接受报名高等教育课程(2003 年)

年龄(岁)	博士	硕士	学士	研究生以下	肄业	其他	总和	年龄分布律
≤19	0.0	0.0	0.1	34.7	11.4	23.0	25.8	13.5
20—24	14.1	14.1	15.4	38.9	22.6	21.8	32.4	16.9
25—29	21.6	23.0	20.8	9.5	18.4	15.9	12.8	6.8
30—39	26.6	34.5	33.6	10.1	27.1	22.3	16.1	5.9
40—49	22.7	20.7	22.3	5.0	14.3	12.3	9.3	2.3
50—59	12.5	6.6	7.0	1.4	5.0	4.0	3.1	0.9
≥60	2.6	0.9	0.8	0.2	1.2	0.7	0.5	0.1
总数	100.0	100.0	100.0	100.0	100.0	100.0	100.0	4.5
总数(千人)	100.0	30.8	78.7	60.8	515.6	13.8	19.7	719.6

资料来源：DEST，2003 年表，高等教育统计摘录，表 20，http：//www.dest.gov.au(访问时间 2005 年 5 月 21 日)，ABS，澳大利亚人口统计数据(2002b：3101.0)。

注：包括一些非大学的高等教育机构。

---

① 然而，学生的学费是免税的，同时还可以提供大量的联邦资金补贴，尤其是对全职雇用半工半读的学生。

（四）职业教育和培训部门

职业教育和培训（VET）部门由许多不同的培训提供者组成，通过提供系列多样化的服务，满足广泛培训者的需求。它的主要任务是向人们提供各种技能培训，培训者可以凭此进入或重新进入劳动力市场，获得新的工作或在现有工作中提升技能。它还为学生提供可以继续或重新学习的途径，或者在职业教育或者在高等教育部门进一步深造。职业教育和培训部门通过提供国家认可的课程或为个别企业量身定做的课程为企业服务。从广义上说，VET 部门还包括那些为自己的员工提供 VET 的企业。

VET 依靠公立或私立机构，经费来源既有公共资金又有私人资金。一些私人拥有的 VET 提供者也会获得公共基金支持，而公立 VET 提供者的部分课程由学费或者公共资金和学费的混合来提供，学费可以直接由学生或他们的雇主提供。

VET 部门由以下三个部分组成。

1. 公立的职业教育与培训

在澳大利亚，公立 VET 体系主要是由各州和领地政府负责的。职业教育培训大部分是由各州或领地政府管辖并资助的技术与继续教育（Technical and Further Education，TAFE）学院开设的。这些公共资金资助的院校开设指定的职业培训课程。2001 年，政府对职业教育的经常开支为 3.3 亿美元，而非经常开支为 0.3 亿美元，总额约占国民生产总值（GDP）的 0.5%。在 2001 年，公立职业教育培训机构获得了更多的资金——0.9 亿美元，收入主要来自学费、服务费、商业活动和其他活动（NCVER，2003）。

在 2003 年，170 万学生参加了政府资助的 VET 课程或公立院校提供的课程——在 15—64 岁的澳大利亚人中，每 8 个人中就至少有 1 个人参加这类教育和培训，这些学生参加了 37 万个小时的培训。表 2.5 表明，在 2003 年，一些学生参加了一门课程以上的培训，因为有近 210 万人次报名此课程。表 2.5 还强调了由政府资助或公开提供 VET 课程的资格范围：超过 10%（也许高于这个比例）的入学者是为了攻读学位、高级专科文凭或专业高级课程；近 70% 的入学者攻读 AQF 开设的课程；剩余的 32% 的入学者虽然不是攻读 AQF 学历，但他们的学习仍然包括 AQF 的课程。

表 2.5　VET 课程报名资格（2003 年）

澳大利亚学历资格框架（AQF）							AQF 以外			总计
学位文凭			证书				高中第二阶段	其他事项	非授予课程	
		等级	四级	三级	二级	一级				
千人	3.0	54.1	160.3	235.2	464.9	336.5	137.4	10.9	437.1	221.2 2 060.7
%	0.1	2.6	7.8	11.4	22.6	16.3	6.7	0.5	21.2	10.7 100.0

资料来源：NCVER（2004 年），澳大利亚的 VET 统计：学生和课程（2003 年）。

注：学生可以报名参加一个以上的课程。

2. 成人和社区教育与职业教育与培训

VET 的模式并不是固定的——为个人利益而学的课程可能会为进入下一个企业打下基础。强调通用工作技能的重要性（认知和社会）进一步打破了这些模式。在体制上，这些模式是以由澳大利亚大规模和高度下放的公共成人和社区教育（Adult and Community Education, ACE）部门为支撑的。这个部门在战后的几年里发展迅猛，支撑着澳大利亚的新移民语言训练，但它仍主要致力于社区教育，鼓励人们到主要公立教育院校以外的机构学习课程。

ACE 提供了大量各个层次的教育和培训，其中一些如成人扫盲和移民教育，经费由特定的政府资助和一些公共职业教育经费支持。然而，大部分是通过有偿服务活动的资助，往往不记录在官方统计内（Golding 等人，2001）。

1999 年，有 110—130 万人参加范围广的 ACE 培训（NCVER，2000）。覆盖了全国职业教育的机构仅有 50 万人的招生规模。据收集的信息统计，开设 245 000 个职业课程，由 VET 资助的课程只有 89 000 个。职业教育招生规模有 166 000 人，是同"非正式"的 VET 课程相衔接的。正式和非正式的 VET 在 ACE 的比例可能会大于招生计划的比例，因为职业课程通常涉及多个小时的教学。例如，据资料显示，相比非资格培训提供的 13.8 万小时的职业培训，在国家 ACE 机构参加 VET 的学习时间只有 6.7 万小时。

3. 公司内部培训与职业教育与培训

2001 年，工薪阶层完成了约 143 万小时的培训课程，其中超过

90％的课程费用由他们的雇主提供(ABS，2002C)。公司提供的非正规的在职培训是不可估量的，培训水平有时甚至高于正规的培训水平。

在澳大利亚，企业为员工的教育和培训花费大量的精力和财力。在2001—2002年度，企业在教育和结构化工作场所的培训的直接净支出近3.6亿美元，与政府的经常开支和非经常开支总和相差无几(ABS，2002d)。而工人的工资和工资支付培训则花费大量的额外金钱，在2001—2002年度，公司获得约0.4亿美元的政府培训补贴(主要用于学徒和学员)。

然而，诸如公共部门企业和政府部门的部分支出是由行业承担的，这些机构中的员工比私营公司员工会获得更多的高水平培训。澳大利亚行业培训是公立VET提供者和高达4亿美元服务收入占有很高比例的"大客户"。

三、其他职业教育与培训

VET的其他组成部分，没有政府资助和公共职业教育经费，也不由雇主和ACE之外的私人提供资助。澳大利亚政府工作网的一部分是为求职者安排允许私人提供政府资助的培训。"VET的另外一个组成部分是由学生自己通过私立机构①提供个别资助完成培训。"

以下关于VET的讨论重点是政府资助或已开展的VET，因为与此对应最密切的是通常意义上理解的职业培训体系，这个体系被认为是合理和有据可查的，整合了ACE和行业提供的方方面面。

(一)职业教育和培训的参与者

在2003年，在15—64岁之间的澳大利亚人中，每8名中有1人以上参加了某种形式的政府资助的VET或者是公立机构提供的培训。参与的范围之广泛，遍布于各个年龄段，尤其是15—19岁(27％)和20—24岁(21％)所占比例最高(见表2.6)。这些估算数据不包括业余在职培训和由雇主支付费用的学徒培训。从这个系统管理的记录来看，这个体系的统计数据可能过高地估算了招生人数。与相应的劳动力调查相比，

---

① 在澳大利亚政府2005—2006年度财政预算案的提案中，以鼓励受助残疾人和支持母亲重返工作岗位的举措会在职业培训方面增加一项非常巨大的支出。

部分原因是可能对参加一门课程以上的学生进行了双重统计。

表 2.6　按年龄划分，澳大利亚公费资助的 VET 课程的学生（2003 年）

年龄	14 及以下	15—19	20—24	25—29	30—39	40—49	50—59	60—64	65 及以上	总数
学生（千人）	10.1	368.4	286.1	183.9	337.1	296.0	169.5	32.4	34.2	1 717.8
学生百分比（%）	0.6	21.4	16.7	10.7	19.6	17.2	9.9	1.9	2.0	100.0
参与率（%）	—	26.8	20.8	13.5	11.3	10.1	6.9	3.7	—	—

资料来源：NCVER（2003）VET：学生和课程 2003 年（2004 年 8 月修订），http：//www.nvver.edu.au/statistics/VET/ann03/id03/idall03.pdf（访问时间 2005 年 5 月 17 日）

注：表包括所有政府资助的 VET 和公共 VET 机构的所有学生。在 1995 年随着 ACE 提供商的引入和 1996 年私人供应商接受 VET 的基金，出现了中断。2003 年，昆士兰为覆盖全州的学生推出了一个独特的学生标识码。这造成了学生整体数量相比以前年度明显减少。

在 20 世纪 90 年代，政府资助和公立机构提供的 VET 的入学人数迅速增加，但在 21 世纪初期保持稳定（见表 2.7）。同时，这期间培训时间在增加，但与近年来增幅放缓的情况不同。如表 2.7 入学人数和培训时间的增长所示，它夸大了实际的增长。这些统计数据源自澳大利亚 VET 体系的主要官方数据。1995 年 ACE 机构纳入 VET 体系之内。1996 年政府资金资助的私立机构开始招生。VET 在 1997—2001 年间由各州统筹招生，但自 2002 年起开始自行招生。无论如何，在过去十年里，VET 部门的招生人数及其开展的培训时间有大幅增长。

表 2.7　澳大利亚公费资助的 VET 课程中的学生数（百万），（1993—2003 年）

年份	1993	1994	1995	1996	1997	1998	1999	2000	2001	2002	2003
学生（百万）	1.1	1.1	1.3	1.3	1.4	1.5	1.6	1.7	1.7	1.7	1.7
时数（百万）		266	261	274	292	292	309	321	352	358	370

资料来源：NCVER（2003 年）VET：学生和课程 2003 年（2004 年 8 月修订），http：//www.nvver.edu.au/statistics/VET/ann03/id03/idall03.pdf（访问时间 2005 年 5 月 17 日）

注：表包括所有政府资助的 VET 和公共 VET 机构的所有学生。在 1995 年随着 ACE 提供商的引入和 1996 年私人供应商接受 VET 的基金，出现了中断。2003 年，昆士兰为覆盖全州的学生推出了一个独特的学生标识码。这造成了学生整体数量相比以前年度明显减少。

（二）职业教育和高等教育之间的衔接

在澳大利亚，VET 和高等教育部门之间的学生流动是相当大的。事实上，职业教育的管理者抱怨高等教育毕业生向 VET 部门流动的人数较少（Harris 等人，2005）。因此，可看出学生开始更倾向于接受高等教育，而不是职业教育。而这个流动是由教育体系的五个特点支撑的：

· 较年长的澳大利亚人在接受基础教育之后参与教育比例相当高。

· 为晚间的业余学习者提供高水平服务，以及周末和灵活的远程和在线课程学习。

· 有时在学习和工作之间的连接不畅时，允许学生选择自己的学习途径。

· 现有的几个联合大学和技术与继续教育院校（TAFEs[①]）；

· 大学和 TAFE 学院之间的协议"衔接"他们的课程——例如，学生可以获得四级证书和文凭，然后进入 TAFE 学习，取得更高的文凭，之后再进入大学进行一年半的学习可以获得学士学位。

然而，在这个体系里，各院校之间的课程衔接是有争议的，且缺乏一个明确的课程衔接标准是体系连接不畅的原因。但所有各方都同意衔接，以为学生提供更多的机会来扩展他们的技能，为他们提供一个明确的途径，避免重复学习，使 TAFE 课程更具吸引力，让大学专注于更高端的教学，使大学毕业率明显提高，并为大学[②]提供生源。大学和 TAFEs 之间的协议使学生清晰地明白他们在 TAFE 所学的课程将会得到大学的认可，他们将获得学分。这样的安排也促使 TAFE 学院提供学士学位的课程。

然而学生在各学习机构之间流动，已经引发了财务问题。大学生必须为他们的课程支付费用，至少是部分费用，或是直接支付或是通过助学贷款。在 TAFE 学院，学生的学费通常非常低，许多经济不好的贫困

---

① 　虽然有建议认为，在大学与 TAFE 的转移均低于这些机构在行业整体之间的转移。

② 　虽然目前还不清楚，不过 TAFE 学院提供的实际成本也许更低。

学生还可以减免学费。从大学到 TAFE 的学生流动主要是少支付学费，*43*
课程学习费用的差额从澳大利亚联邦政府(因为学生未能接受大学教育)
拨给州政府(因为学生在 TAFE 学习)的费用中补助。然而，奇怪的是，
这给澳大利亚政府带来了一个头疼的问题——学生通过在 TAFE 完成
部分学位的学习来逃避大学学费(参见 Nelson，2002)。虽然州政府最近
增拨了 TAFE 课程的学费，有时幅度相当大，且将远期的消费或学费与
贷款挂钩，但一般来说，TAFE 和 VET 对许多学生来说都是一个费用
较低的选择，可以从 TAFE 过渡到大学，而花费则较低。

表 2.8 澳大利亚进入高等教育本科和研究生课程研修的基础(2003 年)

入门基础	初始本科（%）	研究生课程（%）
完成以前的高等教育资格	6.1	87.1
以往不完整高等教育资格	14.8	2.5
在学校获得高中毕业证书	48.8	0.1
在 TAFE 获得高中毕业证	0.5	0.0
成熟年龄	4.6	0.4
特别条目	2.8	0.8
机构评估	6.7	1.1
就业经验	1.6	1.6
专业资格	1.2	1.1
开放式学习	0.1	0.0
完成 TAFE	8.1	0.6
未完成 TAFE	1.5	0.1
其他	3.1	4.8
总计	100.0	100.0

资料来源：笔者对 DEST 提供的高等教育学生样本的定制数据分析。

学生从 TAFE 到大学的流动并不仅限于特定的大学和 TAFE 协
议之间的衔接安排。表 2.8 显示，8.1% 学生在取得完整的 TAFE 学
历后[1]开始，另有 1.5% 是未完成 TAFE 学历就开始，0.5% 是在
TAFE 培训机构完成高中教育。此表参考 TAFE 而非 VET 就表明，
在 20 世纪 90 年代初，这些机构建立的时候，TAFE 即 VET 之一。

---

① 基础本科学历不包括精品课程和毕业生学士学位课程。

因此44有些学生被基础课程录取，而非 TAFE 或 VET 所包含的其他专业资格类别。然而，总体而言，只有大约10％的本科生获得基础的职业资格，申请研究生课程中学习的这个数字只接近1％。因此，从 VET 到大学过渡的衔接时，学生必须具备专业资格，但寻求更高资格的学生则不必。

获得 VET 资格才能读大学，这只是部分情况。许多学生在入学前已经完成或部分完成 VET，开始高等教育课程的学习。表2.9显示，至少27％的学生在开始本科课程和研究生课程之前已经完成或部分获得 VET 资格。此外，其他资格类别中也包括非 TAFE VET 资格。因此，许多学生持有双重的资格证书。然而，它们之间的关系，目前还不清楚。学生可能在兼职期间通过 VET，例如，一旦他们进入专业领域，可能无法使用其职业资格，澳大利亚绝大多数学生（89.2％）在获得高中毕业证书的基础上进入大学。

表 2.9   澳大利亚初始本科和研究生课程之前的资格（2003 年）

先前的资格	研究生初步（％）	研究生课程（％）
高等教育研究生学历	4.3	36.7
学士学位	32.6	90.5
高等教育副学位	8.6	20.3
副学位课程，TAFE	14.8	15.8
其他 TAFE 资格	17.7	16.6
高中证书 TAFE	6.4	12.2
颁发高中证书的学校	89.2	83.7
其他资格	20.6	21.0
任何 TAFE 资格	27.4	27.0

资料来源：源于作者对 DEST 对高等教育学生采集的自定义数据的分析。

（三）职业教育和培训体系中的行动者

澳大利亚 VET 的第一次改革引入了全国统一的体系，围绕这些体系建立了新的机构。这些机构包括各州、联邦机构和有每一级政府代表的第三方性质的机构，这些第三方机构包括政府、雇主和雇员代表。职业培训被视为新生的社会伙伴关系，与社会对接，在创造新的国家体系方面有着不可或缺的作用。在发展的前期成立了行业培训咨询委员会(Industry Advisory Boards，ITABs)等机构，后期创建了合作机构，如澳大利亚国家培训局(Australian National Training Authority，ANTA)。除了这些新机构外，VET 体系还包含州政府和联邦政府教育部门和教育培训机构。

　　在第二波改革中，第一波改革中成立的三方合作机构解体了，取而代之的是由雇主为主导的体系。在这个体系中，联邦教育部对 VET 担责（比如 ANTA 于 2005 年 7 月被解散），和重组的 ITABs 形成一个只包含雇主代表的较少人数的行业技能委员会，职业教育和培训现在理所当然被视为一项雇主的特权。最近劳资关系制度的改革，将培训排除在各行业协商范围之外，雇主和联邦政府在新体系中已成为关键角色，联邦政府在澳大利亚 VET 体系的发展和监管上发挥着强有力的作用。围绕培训问题，没有任何社会合作伙伴提供培训，虽然各州对此存在争议，但政府力求承担对体系更大的控制。现在，雇主组织同样成为体系中的核心参与者。这些组织主导着新的行业技能委员会在关键的培训方面行使他们的权利。目前，澳大利亚雇主组织靠为企业提供培训服务获得了巨大的收益。

四、职业教育政策的发展

　　在过去的 15 年，公立 VET 部门已经历了连续的变化，政府曾试图完成几个政策目标，包括：更高素质的劳动力的发展可能为澳大利亚在国际经济中提供竞争优势，在老龄化的劳动人口里更换技术工人，现有员工提高技能以应对技术和其他工作场所的变化。

　　澳大利亚经历了熟练劳动力的短缺，这已被归咎于 VET 部门（高等教育和职业教育之间在一定程度上的不平衡）的失败，并引发了持续的改革要求。改革的首要政策依据是希望同时提高内部和外部的 VET 系统的效率。不管对错与否，存在着一种普遍的看法，即 TAFE 学院应提供高质量的培训，满足澳大利亚的企业需求。 *46*

　　VET 部门的改革，旨在提高其效率：

- 降低培训成本。
- 减少重叠和重复资格之间的培训。
- 接受增加培训的人员数量。

· 提高职业教育所提供的技能和企业要求的技能之间的匹配度。

· 澳大利亚的 VET 部门的重大改革，包括转向基于能力的培训，发展新学徒制和开拓培训市场。

(一)转向基于能力的培训

基于能力开展培训的引入已成为建立国家培训体系的核心，但是最近企业培训包课程的放宽也引发了一些关于培训质量的担忧。基于能力的 VET 体系特征有以下几种。

· 基于能力的培训是 VET 部门的重要特征，其性质被定义为"不同，但平等"，相对于高等教育其地位是一样的。它为 VET 不同部门内的学生提供了一个非常多元化的、在一定程度上一致性的评估。

· 基于能力培训为培训包的开发提供了基础。培训包明确了特殊的技能和适当的评估所需的能力。培训包明确了国家认可的培训，组建了国家的培训体系，这一政策目标是在近乎隐形下实现的。

· 后续的课程作为一个体系不能单独剥离，然而，这就产生了质量问题，一些培训机构仅根据以往的经验或认可先前的学习就颁发资格证书，或只提供少量的培训。这些质量问题导致了澳大利亚培训质量框架的引入，联邦、州和领地政府间达成协议，培训提供者必须达到最低标准。

47

· 基于能力培训包的开发，所教的内容要与大量的企业需求对接，并建立了一个定期评审的机制。这些变革打消了对体系是否奏效的疑虑，提供的培训与企业需求接轨。

· 培训包也创建了更广泛的培训机构体系。有利润但不以营利为目的的私人公司和 TAFE 学院都可以提供认证培训，企业自己也可以注册，成立培训机构为自己的和其他员工提供培训。

· 基于能力的培训评估导致重新关注职场学习能力——能力最优（只是有时），在工作场所评估——TAFE 教师的角色演变成工作场所的评审员。还有人认为，这种方法也会提高内外部的绩效，主要体现在降低培训所需的费用。

· 基于能力培训的灵活性意味着，它是没有预定的顺序或时间框架的学习，可以识别和评估学员表现出来的能力。这种灵活性打破了时间限制，可以改变 VET 部门的效率低下、要求学生在规定时间内完成指定资格培训的看法。

· 然而，基于能力的培训也导致了与其他教育机构之间的衔接问题。普通学校和大学一般依据学习成绩的等级对学生进行评估。VET将专注于培训效果上，即能不能胜任，这就为高中开展 VET 带来困难，也使高等教育机构在录取学生及认证中产生诸多问题。在某些情况下，能力等级评估已纳入基于能力的培训考核中，以适应其他教育机构的需求。

(二)新学徒制度

学徒制在澳大利亚已经存在了一个多世纪，是 VET 机构的核心。它主要是为进入传统行业尤其是制造业和建筑业的年轻人提供培训，它由州培训委员会管理，工作重心是学员、用人单位和培训委员会签订合同，提供劳工、就业和培训行业公认的资质，这些行业往往已有规定的资质，例如，水电管道工。

通常情况下，学徒每周为雇主工作四天，每周有一天在当地的 TAFE 学院进行脱产培训。学徒领取培训工资，"多数情况下一开始低于相应的同龄和相同工作经验的非熟练工人的工资"。州政府 TAFE 学院支付培训费用，而澳大利亚政府支付工资补贴给用人单位。经过三年或四年的学习，通过考试并有良好工作记录而成为一名合格的技工，同时也会获得相应的 AQF 证书——三级或四级证书。

大量传统学徒培训适用于公用事业，如电力、铁路等。接受培训的人员超过了用人单位的需要，而培训也多是社区服务的一种形式。这些用人单位的企业化和私有化减少了新学徒培训次数，为新的学徒制的发展找到了新途径。

学徒制改革始于 20 世纪 90 年代，最终建立的新学徒制揭示了一些更深层次的考虑，包括：

· 青年失业率高的部门，如由传统的学徒制覆盖的服务行业。

· 长期就业难以持续的部门，如服务行业，过去传统的学徒制很少覆盖。

· 年轻女性尤其希望更多地参与学徒制和培训。

· 延伸到老年工人的工作场所培训方面的兴趣。

· 渴望改善一直被认为不熟练或低技术的职业技能水平。

为了实现这些目标和解决传统学徒制的缩减问题,澳大利亚采取了以下措施:

• 将新的资格引入到没有传统学徒制培训的行业,特别是服务行业(例如,零售业、IT 和文职工作)。

• 为了将它们放在一个平等的地位,20 世纪 90 年代中期,在传统行业培训(通常培训证书三级或以上)和新行业的资格培训(通常三级证书以下)合并为一个统一的新学徒制。

• 鼓励中小型企业采取通过扩大集体培训安排学徒。集体培训计划直接雇用学徒,管理他们的培训,并把他们与中小型企业劳工的需求对接。集体培训计划现在在澳大利亚学徒分配中占 14%。(参见 Cooney,2003;Toner 等人,2004;Croce 等人,2004)

49

新学徒制培训人数在过去的十年有了大幅增加。图 2.2 为 15—29 岁开始参加新学徒制的人数百分比,这往往低估新学徒入门水平培训的相对重要性。虽难以精确地统计,但超过 20% 的年轻人至少开始参与了一个"新学徒"制培训。

图 2.2 分别介绍的是学徒和实习生的结果。对应于传统学徒制的学徒使实习生获得新的资格。公司培训的实习生往往比学徒制培训时间短(两年或两年以下),通常颁发二级证书而不是三级或三级以上的证书。

(三)培训市场的拓展

澳大利亚政府鼓励培训机构之间展开竞争,它认为以市场为基础的机制是提供更有效的培训服务的手段。在新开发的培训市场,注册的培训机构(公共资助的 TAFE 学院、私立机构和企业自己注册自我培训机构)通过竞争的方式获得政府的资助以提供培训。倡导市场化改革的人士声称,培训部门中的竞争有如下优点(Anderson,1998):

50

• 更好的成本效益——培训机构之间的竞争会引发提供培训的单位成本减少。

• 更大的影响——相互竞争的培训机构有动力迎合雇主和学生的需求,以获得新老顾客。

• 创新——取得最高成本效益并迎合客户的需求,鼓励培训机构

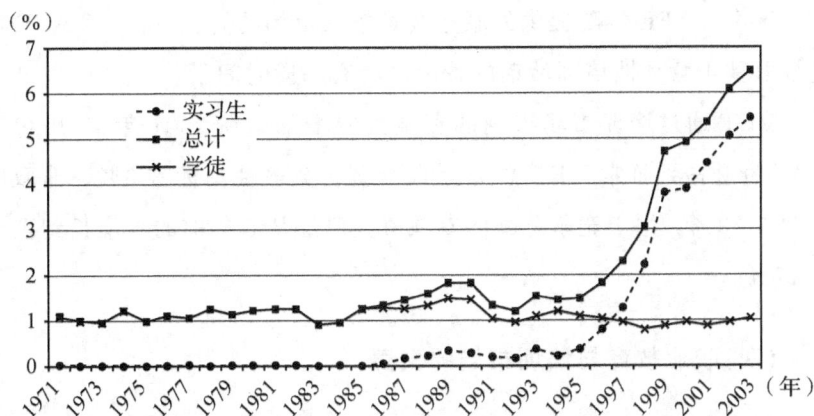

图 2.2　澳大利亚面向 15—29 岁人员的新学徒制，1971—2004[3]

资料来源：NCVER，2001a，澳大利亚学徒制：事实，展望和未来表 1，第 14 页；1NCVERb，澳大利亚职业与教育培训统计：不同年份的学徒制和实习活动；ABS 2002b，按年龄和性别分类人口数，不同年份的 3101.0。

在培训方法上的创新。

• 着眼于整个国家而不是单个州，公立或私立培训机构可跨州培训，服务国内企业的需求。

培训市场的开拓主要有三个方面：

• 让"用户自主选择"相关的培训市场是基本制度。自 1998 年以来，这种制度也应用到了"新学徒制"培训中。它允许雇主和他们的学徒或实习生选择提供他们所需培训的培训机构，因此培训机构和他们的客户群体之间建立了更直接的关系。这个政策不直接向雇主提供培训的公共基金，而是一旦雇主选择培训机构[①]，培训资金将流向注册的培训机构（Registered Training Organization，RTO）。用户自主选择的灵活性也受到雇主们的普遍欢迎（Selby Smith 等人，1996a 和1996b；Ferrier 和 Selby Smith，2003），但是一些雇主对提供给他们的选择范围、培训的质量和获取 VET 体系的信息感到失望。

• 竞争招标。允许私立培训机构参与国家培训部门提供的培训项目的招标，只有一类被称为"竞争性资金"的竞争性招标才受到限制，这类招标只限 TAFE 学院才能投标。

————————

① 注册培训机构（RTO）包括任何公立或私立培训提供者，在国家或地区培训管理部门注册，并被授予特定资格。培训管理部门必须确保 RTO 符合澳大利亚培训质量框架（AQTF）规定的标准。

• 由 TAFE 学院提供的服务费是培训市场的另一方面，TAFE 学院收取基于营利性培训活动的费用已经有一段时间了。

VET 通过培训市场得到的资金大幅增加。在 2001 年，"用户选择"的资金占到日常 VET 总资金的 14％、竞争性招标占 3％、非政府资助占 22％。用于竞争分配的专项资金已经从 5 年前的零增长到现今的 17％。

(四)职业教育与培训市场的失灵

澳大利亚政府重新认可的培训市场陷入了一场关于技能人才短缺的争论中，特别是在传统行业。满足整体经济需要的培训市场分配培训方式的能力不能满足大力扶持饱受争议[①]的新兴技能人才短缺的需要。事实上，澳大利亚目前的技能短缺问题初步显示了培训市场的失灵。尽管经历了十年多的改革，澳大利亚雇主依然在培训的投资上力度不足，要依靠移民来填补技术岗位的空缺。

某些培训的质量问题提供了市场失灵的进一步证据。通过对学徒制和实习制度的审查，一些人对为学徒和实习生提供的培训质量提出质疑(Schofield，1999a、1999b 和 2000)。通过提供工资补贴和减免税收或退税规定，鼓励雇主雇用学徒和实习生，但这并不一定能保证优质的培训。这个问题已经加剧了相对于在职员工培训合格的"新学徒"时间的延长，而对培训提供完全支持不能仅仅通过一个机构。学徒或有经验工人的培训可以在先前已有的技能资格认证的基础上得到更多认可，但这不利于技能的形成。

市场需要在政府提供资金保护消费者利益下，实施问责制。技能培训上投资不足和培训质量低的问题突出，需要重新对澳大利亚培训市场进行监管。雇主团体、工会和政党都强调了监管问题，但迄今为止很少有具体的行动建议。

五、职业教育和培训与劳动力市场衔接的结果

与其他一些国家更为紧密相连的对接途径相比，澳大利亚教育和

---

① 由雇主组织和行会组织发起的关于"技能工短缺"的争论显示了他们还没有明白在过去的十年里他们已经掌控了澳大利亚的培训体系。

劳动力市场之间的对接相对松散。与体制化的结构相比,其途径更为自由(McKenzie,1998)。

在澳大利亚的 VET 与劳动力市场之间最紧密的联系,仍然是学徒和实习培训合同。学徒和实习生与雇主签订劳动合同,并涵盖他们在职和离职期间的所有培训。在 2004 年,大约 380 000 名澳大利亚人忙于学徒和实习,约 25 万人参加了 VET。因此,学徒约占参加 VET 学生的 16%。(Karmel,2005)

职业许可为职业教育和劳动力市场之间提供了直接联系。不幸的是,除了那些要退出 VET 体系比要退出高等教育体系的人普遍的要求外,职业许可在在澳大利亚很少有人知道。在澳大利亚,与职业证书相比,专业证书更少,越来越多职业许可是迎合企业的需要,比如,从事起重机操作、焊接和灭火器的维修许可,除了完整职业,如电工、司机和驯马师。

52

没有职业许可需求的地方,VET 与劳动力市场的衔接仍然很弱。澳大利亚的雇主更看重高等教育体系中的学历资格,而不是 VET 资格证书。获取这种资格证书的兴趣在于它是合乎规范性要求,但是与资格证书相比,雇主很感兴趣的是有潜力的和工作经验的员工(Ridout 等人,2005)。

对 VET 资格证书缺乏重视,加剧了基于资格证书的工资差距。表 2.10 所示的是一个典型的资格证书不合格员工的工资水平。在澳大利亚,中级职业资格(证书三级和四级)能促使工资增长(男性涨幅为 13% 左右,女性涨幅为 8%)并且与学校毕业证书相关联。然而,获得较低级资格证书的员工(证书一级和二级)获得的薪酬比完成学业的员工低。除了小部分的 VET 资格证书(文凭或高级文凭),职业资格主要是针对那些没有完成高中学业的人员。相比较而言,那些具有大学学历人员的工资涨幅超过具有中级 VET 资格证书人员工资的 3 倍(超过 40%)。

成年劳动力得益于中级 VET 资格证书,他们能得到较高层次的全职工作(每周 35 小时或更长时间)(见表 2.11),尤其是男性,无论他们是否完成中学教育,拥有一个三级或四级证书比接受高等教育的毕业生更能得到高层次的全职工作。这种劳动力优势对于女性不太明显。有时收入少、就业差、低级 VET 资格证书常常部分反映了与资格证书相联的低成本(费用和时间)。

表 2.10　持有资格证与未完成学业员工的工资涨幅比较

最高学历	男性(%)	女性(%)
学士或更高	43.2	41.2
文凭或高级文凭	28.2	20.4
三级或四级证书	13.1	7.6
一级或二级证书	7.5	4.8
未定义的证书	5.1	11.0
高中毕业证书	13.8	8.9

资料来源：Cull，2005：46

表 2.11　澳大利亚 25—54 岁按最高学历和学业来划分的全日制工作和不脱产学习的比例(2004 年 5 月)

	学士学位以上(%)	高级文凭(%)	三级或四级证书(%)	一级或二级证书(%)	高中以下学历(%)	总数(%)
男性						
中学毕业	88.5	85.9	90.1	81.1	81.3	86.2
中学未毕业	84.8	83.9	86.3	79.8	72.6	78.9
女性						
中学毕业	56.3	43.9	44.6	44.0	40.4	48.6
中学未毕业	43.1	34.3	31.8	28.2	31.2	51.9

资料来源：Long，M.，2005：5

六、结　论

澳大利亚联邦政府和各州政府意识到提高初级和持续的教育和培训水平对培养更熟练的劳动力带来的益处。在财政紧缩的条件下，政府试图鼓励教育参与形式多样化，以提高各培训机构内部及外部的效率。尽管最近几年似乎有放缓，但教育的参与率却大幅上升。

澳大利亚的职业教育由三个教育部门组成：高中教育、VET 及高等教育。澳大利亚的 VET 体系日益放松管制而且是由不同部门组成的，被教育、行业和企业部门分割。这种分割体系是很难引导的，这就解释了为什么重点是对参加职业教育的人们实行个性化途径的个案管理。在澳大利亚 VET，机构与职业培训体系紧密相关，但它是多种多样的，在高中教育体系和高等教育机构都具有基础职业教育元素。在最近几十年中，高等教育界也采取了措施，强调资格证书和实践活动，以便进一步促进专业化和半专业化教育。

澳大利亚的教育体系在教育与工作之间的衔接是松散的。这种松散的弹性特征促进了众多成年人积极参加高水平初级及继续教育与培训。他们能够从多种教育途径中选择。但是，有时教育部门之间和教育与工作之间的衔接一直备受人们关注。联邦和各州政府一直在努力构建一个更好的制度框架，使学校与职业教育和学校与工作的衔接变得顺利。

职业教育和职业资格之间的联系有时是不够的，尤其是获得低级职业资格证书只能为培训者带来有限的劳动力市场收益，因为雇主通常感兴趣的是工作经验和在聘用时员工的资格。高等教育仍然受到大多数澳大利亚人的青睐，这或许解释了为什么澳大利亚大学最近扩大了职业培训课程的门类，其中有许多重复了 VET 体系中的课程（如食品生产、旅游及礼仪）。

澳大利亚 VET 体系的市场化改革历经 15 年，刺激了中学毕业生参与职业教育与培训人数的增加。改革中，之前未设有传统职业培训的行业也引进了新的资格认证。在澳大利亚，职业教育供给的主要问题依然存在，需要强调的是低成本的培训和低级职业资格没有为劳动力市带来实际益处，学徒的培训质量低、中级以上的熟练工人难寻，雇主对培训的持续投资不足以及体系中各方利益冲突，如雇主和政府培训部门等，都对澳大利亚 VET 体系今后的发展构成了巨大的挑战。关于未来几年澳大利亚的 VET 体系，还有一个新的观点：单靠政策和行政变革不能解决这些问题，培训市场可能需要新的监管形式。

【参考文献】

1. Anderson D. (1998)Impact and consequences of markets in VET: Research evidence, issues and dilemmas, in J. McIntyre and M. Barrett (eds.), *VET research: Influencing policy and practice*, proceedings of the first national conference of the Australian Vocational Education and Training Research Association, Sydney, 347－356.

2. Australian Bureau of Statistics (ABS) (2002a) *Schools Australia*, 4221. 0.

56　——. (2002b) *Australian demographic statistics*, 3101. 0.

——. (2002c) *Education and training experience*, Australia 2001, 6280. 0.

——. (2002d) *Employer training expenditure and practices*, Australia 2001—02, 6362. 0.

3. Australian Qualifications Framework(AQF) (2004) http: //www. aqf. edu. au (accessed 15 May 2005).

4. Bateman, A. , Gillis, S. , Noonan, P. and Taylor, M. (2005) *Review of AQF guidelines for Certificates* I — IV, *diploma advanced diploma qualifications*, final report prepared for AQFAB Working Party, Melbourne: Bateman & Giles.

5. Cooney. R. (2002) The contingencies of partnership: Experiences from the training reform agenda in Australian manufacturing, *Employee Relations* 24(3): 321—334.

——. (2003) Group training companies and the inter—firm provision of training in Australia, *Labour and Industry* 14(1): 59—72.

6. Croce, N. , Macdonald, D. , Toner, P. and Turner, C. (2004) *The structure and function of group training companies in Australia*, Adelaide: NCVER.

7. Cully, M. (2005)What it's worth: *Estimating the value of vocational qualifications to employers*, Adelaide: NCVER.

8. DEST (Time series 1988—2000) Table 14 and related publication. A major break in the series occurs at 2002, www. dest. gov. au(accessed 21 May 2005).

——. (2003 Tables), Selected higher education statistics, Table 20, www. dest. gov. au (accessed 12 September 2008).

9. Ferrier, F. and Selby Smith, C. (2003)An investigation of ACCI's User Choice proposals, CEET Working Paper No. 47, Monash University — ACER Centre for the Economics of Education and Training.

10. Golding, B. , Davies, M. and Volkoff, V. (2001) *A consolidation of ACE research* 1990—2000: *Review of research*, Adelaide: NCVER, www. ncver. edu. au/vetcontext/publications/638. html(accessed 12 September 2008).

11. Harris, R. , Sumner, R. and Rainey, L. (2005) *Students traffic: Two—way movement between vocational education and training and higher education*, Adelaide: NCVER, www. ncver. edu. au/vetcontext/ publications/1549. html (accessed 12 September 2008).

12. Hawke, A. and wooden, M. (1998)The changing face or Australian industrial relations: A survey, *The Economic Record*, 74 (224): 74—88.

13. International Labour Organization(ILO) (2008) National qualifications frameworks: Australian Qualifications Framework, http: //www. logos — net. net/ ilo/nqf/countries/au. html 11 (accessed 18 August 2008).

14. Johns, S. , Kilpatrick, S. , Loechel, B. and Prescott, L. (2004) *Pathways from rural schools: Does school VET make a difference?*, Adelaide: NCVER, www. ncver. edu. au/vetsystem/publications/1437. html(accessed 12 September

2008).

15. Karmel，T. (2005)*Linkages between Australian vocational education and training and the labour market*，Adelaide：NCVER.

16. Kirby，P. (Chair)(2000)*Ministerial review of postcompulsory education and Training pathways in Victoria：Final report*，Victoria：Department of Education，employment and training (DEET) www. det. vic. gov. au/det/postcomp/policy(accessed May 2005).

17. Long，M. (2005)*How young people are faring*，2005，Sydney：Dusseldorp Skills Forum，www. dsf. org. au/papers/180/DSF _ HYPAF05doc6 _ 0. pdf (accessed 12 September 2008).

18. McKenzie，P. (1998)*The transition from education to work to Australia compared to selected OECD countries*，paper presented to the Sixth International Conference on Post—compulsory Education and Training，December，Griffith University，Gold Coast，Queensland.

19. Ministerial Council on Education，Employment，Training and Youth Affairs (MCEETYA) (2005) National data on participation in VET in Schools programs and School—Based New Apprenticeships for the 2003 school Year.

20. National Centre for Vocational education and training(NCVER)*Australian adult and community education(ACE) statistics*，1999：*At a glance*，Adelaide：NCVER.

　——. (2001a) *Australia apprenticeships：Facts，fiction and future*，Table 1：14.

　——. (2001b)*Australian VET statistics：Apprentice and trainee activity*，various years.

　——. (2003) *Australian VET statistics：Financial data* 2002，Adelaide：NCVER，www. ncver. edu. au/ statistic/21051. html (accessed 12 September 2008).

　——. (2004) *Australian VET statistics：Students and courses* 2003，and other years，Adelaide：NCVER，www. ncver. edu. au/statistic/21053. html (accessed 12 September 2008).

21. Nelson，B. (The Hon)(2002)*Varieties of learning：The interface between higher education and vocational education and training*，Canberra：DEST，www. backingaustraliasfuture. gov. au/publications/varieties _ of _ learning(accessed 12 September 2008).

22. Organisation for Economic Co—operation and Development(OECD)(2004)*Education at a glance*，OECD Indicators，Paris：OECD.

23. Phillimore，J. (1997) Trade unions and the national training reform agenda in Australia，1983—1996，*International Journal of Training and Development* 1 (1)：34—48.

　——. (2000)The limits of supply side social democracy：Australian labour 1983 —1996，*Politics & Society* 28(4)：557—587.

57

24. Ridoutt，L.，Selby Smith，C.，Hummel，K. and Cheang，C. (2005)*What value do employers give to qualifications?*，Adelaide：NCVER.

25. Schofield，K (1999a) *Independent investigation into the quality of training in Queensland's traineeship system，final report*，Brisbane：Department of Employment，Training and Industrial Relations.
    ——. (1999b)*A risky business：Review of the quality of Tasmania's traineeship system*，Hobart，Tasmania：Office of Vocational Education and Training.
    ——. (2000) *Delivering quality：Report of the independent review of the quality of training in Victoria's apprenticeship and traineeship system*，Melbourne：Office of Post—compulsory Education，Training and Employment.

26. Schofield，K. and McDonald，R. (2004)*Moving On...Report of the high level review of training packages*，Melbourne：Australian National Training Authority.

27. Selby Smith，J.，Selby Smith，C. and Ferrier，F. (1996a)Survey of users in 1996 User Choice pilot projects，CEET Working Paper No. 7，Monash University—ACER Centre for the Economics of Education and Training.
    ——. (1996b) *Key policy issues in the implementation of User Choice*，CEET Working Paper No. 8，Monash University—ACER Centre for the Economics of Education and Training.

28. Toner，P.，Macdonald，D. and Croce，N. (2004)*Group training in Australia：A Study of group training organizations and host employers*，Adelaide：NCVER.

29. Victorian Quantification Authority (VQA)(2004)*the credit matrix：Towards implementation：Building bridges between qualifications*，Melbourne：VQA.

30. Wheelahan，L. and Carter，R. (2001)National training packages：A new curriculum framework for vocational education and training in Australia，*Education and Training* 43(6)：303—316.

31. Work Choices Act (2005)*Workplace Relations Amendment(Work Choices)* Act 2005 153，Canberra：Parliament of Australia.

第三章　加拿大的职业培训

——教育世家的远房亲戚

吉恩・查尔斯特 & 乌苏拉・克瑞托夫

一、引　言

在加拿大语境中，"职业培训"是一个不太精确的术语。在讲英语的加拿大，各种术语被用于代替"职业培训"，比如劳动力开发、工作相关培训、技术教育和常规术语"中学后教育"。在魁北克，法语术语"职业和技术培训"已经持续使用了多年，用来指为某行业或某技术员的职业实践所做的准备。此外，魁北克还使用各种各样的其他术语。在加拿大，职业培训缺乏明确界定不仅是术语学的问题，而且也是这个国家对职业培训缺乏互相协调的关注以及它的低社会价值的表现。随着第二次世界大战后婴儿潮第一批出生的孩子进入成年早期，当地政府特别是联邦政府开始关注经济市场容纳力，试图吸收所有年轻人进入到劳动力市场。对学院和大学的大量投资，用来确保大量的年轻人协调地、逐步地进入到劳动力市场，以及为获取自然资源和制造业转向服务业劳动力市场做出更好的准备。随着关注点转到为年轻加拿大人适应未来复杂的工作做准备，职业培训就变成这些新体制的可怜的远房亲戚。

要理解加拿大初等教育和培训结构，首先必须明白这个国家没有国家或联邦的教育部门。加拿大宪法赋予各省和地区（其后统称"省"）政府初等教育管辖权，形成了各省在定位、结构、资源、操作模式上的变化。教育部部长们的省际组织的确存在，但是它存在的主要理由是交换信息和在部长们之间建立合作。其结果是不止一个"系统"，而是十三个"系统"的汇集。继续职业教育的情况更加复杂，因为联邦政府和省政府均声称具有管辖权，并以多种方式积极扶持为劳动力市场做准备的成年人。这种政府行为的多样性有可能造成差异和重叠，因此协调就是加拿大职业培训许多研究中的一个经常性主题。这种加大各省的各自为政，连同加拿大政府接受的观点——市场机制将会提供经济需要的职业培训，共同发展出来的职业体系已经难以满足劳动力市场的需要。尽管它提供了大量受过教育的公民，但当和其他经济合作与发展组织(Organisation for Economic Co—operation and Development，OECD)国家相比较时，从包容性的角度来看，它还是将一些重要群体排除或边缘化了。

历史上，加拿大一直都是依赖移民来填补它许多技能岗位上的劳动力短缺，这在一定程度上解释了对于职业培训关注的缺乏。这种模式持续至今，政府恢复实行和更新提供给雇主移民法规特殊豁免权的政策，允许他们临时输入外国劳动者以满足需求。这些豁免权免除了雇主为满足技能需求而进行的劳动力市场的投资。从其他国家得到的熟练工人占1991—2001年间净劳动力增长的70％。这个比例到2011年可能会增长到100％(Statistics Canada，2001c)。这些熟练工人大多持有从他们自己国家获取的大学、学院或职业证书(Chui和Zietsma，2003)。另一个劳动力市场增长的重要来源是加拿大原住居民人口，虽然只占人口总数的3.8％，它却以非原住居民人口增长速度六倍的速度在增长(Statistics Canada，2008a)。移民和原住居民的有效融合，和其他历来被忽视的弱势群体，如女性、残疾人和加拿大籍现有的少数民族等，将会成为补偿加拿大人口老龄化和低人口出生率的关键因素。

同时，关于技能的缺乏到底有多严重的争论还在继续。社会舆论和一些研究推论认为技能缺乏是存在的；然而其他研究却指出，在过去三十年周期性失业率非常高的时候，却很少有证据可以证明结构性失业是因为技能的不匹配。一种看法认为，在1999年因技能不匹配而失业的数量约占总失业人口的1/8，或者占8％失业人口中的1％(Osberg和Lin，2000)。其他的研究指出，过度教育和过高资格授予的问题也许和缺乏技能一样严重(Livingstone，1999和2002)。一方面是更高的平均教育程度；另一方面，有证据表明在服务业领域，尽管有42.4％的工作被评定为需要高水平技能，但是至少32.6％的工作只需要低水平技能(Statistics Canada，2005)。商业界领袖和公众的看法是，技能的提供没能契合劳动力市场的需求。这与某些流行的自

由主义观念不谋而合，如人力资本理论和知识经济的优势，而不管证
据可能与之矛盾。

60

本章的目的是检验初等和继续职业培训体系的结构、进程和绩
效。此外，我们将会简要地回顾若干最近的革新，包括能力本位论、
社会交易关系论、魁北克 1% 法以及针对学前资历认证发展出一种体
系性的方法所做的多种尝试。

二、初等教育和职业培训

加拿大职业培训系统是一个混合了英国精英教育论和美国强调学
院和大学教育的统一体。这个混合体的一个相对新的特征是日益强调
职业培训发生在大学阶段。尽管许多研究证明这是劳动力获得职业技
能的需要，但这与总体上重视大学教育的观点相一致。传统职业培训
的社会低附加值是产生这种强调的起因和结果。正如这一章内容表明
的那样，其结果是初等教育放弃了某些群体，这些群体反过来对经济
产生了消极影响。

(一)初等教育和培训的组织

加拿大的初等教育体系(见图 3.1)分为三个层次：初等的(针对年
龄在 5—12、13 岁的孩子)，中等的(针对年龄直到 18 岁的孩子)，以
及义务后教育和中学后教育①(针对已经完成中学教育或年龄超过 18
岁的孩子)。这些层次受省级部门的专属管辖，对三个层次都授予毕
业证书。

16 岁以前是强制入学，因此，在 21 世纪早期，劳动力市场的几
乎所有新进入者至少具有十年的教育。在机会均等和注重为所有人提
供一个基本的学术教育方面，初等和中等教育起了作用。这意味着只
是很有限的人早在中学层次就开始从事熟练或半熟练的行业和参与职
业培训(仅有 10% 的学生在其中)。大多数职业培训发生在中学后，因
此属于义务教育后水平。大量的中学毕业生(毕业或结业的)都是直接

---

① 尽管加拿大大多数学徒制是在中学后水平提供，他们有时候也被中学后教育系统的讨
论和数据排除在外。

进入劳动力市场(见图 3.1)。

中学后职业培训大致分为三种类别：行业、学院和大学。加拿大的行业有限，包含大约十二个行业大类。为行业进行的培训采取学徒制形式，它是学校教育(一般是 20％)和工作教育(一般是剩下的80％)的一个结合体。关于学徒制的特殊情况，更多细节在"学徒制：一种特殊的情况"一节中进行阐述。学院一般主要关注专业性和半专业的职业培训，包括大部分的技术员和技术专家岗位，还有某些行业的助理岗位或者低水平岗位，如健康护理、法律和工程技术员等。学院也是学徒在培训中进行学校教育的地方。大学则是提供人文科学和职业教育的一种结合，后者覆盖了工程学、护理学、医药学、牙科学、法学等等。尽管在许多情况下两种类别在学院和大学同时并存(比如护理学、工程学、建筑学和会计)，但有越来越多的进行预先职业准备的学院发展成了专业性强的大学。进一步说，在大学层次，职

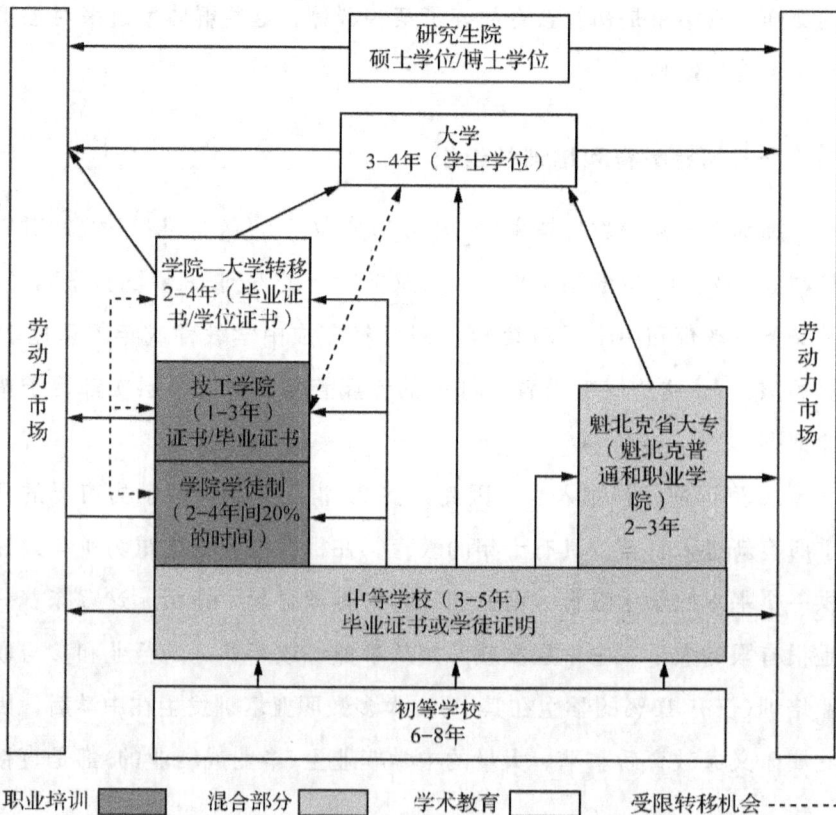

图 3.1　初等教育和职业培训一览(资料来源：作者陈述)

业训练和职场实践更为相关这一点已经在过去十年被坚定地确定下来。如果魁北克省的例子被认为是这种潮流的一个指标①，那么可以说将近 40% 的大学课程现在都提供职场实践（Conseil supérieur de l'éducation，2004）。

（二）贯穿初等教育系统的进展

62

在 20 世纪后半叶和 21 世纪初，实现或贯穿职业培训的路径有了明显改变。与过去一个个体选择某种或其他教育，或者职业类别并坚持其直至退休的做法不同，现在通向教育和工作两方面的路径都变得不那么直接了。不仅个体更愿意自己决定在整个职业生涯中回归到不同等级的学习，而且他们也更愿意从某种非直接的路径进出于初等和继续职业培训系统。

与其他国家不同，加拿大的教育系统对于这些没有遵循直接路径的人来说非常"宽容"（Riddell，2004）。个体能够通过各种路径参与中学后教育的若干形式，但是，选择的范围取决于中学资格证书获得的类型。这些仅有职业中等教育证书而没有中等教育证书的人，最终将会面对相当大的障碍。

为了阐明这种路径，最近的数据表明，那些参与学院教育的人中，有 26.5% 也具有行业技能证书或毕业证书，大学水平的人员中10.9% 的也有学院证书和毕业证书，还有 2.5% 的大学学生具有行业技能证书。在 1990 年，这些持有学院毕业证书的人中，大约 20% 已经持有学士学位（Statistics Canada，2001b）。尽管有各种各样的路径，应该认识到的是在行业和大学之间的转移依然不普遍。在中学水平的职业培训和学院研究之间或者是在学院水平的职业培训和大学之间仅有少数"桥梁"。以此看来，加拿大的职业培训类别间存在着一定程度的阻碍。与之形成对比的是，普通学术教育从一个阶段到另一个阶段以一种持续的进程相连接。值得注意的是这种职业培训从一个阶段到下一个阶段之间的间断或不连续性与目前流行于加拿大被推崇为"终身教育"的公共讨论相互矛盾。不管怎样，如果初等职业培训实际上

---

① 无法提供可比较的国家数据。

处于极小进步的僵局是事实，那么学生在这股趋势中期待获得什么样的终身教育形式？像本文关于革新理论部分提到的那样，在该领域许多省已经探索了若干进入某个职业的可能的路径。

(三)初等教育和培训的参与和产出

表 3.1 和表 3.2 的数据表明，加拿大在教育参与实施方面做得非常出色。同时，经济活动人口中的特殊群体，比如年轻的辍学群体、没有受过教育和受雇于低技能岗位的人，经常会被许多因素影响。他们在进入和促进劳动力市场上有更大的困难，在人力资本发展方面更遭忽视。这在参与、教育获得和产出的数据中都有反映。

表 3.1　按年龄分组的受教育程度 (2006 年)

(单位：%)

受教育程度水平	25—34 岁	35—44 岁	45—54 岁	55—64 岁	平均值
高中以下	10.9	12.5	22.5	22.9	15
高中文凭	22.5	22.8	26.1	23.9	24
中学后资格证书	66.6	64.6	57.5	53.2	61
行业资格证	10.4	12.7	13.2	13.1	12
学院文凭	22.7	22.2	19.6	16.2	20
低于学士学位的大学证书或文凭	4.5	4.9	5.0	5.6	5
大学水平证书	28.9	24.8	19.7	18.3	23
合 计	100	100	100	100	100

资料来源：Statistics Canada，2008b

表 3.2　加拿大受教育程度和 OEDE 国家平均水平对比(25—64 岁)(2005 年)

(单位：%)

教育程度	加拿大	OECD
小学和低级中学(ISCED 1—2)	15	29
高中教育(ISCED 3)	27	41
非大学的中学后教育(ISCED 4)	12	5
高等教育(ISCED 5—6)	46	26

资料来源：OECD，2007：36

　　因此，表 3.1 和表 3.2 表明加拿大人中对高等教育的参与率高，而且明显高于其他 OECD 国家。表 3.1 更是表明，已经较高的大学参与率多年来还一直在增长。例如，有 2/3 的年轻人（25—34 岁）已经获得了中学后教育的资格证书，其中的 30％已经获得大学证书；这个比例在年龄 45 岁或年龄更大的人中则降低了。相反地，相比于老一代，25—34 岁的人获得的行业证书少了。还应该注意的是，这些年轻人中的很大一部分仍然没有获得良好教育：年龄在 25—34 的人口中，有 1/3 仅有高中毕业证书或是更低文凭。这明显地加大了有无充足技能的人口之间的差距。与最低要求的高中毕业证书相比，劳动力市场更需要的是技能。

　　在 OECD 国家中，25—64 岁的人口中有 46％具有高等教育资格证书，加拿大在高等教育获得方面排名第一。与之相比，美国为 39％，丹麦为 34％，韩国和澳大利亚为 32％，英国为 30％，法国和德国为 25％，以及墨西哥为 15％（OECD 的平均水平是 26％，OECD，2008：38）。其他经常用于说明加拿大教育系统绩效的指标是加拿大学生在 OECD 的国际学生评估项目（Programme for International Student Assessment，PISA）中的得分。在 2000 年和 2003 年，他们在数学、阅读和科学中表现得最好（Bussière 等人，2004）。此外，加拿大与 OECD 国家在职业教育参与方面的对比不太容易，原因是加拿大的数据源没有清晰确定年轻人参与中等职业培训项目（International Standard Classification of Education，ISCED，即国际教育标准分类中 3B 或 3C）的比例，也没有明确在非大学的中学后教育（ISCED 中 4）和高等教育（ISCED 中 5B）中的职业培训的参与率。因此，加拿大青年在高等教育层次的职业培训可能会被高估（OECD，2007：附录 3）。尽管如此，估计也仅有约 1/4 的加拿大青年在中学和中学后教育层次获得了职业培训证书，而 OECD 的平均值是 44％。换句话说，为了能够获得中学后教育，更多的加拿大青年在中学层次选择了学术教育（Gouvernement du québec，2004）[①]。

　　关于受教育程度的效果方面，正如表 3.3 所示，劳动力在市场参 *64*

---

　　①　基于魁北克数据的估计。

与率、失业率、特别是投资回报方面，在大学教育层次有更大的偏差。尽管如此，表 3.3 显示出，学徒制或行业资格证与大学层次在劳动力市场参与率方面的一致性，这两个数据传达出职业培训的教育层次有着高于平均水平的劳动力市场率、低于平均水平的失业率。然而，情形并不那么乐观，因为这些数据低于持有高中以下文凭和无资格证的合计数据。自从 2005 年无资格证的 15—24 岁的人（在表中没有显示数据）的失业率达到了 16.4%（参与率为 45.6%），无资格证的年轻人发现自己处于特殊困境中。同样地，如表 3.4 所示，那些进入职业学校或社区学院的人的年收入高于那些教育水平更低的人，而进入大学的人在职业人群中无疑获益最高。根据 OECD 的统计，加拿大的高等教育比其他大多数国家有更好的回报（OECD，2006）。

表 3.3　加拿大按教育程度分组的 15 岁以上的参与率和失业率（2006 年）

（单位：%）

教育程度	参与率	失业率
无资格证、毕业证或水平证书	42.9	11.1
高中证书	68.8	7.3
学徒制或行业资格证或毕业证书	72.6	6.2
学院毕业证书	78.1	5.0
低于学士水平的大学证书或毕业证书	70.8	5.2
大学水平证书	81.0	4.6
合计	66.8	6.6

资料来源：Statistics Canada，2008b

表 3.4　按教育程度分组的加拿大 25—64 岁全职工作者的收入中位数（2006 年）

教育程度	年收入（全年，全职）（单位：$）	比率（%）
高中以下	32 029	0.86
高中	37 403	1.00
行业或学徒证书	39 996	1.07
学院	42 937	1.15
学士以下大学证书	47 253	1.26
大学（学士水平）	56 048	1.50
大学（学士后水平）	66 535	1.78

资料来源：Statistics Canada，2008c

(四)初等教育和培训的财政资助

2002 年加拿大的教育(包括公共教育和私立教育)支出占 GDP 的 6%,其中的 3.6% 用于初等和中等教育,2.4% 用于高等教育(OECD,2006)。小学和中学水平的初等教育几乎 100% 是公共资助。

中学后教育的财政资助分为政府和私人资本,其中联邦政府的捐赠平均占 25%,省级政府的占 39.3%,形成一个 64.3% 的总量。私人部分分为学生学费(26.7%)和其他来源(8.9%)两类。

从这些数据中可以看出,任何层次都没有针对职业培训分类,这使得我们很难确定职业培训的财政资助(包含数据库其他所有形式的数据)。省级和地区政府基本上不会单独报告在职业培训上的花费,部分原因是为了避免细节上的比较。进一步说,全国范围内政府支出的报道方法各自不同,并且还在不断修正和重构。最近又再一次被修正的有限的职业教育数据,是通过加拿大统计部门从职业机构(包括私立和公立)每年统计数据基础上收集而来的。政府在职业教育上的花费(超出初等教育的部分),可以说是政府用于中学后教育总额中很小的部分,也就是大约 1% 中的 3/10(Statistics Canada,2001a)。

(五)职业培训的低社会价值

初等教育在职业教育分流中的低参与度问题很早就被认识到了。尽管提出了若干因素来解释,一些团体比如魁北克高等教育理事会(2004)已经意识到需要切实地深入调查其原因。其中的一个解释是附加在职业培训的低社会价值。

加拿大对高等教育给予了极大重视,特别是大学文凭。这种态度被社会舆论进一步强化,年轻人和他们的父母对此很敏感,因此都不推崇职业培训。通过家长和教育团体共同传递的这种对大学的重视,并且通过那些在中学后教育的两种分流中做出选择的学生比例反映出来。90% 的学生选择基础(学术)教育,而只有 10% 选择职业教育。学生的选择受到现实以及与大学层次相比较低的职业教育投资回报所影响(参见表 3.4)。尽管那些有资格从事工业和建筑以及其他职业取向的行业中的人,具有高就业率和更高的收入,但这种消极影响仍然在持续。

　　一个最新的(2004)由市场研究公司易普索－里德(Ipsos－Reid)组织的加拿大学徒论坛和技术加拿大的投票数据指出：

67

　　•42%的加拿大年轻人声称，他们不愿意在技能行业中考虑职业。

　　•67%的年轻人和55%的成年人将把大学作为中学后教育的第一选择。

　　•26%的年轻人说他们将会在商业领域考虑职业。

　　•60%的年轻人说他们的父母未曾鼓励他们在商业领域考虑职业。

　　•71%的年轻人说指导顾问未曾鼓励他们考虑技能型行业的职业。

　　2006年在安大略省，金和沃伦(King和Warren)发起一项调查，超过21 000名学生受访，得出结论大致相同：有57%的中学三年级学生和他们家长中的53%选择大学作为他们继续学习的第一选择。到第五年，他们变得更为平衡些，有37%选择上大学，相同比率的人选择学院。造成这种改变的一个因素。可能是在这期间大学与学院转化项目的增加。仅有7%的学生确定将技能型行业作为第一选择，这表明年轻人对纯粹的职业培训兴趣不大。

　　讽刺的是，职业培训附加值的缺乏和那些认为未来几年在加拿大极可能新增工作岗位的预测相矛盾。这个预测是在接下来的20年，估计有40%的新工作岗位将会在技能技术型行业中产生(FLMM，2001)。

(六)学徒制：一种特殊情况

　　在加拿大，学徒制是职业培训中被普遍认识的学习形式之一。然而，它也无疑是培训系统中最被忽视的一种形式。随着各省和地区确立了对学徒制培训承担起责任，当前在加拿大有十三种不同的学徒制系统。总的来说，一个学徒制身份就是雇主及学徒与负责培训、教育及提供劳工的省、地方部门的协议。为某个雇主工作的学徒(薪水是给那些具有证书的学徒期满的人的收入的一部分)，既接受在岗培训

（平均占学徒期的 80%）又参加学校的技术性课堂培训（平均占学徒期另外的 20%）。对学徒给予资助以支持他们的培训，对雇主给予课税扣抵以激励他们接纳学徒。有大约 200 种学徒制的职业，其在各省间有很大程度的不同。粗略地可分成十二组：如航空/飞机制造业；农学/园艺学；汽车工业/交通工具/发动机；建筑业；电气/电子/通信业；健康和美容业；制造业；海运业；自然资源业；服务业；旅游业和酒店业。这份学徒制职业清单得到大家的认可，几十年来未曾改变。

不过，尽管学徒制已向世人证明，它是培养熟练工人的一种很有意义的手段，但学徒制只在加拿大有限的职业范围中运用，且完成率极低。多数省为中学生设立了学徒制项目，其中许多的预备学徒制课程构成，少量项目会为学生提供在中学（高中）完成一部分学徒课程的机会。然而，仅有 1% 的学生在校期间切实开始了基于行业的学徒课程。

最新的数据表明，在 25—34 岁的人口中，仅有 10% 持有行业证书或正在从事学徒期。这一数据和 55—64 岁持有这些证书的人相比，其比例（13%）的下降。进一步说，已经出现从机械和建筑行业（25—34 岁比 55—64 岁的人大约减少 30%）转向个人和烹饪服务行业（25—34 岁比 55—64 岁的人多 24%）的情况（Statistics Canada，2008b）。在加拿大，胜任机械和建筑行业工作的技能型工人缺乏的情况很常见。

在个人选定的领域，学徒期的完成对于就业有最肯定的意义，那些完成学徒制项目的就业率达到了 93%。相比较，那些没有完成学徒制项目的为 35%（Stoll 和 Baignee，1997）。然而，对学徒制制度持续十年的研究结果表明，从 1992—2002 的十年间，仅有 59% 的学徒切实完成了培训。46%～51% 的学徒在某些时间点中断了他们的培训，其中仅有 10% 回来坚持培训直到毕业（Statistics Canada，2005）。这些比例在各省间差异很大，这也提示我们可以通过跨不同的行政辖区分享信息去获得知识。例如，亚伯达省（加拿大西部的一个省）培训了 20% 的学员，但其中仅有 10% 是本地公民。

接下来的挑战是，在提高女性和其他困难群体在技能型行业的极低比例方面，学徒制体系的能力不足。整合所有年龄段的女性进入更安全和更高报酬的行业以替代大学教育，很明显是失败的。女性参与学徒制的比例已经增加到 9％，但是这些增长大多发生在低报酬的学徒制中，比如餐饮服务业（Sharpe 和 Gibson，2005）。在 2001 年，所有行业证书中大约 3％由女性持有，在住房建筑行业注册的学徒仅有 2％是女性（2.8％），工业和机械行业的 1.6％和金属加工行业的 1.8％是女性（Statistics Canada，2003b）。

69

加拿大学徒系统的一个典型特征是，许多行业的职业资格不是强制性的。这就允许没有行业证书或毕业证书的个体与有完全资格的完成学徒期的熟练工人在相同的职业中工作。不管怎样，部分的工作要求有证书的行业从业者，一般要达到有完全资格水平的完成学徒期的熟练工人，但有时是指定的学徒期标准。在一个学徒制行业，要被认可为一个完成学徒期的熟练工人，实习者必须按照规定的培训制度达到规定的年数，一般建筑行业是四年，其他的是两年。

有资格进行学徒制的行业，其发展、定义和监督是工业和行业特定团体的责任，这些团体由省政府确认和监管。在所有这些省政府负责的框架中，有 45 种行业是由联邦和省政府联合施行的省际标准"红封样计划"（加拿大全国通用）的一部分。对于其中的每一种行业，进行一个专门的国家层次的职业分析，分解出必要的技能（Ellis 图表）和一个课堂与"在职"学习的特定比率，一般是 20/80。

尽管学徒制行业已经开始减少或发展为模块化要求，但它却是政府对其实践的资格标准进行监管的少数领域之一。学徒制也是所有政府共同努力创造相同职位能跨区迁移的少数领域之一。一个行业获得同样地位，就允许其个体享有被所有加拿大行政辖区认可的任职资质，从而可以在国家范围内受雇。

工会和雇主代表基本上认识到了学徒制系统的问题。引用加拿大会议委员会的原话就是："我们需要关于如何提高学徒制计划的严格检测。在加拿大，行业专门人群存在短缺，这种情况将会在今后几年更为严重。在目前的学徒制计划情况下，加拿大没办法解决这个问题。"（Conference Board of Canada，2000：11）然而，总的来说，社会参与者对于学徒制也不是非常有热情，劳资关系中的分权系统，其目标是在企业层面上就工作状况促进劳资双方代表进行谈判，而不是鼓励社会参与者进入到学徒制系统中。教育系统，从另一方面来说，显然无法管理那种和劳动力市场没有合作的培训交付方式。暂时没有什么建议能让加拿大最大限度地利用好职业培训，能够让部分年轻人和总体经济两者都受益。

三、继续职业培训[①]

基本上，加拿大初等职业培训和继续职业培训很容易相互区分。大部分初等职业培训发生在公共领域或者完全受公共制度和资金支配，与之相反，大部分继续职业培训发生在受雇个体的工作场所，以及为快速进入岗位或失业者回归工作岗位而进行的短期机构培训项目中。它主要是由雇主或者个体提供资金，被置于自我管制或无管制的个人领域中。它的发生主要是自发的利益相关者为促进政策和课程开发而对政府和其他组织提出要求的结果，它更强调在需要资金的技能方面寻求雇主的投入。

继续职业培训在过去的二十年受到了极大关注。尽管它反映了"终身学习"的国际趋势，但我们的分析是对继续职业教育的关注是加拿大教育系统在初等职业培训的不佳表现的匹配物。换句话说，在面对劳动力资质方面的许多（感知的）不足时，保证职业准备充分的负担已经大部分转移到了劳动力市场。然而这种转移离完全实现尚远，因为机构资助或部分社会参与者资助的做法无法支持社会舆论。像我们将会在这部分看到的那样，继续培训的结果也差强人意，进一步说，许多工人（大部分是无资格的）没有得到很好的服务。

接下来的发现在描述加拿大继续培训的状况时已经是老生常谈：已工作的成年人没有足够的机会去"在学习中有所收获"。自20世纪90年代早期开始，成年的加拿大人参与在职培训的比例已经变得不景气。加拿大工人常规学习的参与度仅仅是与其他工业国家相比的平均水平（Government of Canada，2002：3）

加拿大表现不佳的主要原因是培训文化的缺乏，加之强调个体自

---

① 在加拿大，由于所用定义和测量的数量极大和存在变化，想精确了解继续职业培训的全貌要比初等职业培训更难。这些挑战也削弱了不同加拿大行政辖区之间，以及加拿大与世界上其他国家之间进行有效比较的潜能。

己支付获取继续职业培训以及费用，雇主在培训方面的投资有限，缺乏在企业层面的有代表的实践的共享，与教育社团的连接薄弱，缺少行业和地区的培训机构，尤其在劳动力市场参与者和政府之间的连接也相当脆弱，这都助长了继续培训的弱化和和分裂。

这些不良表现的影响因素经过考虑如下：进入和产出两者均不足的本质以及由分裂的政策环境造成的体制性障碍。

(一)不公正的进入和产出的双重挑战

那些在经济和劳动力市场早被边缘化的特定成人群体，在进入继续职业培训方面处于不利地位。他们主要是那些已经离开初等教育系统的青年、移民、低收入者、女性、土著居民和残疾人。这些人员是低于平均比率和平均收入参与到劳动力市场中的群体，因雇主支持的培训条款的歧视以及经常面对自费参与培训的大量障碍等而受挫。

那些受过高水平教育的年轻人(25—34岁)实际上以最大程度参与培训，然而他们没受过良好教育的同伴却很少参与。大学毕业生的参与率是52%，学院或商学院毕业生的参与率是38%，有高中毕业证书或更低文凭的人仅仅有18%(Statistics Canada，2006b)。这些结果证明了关于该主题的其他研究。这些研究表明教育水平，特别是与年轻时代结合时，偏爱继续培训，这种行为本身能帮助其形成继续培训的习惯(OECD，2003)。它们也解释了如果既没有完成中等教育也没有超越这个基本要求时，许多加拿大年轻人会发现他们自己处境堪忧。就像许多人所说的那样："富人得到的越来越多，而穷人则一无所获"，至少在教育和培训的世界中是这样的。

这种模式也应用于受雇主支持的培训，证据表明，学校教育在决定谁能进入时扮演了最重要角色。在2001年，2/3的无高中毕业证书的工人没有接受任何培训，在1999年更是高达60%。同样的，没有专门行业证书或技能证书的生产工人，近60%没有接受过任何培训，同时经理们和专业人员们则更可能获得培训，而且时间更久(Statistics Canada，2001d和2004)。

定期的成人教育和培训调查指出，进入的不公平不仅只是受到年龄、职业和教育水平的影响，而且还受到种族、残疾和其他因素的影响。例如，在 2002 年仅仅有 19％的 25—64 岁的残疾人接受到常规的工作培训，与此相比，非残疾人的比例达 33％。他们中也仅有一半能接受到雇主赞助的培训，其中残疾男性的受益少于残疾女性。同样的，有 23％的男性移民和 22％的女性移民参与与工作相关的培训。在一些例子中，以教育水平的不同来解释不公平（如残疾人、土著居民），但是在另一些案例（如移民）中则没有像这样现成的解释（Statistics Canada，2003a）。

影响这些群体难以成功的因素包括读写能力不佳（Statistics Canada，2006a）。根据芬尼和孟（Finnie 和 Meng）的发现（2006），想在劳动力市场（全职工作的，现在受雇的和一直受雇的）有立足之地，功能性读写能力远比受教育程度重要，特别是对于男性。

虽然新移民（移民时间＜5 年）接受的全球高等教育水平超过了那些在加拿大出生的人（参见表 3.5 和表 3.1），但是说到固定的就业或收入时，他们并没有像后者那样成功。

- 2006 年，新移民的雇佣率，持有大学文凭的人是 68％，而据那些报告声称，低于高中毕业证书的人仅占 48.4％。等他们在这个国家待到 5—10 年时，比例提高到 80.9％和 54.5％。当然，与加拿大出生的有经验的个体相比较是不利的，在相同的教育水平下，本土的雇佣率是 90.4％和 64.3％。

- 同样的，移民的失业经历与出生在加拿大的那些人相比也是不乐观的。新移民中，高中毕业生的失业率增加了 2.5 倍，而大学毕业生的失业率突破了 4 倍以上。这个比例在 5 至 10 年后仍将居高不下，对于高中和大学毕业生，其比例分别是 1.8 倍和 2.3 倍以上（Statistics Canada，2006c）。

- 尽管曾经获得更高的教育资格证书，和加拿大出生的男性所挣得的每一美元相比，男性新移民的收入从 1980 年的 85 美分下降到 2005 年时仅有 63 美分。对于女性，这种下降更为剧烈，在相同的时间段从 85 美分降到仅有 56 美分。持有大学毕业证书的男性新移民挣得的甚至更少，仅有 48 美分，并且超过 30％的人在那些要求高中或高中以下学历的岗位上工作（Statistics Canada，2008c）。

在人口增长缓慢和战后婴儿潮一代进入退休的情况下，如果加拿大想要满足对熟练工人的需求，就必须为这些群体提供更有效的、更公平的参与和产出，特别是必须持续强化改善不公平的进入权和资源分配。

表 3.5   加拿大 25—64 岁新移民(2001—2006 年)的受教育程度(2006 年)

(单位:%)

教育水平	移民	加拿大出生
低于高中	18	n/a
高中毕业证书	15	n/a
行业证书	5	14
学院文凭	11	22
大学水平	51	20

资料来源：Statistics Canada (2008b)。

(二)转向终身教育——战胜体制性障碍

如果全面理解加拿大的职业培训系统，便能认可体制性障碍的作用。资格认可、接合点[①]、省际间的职业证书认证、国外证书的识别以及先期学习(正式的和非正式的)的识别等，都是顺利转换初等教育和继续职业培训系统之间不同水平和组成部分的工具。然而，在加拿大，正式管控的缺失、各教育层次之间的公共政策调整转换、或者有时省际间的关注等，都意味着这些转换仍然依赖院校机构、私人的和公共的、专业的监理机构等各自独立的发展政策的突变。这之中的一个例外是，大多数初等职业培训系统在初级和中级水平之间的转换，由政府间协同监管。另一个例外就是，在学徒制和行业领域，就像之前提到的那样，能够作为其他行业以及教育机构的范本，在大多数种类的工作中，实践性教育经历的需要由雇佣者，有时候是行业协会决定的。在如工程、医药、牙科学等行业，在省级水平、设定职业标准、决定哪种类型的系统作为他省或者他国进入的资格认证而存在，以及从技术到职称等级的升级等方面，都是具有自我调整功能的专业

---

① 接合点指的是正式的、按事先约定好的，不同的教育机构间会相互认可对方的课程、项目和文凭，允许学生从一个机构到另一个机构时保留学习和学分。

团体在起作用。这些已经导致系统和规则的拼凑，以至于在一些情况下，在加拿大某一个辖区中已获得资格的人到另一个辖区后，在被允许工作前，不得不重新确认资格或者证明他或她的能力。

在少数省和少数行业中，致力于更好地协调初等和继续教育已经取得进展。然而，这种改善在范围和影响力两方面都相当有限。在公共资助机构之间，阿尔伯特省和不列颠哥伦比亚省都转向强制性接合和更多的资格认证，但这些举措在职场或在继续培训中和占很高份额的私人培训中影响甚微。其他举措已经用于增加先前学习认可，以图平稳地进行正式和非正式教育之间、以及加拿大之外进行的培训和国内进行的培训之间的转化。后者将在随后的关于创新部分进行简单阐述。

四、创新

最近，若干创新已经展开，以力图解决早期发现的问题。各种学徒制方面的举措已经开始增加教育、培训和职场之间的关联。一些举措专门针对初等职业培训系统，同时其他的则更多地关注于后续培训。但是，考虑到有一些创新涉及到整个教育体系，包括职场和社会参与者，因此，这样的区别并非一直都很清晰。概括来说，大多数革新，其目标是将不同的利益相关者结合在一起。他们已经取得不同程度的成功。例如，初等职业培训系统已经引入一种能力本位方法，而且已经有一些参与者尝试着构建职业培训计划和学院或大学水平之间的"桥梁"。在魁北克，1%法试图增加职场培训的次数，这样，正如所希望的那样，使得培训成为省内雇佣惯例的一个不可分割的部分。其他的创新，比如在学前资格认可中，增加学前资格认证的系统研究法的运用，目标指向克服教育部门和培训系统内部及之间，以及这些系统和职场之间平稳转换中的障碍。

(一)能力本位方法

未能将初等职业培训融入教育系统，以及培训和劳动力市场间缺少必要联系，已经备受指责。在加拿大，为了整合各种教育分流进入一个持续性的进程中，在教育系统不同水平间建立桥梁，或者加强职场培训和学徒制系统，都只是想达到的目标，而不是在加拿大实际取得的成就。因此，连接初等职业培训和劳动力市场的创新，就需要基于能力本位方法的培训评估项目，像学校——就业的许多其他形式一样。在能力本位方法中，在为技术型职业或工作服务的劳动力市场中，以能力本位定义的培训目标可以在技术方面工作的劳动力市场中得到体现。为达到这个目标，社会参与者，包括各种联合会以及教育系统之间必须更紧密地联合，以确定这些能力和确保它们能同时反映雇主和工人的需要。根据魁北克高等教育理事会："根据能力本位方法来认识和评估教育项目，有助于职业培训的重组，职业培训的可信度已经得到提高，特别是在雇主中。"（Conseil supérieur de l'éducation，2004：12，我们的转化）其他多数从学校到工作的课程计划依赖于更多的志愿者和能联合雇主以及学校的特殊方法，以期增加学生愿意学习那些雇主需要的技能的可能性。

75　　　　这种方法的创新之处在于，通过有代表性的职场教育过程将劳动力市场和教育团体连接起来，通过包括职场代表的教育过程，这些代表的任务是检测工作情况和决定获得的能力。因此在这个过程中，企业代表和联合劳资部门委员会一起与教育当局共同开展工作，当然，这个过程必须持续不断地适应职场的现实状况（比如技术或组织方式的改变）。既然，它要求可信的和有条理的、能够管控决定性能力的进展过程，因此这样的方法实质上正在加强工会和雇主之间的联系。基于这种认识，在巩固构成联合劳资部门委员会主要部分的合作关系中，这种方法起了作用，至少在魁北克，它们的存在已经在一定程度上合法化了。

（二）合作伙伴创新——促使利益相关者联合的挑战

正如之前所提到的那样，初等和继续职业培训表现的好转主要依赖于两个因素：必要支持的提供和联系教育供需双方之间的机构的成立。这要求两个方面的参与者，即劳动力市场和教育，为了即将采取的措施、分担劳动力培训的发展而一起努力。一个成功的合作伙伴需要在资金方面做出决定，创造条件使得更多人接受继续培训，确保不同教育水平之间的教育进程的连续性，保持参与者之间的持续性对话，创建有助于学徒制的制度和场所。在这方面，州和公共政策应该扮演关键性的角色(OECD，2003)。

在加拿大，传统的劳资关系模式的特征就是，集权被逐渐分化，而不是新社团主义结构或那种在若干欧洲国家存在的全国性协商。在加拿大，未能将倾向于无约束性、激励的措施的雇主和青睐于结构性或甚至是强制性的措施工会联合到一起，频频制约了体制的创新。

劳动力市场或职业培训的创始者尽管不愿接受正规的新社团主义的做法，但是加拿大已经采取了一种合作伙伴方式。其结果是，现在存在一系列的志愿者合作伙伴论坛。在论坛中各利益相关者在开展研究、促进职业培训某些方面的提升以及把必要的或优先的做法告知政府等方面起到关键作用。其中包括各种各样的国家的、省的以及地区的或者当地组织，比如加拿大学徒论坛、加拿大学习协会和部门委员会等。

加拿大学徒论坛成立于 2002 年。在学徒制领域没有权威或者直接责任者，它充当了政府部门(包括省的、地区的以及联邦的)和非政府的利益相关者，比如工会、弱势群体(女性、有色人种的少数族群、土著居民和残疾人)。它还是教育提供者等进行学徒制相关问题讨论的一个场所。它赋予的任务是有限的，大体上是奖励性和信息性任务(Canadian Apprenticeship Forum，2006)。

另一个最近的成就是加拿大学习协会的成立。在魁北克，这种致力于数据收集、研究和信息传播的主动性已经限制了省级部门的加入，并且被社会参与者和政府部门彻底拒绝。在实际的国家职业培训中，它影响有限。

在职场劳动力资源和培训参与制领域中，最为口熟能详的创新无疑是部门委员会的设立(Gunderson 和 Sharpe，1998)。在国家层面，当前大约有 30 个部门委员会。部门委员会的原始模式是基于工会—雇主平等，然而，这种要求遭到极大忽视，导致劳动力市场参与制由起初的双向监管向仅仅由雇主控制的委员会(除魁北克省)转变。

在很大程度上，委员会通过支持企业人力资源管理实践和需求，基于部门的组织机构大力发展劳动力。在此期间，他们对于技能发展给予了特殊关注，基于部门的组织机构也为了获得提供培训和职场需要之间最大程度的契合而与教育部门相沟通。这种角色在引入和培养工作和教育领域之间的合作中特别重要。尽管委员会自身很少提供培训，但他们为企业提供许多短期利益的服务，比如对行业和职业的分析、人力资源管理指导、关于特殊部门的劳动力和企业的研究、初等和继续培训指导等。通过给进入劳动力市场的年轻人举办各种信息性的交流和促进性的活动，合伙关系也扮演着助推的角色，使得这些年轻人了解某些部门的行业和职业的现状。

关于在利益相关者之间建立起参与制方面，加拿大已经模仿了像瑞典这样的国家建立的社会交易系统，至少在结构方面。然而，因为缺乏政策去克服省级和联邦政府之间管辖权的问题，以及他们不愿超越一个纯粹的自发的框架，所以政府失去了那些对职业教育存在一些重大影响的合作伙伴。

（三）魁北克 1% 法

在 20 世纪 80 年代后期，对各企业强制征税用于劳动力培训的想法引起了广泛讨论。然而，这种提议导致工会和雇主代表之间的争执，以至于加拿大政府也没有实施该建议。在加拿大，此种类型的法律仅存在于魁北克。在 1995 年，由于一个基于激励机制的税收抵免的试验效果不如意，魁北克政府通过了"加强人力培训发展法"也就是被人们熟知的"1% 法"。这一立法力图消除在继续培训投资方面魁北克的低水平与其他省相比的差距。

借鉴国外的例子，特别是从 1971 年起的法国的例子和 1990—1994 年间澳大利亚的例子，魁北克政府通过了一个法律，强制工资额在 250 000 美元或以上的公司，每年要投入工资额的 1% 用于职工培训，或将其存入到一个省级基金中用于劳动力培训的发展（可视为劳动力培训税）。考虑到雇主和工会代表在讨论该款项时产生的严重分歧，1% 可以视作是一个合理的可接受的折中水平，尤其还因为，基于如何使用这笔款项，给雇主设置的限制很少。总之，这部法律尊重了雇主的权力，让他们每年投入他们认为合适的数量。这部法律运用简单而灵活，只要企业每年在工人培训的投入与他们的工资额的 1% 相一致，没有强制规定以任何特殊方式分配这笔款项。

一些研究和数据显示，1％法已经产生了一些积极的影响，尤其是合伙关系的建立（Charest，2007）。关于成人教育的最新数据表明，1997—2002 年之间，魁北克经历了结构性培训的最大增长，因此排名从各省的最后一位上升至第 8（超越了 10），特别是缩小了魁北克和国家平均水平之间的差距（Peters，2004）。研究使用了另一个允许省际比较数的据源，其揭示了 1％法增加了雇主愿意提供教室或在职培训的可能性（Turcotte 等人，2003：45）。

依据这部法律，社会参与者也受命去强化学徒制系统，这个系统迄今在劳动力培训中仅扮演一个边缘性角色。然而，参与者已经将注意力主要集中到在职场中应用 1％原则，使得该法在活动推进的前几年，在学徒制领域几乎一事无成。不过，当 2006 年进行立法评估时，社会参与者认识到在一些技工缺乏行业和劳动力部门质量认证空缺的背景下发展学徒制的重要性。该法因此更名为"促进劳动技能发展和认证法"（2007）。一方面，培训投入 1％的原则继续保持；另一方面，按照劳动力市场的需要，社会参与者全权负责构建学徒制。目前学徒制立足于将一个学徒与一个完成学徒期的熟练工人的配对，培训必须主要发生在工作场所，并且要符合不同行业和职业主张的社会参与者的职业标准。成功完成所获得资格证书，是由就业部部长和社会共同体签字认可的证书。这个部门和社会参与者现在主要负责在教育系统中尚未成功发展起来的学徒制系统。尝试仍然处于初等阶段，在未来几年中，社会参与者在构建和实施一个有吸引力且有效的学徒制系统方面有多大的成功，这尚待分晓。

（四）学前资历认证

在加拿大，作为支持成人去发展他们的职业资格认证和技能发展的努力的一部分，考虑的重点已经放在课堂外的技能获得认证的需要上。毕竟，许多成人在他们的工作经历中，甚至是工作之外，已经发展了特殊的技能。不过，加拿大的资格认证系统本质上是基于在学术环境中发生的学习活动的确认。一个毕业证书的授予或技能的官方确认，通常决定了一个教育项目能否成功完成，或者一个培训是否达到由教育机构根据自己判定的成功所建立的标准。在关于加拿大技能发展的陈述中，联邦政府再次强调了在加拿大教育和培训系统中，使技能认证能适应现状，以及在接下来的十年中使技能认证成为一个重要任务所面对的困难(Government of Canada，2002)。政府重申加拿大会议委员会的评估，即大约 50 万加拿大人(劳动力总数的 3%)将会从他们的学前资历认证中获益。这种认证将会使他们的年收入增长8 000—12 000美元，然后加拿大人每年的总收入将增加 41 亿至 59 亿美元(Conference Board of Canada，2001)。

技能和学前资历认证的重要性，经常和那些获得加拿大之外的毕业证书的移民工人以及那些很少得到国家资格认证系统提供机会认证的人相联系。正如之前提到的那样，移民平均比加拿大本土出生的人受到更好的教育，但在进入劳动力市场时仍然遭遇困难，他们在技能认证时碰到的障碍甚至还更糟糕。这反过来直接影响了他们的收入水平。

79   许多学前评定和认证(Prior Learning Assessment and Recognition，PLAR)的举措正在加拿大实施。作为学徒制的红封计划的一部分，PLAR 有可能在每种行业和每个辖区中被使用①。例如，马尼托巴省允许学徒们从与行业相关的雇佣前课程项目、与行业联系的技师或其他一年制证书项目、与行业相联系的技工(两年制)项目和与行业联系的高年级(高中)教育项目中获得学分；新布伦瑞克省允许在作为一个学徒进行登记前，与行业联系的工作表现可计学分。在所有情况中，PLAR 被限制在学徒制项目总体要求的某些部分中。这有助于确保作为一个完成学徒期的技术工人所要求的高水平质量。

此外，由于采取能力本位方法及劳动力市场部门竭力建立的职业标准(这标准将会生效并得到认证)，职业性课程得到了一些改变，这些改变与技能认证原则适应得很好。基于这种考虑，在未来几年，劳动力市场部门去发展职业性标准(例如，就像部门委员会所做的那样)的努力，将会有助于加强教育部门和支持成年人获得资格认证之间更紧密地合作。看起来大家都广泛认可这将会是未来十年内的一个重要

_____

①　参见"各行业的 Ellis 图表"，http：//www. red－seal. ca/Site/trades/analist＿e. htm(访问时间 2008 年 9 月 3 日)。

问题。在这方面，加拿大的表现与 OECD 和 ILO 最近研究中受高度重视的国际趋势是一致的(OECD，2003；ILO，2002)。

五、加拿大职业教育和培训的一些结论

在加拿大，初等和继续职业培训的以上分析已经突显出大量对其"系统性"特征表示怀疑的因素，以及在过去几十年中采取的方法。加拿大在基础教育的表现大都很好，但是在初等和继续阶段两层次的职业培训的效果都非常差。总的来说，学生在初等水平对培训的选择和继续培训的一样，反映了在加拿大高等教育被评价为不利于职业培训的事实，尽管大量的研究证明职业技能对职场(包括传统行业)的必要性。大学毕业生优越的工资水平，此外还有高等教育的社会价值，都有助于吸引年轻人进入大学。职业培训毕业生的高就业率和某些行业的高工资水平看起来似乎没有影响到这种趋势。更有甚者，以职业培训为代价来强调初等基础教育(学术教育)，导致许多年轻人在中学毕业时没有足够技能。此外，之前处于学院层次的职业性培训越来越多地变成了专业性职业培训。基于这种趋势，大学开设了相应的、包含企业职场实习生的一系列课程。关于不同教育层次之间的跨越，在职业培训和教育系统其余部分之间仍然存在分歧，尽管有大量统计数据说明存在补偿这种不连续性的需要。这种分裂的持续存在无益于增加了对已经开展的职业培训的尊敬。对那些既未成功完成他们的普通教育又未在中学或学院水平选择职业培训的人，由于偏向于高等教育的教育系统的跨越，给继续教育的发展留下的机会就更少了。

整合教育部门和劳动力市场发展的步伐已经缓慢下来。学徒制和人员配置在加拿大系统中仍然未获得充分利用，在教室外或国家外获得技能认证的原则尚未获得广泛应用；职业标准也未获得广泛应用。能力本位法和职业标准的发展，如果有包容地实施，有希望改善职场和教育部门之间的合作。关于学徒制，劳动力市场和教育部门参与者之间的合作，在过去十年中在部分辖区已经有所改善，当然这结果有其他因素在内。劳动力市场参与者在一些行业、部门已经进行了重整，在整个国家内也有一些重整。

在政府的两个级别之间，公共政策被分割开了，这就意味着在加

80

拿大，协调问题是经常性的。公共政策也基于教育部部长和就业部部长之间的责任细分，这就让他们比以往要更加共同分担合作难题。在职场、教育和培训系统之间进行合作的公共政策，本质上仍然是激励机制，就像尝试鼓励企业去履行他们在继续培训方面的责任。唯一的例外是魁北克1‰法，稍微有些约束。劳动力立法没有给予受雇佣者在继续培训方面的特殊权利。虽然，由于社会的或经济的原因，加拿大未将大量人口从获得初等资格证书的过程或从通过继续职业培训提供的机会中排除出去，但是在所有级别中，公用政策最多也就是略微纠正了不公正的进入途径和资源分配。

在此篇论文中出现的问题，在加拿大已经被意识到并开展研究很多年了。过去几十年，已经成为很多政府委员会和公共政策的研究主题。但是创新的步伐仍然缓慢，国家的作用仍然有限，陷入了分散处理的困境，其中的劳动者代表正在减少。简而言之，加拿大通向劳动力市场和技能发展的灵感来源仍然是新自由主义。

【参考文献】

81

1. Bussière, P. , Cartwright, F. , Knighton, T. and Rogers, T. (2004)*Measuring up：Canadian results of the OECD PISA Study. The performance of Canada's youth in mathematics，reading，science and problem solving*，Ottawa：Statistics Canada，81—590—XIE.

2. Canadian Apprenticeship Forum （2006）http：//www. caf-fca. org/english/about. asp(accessed 30 August 2006).

3 . Charest, J. (2007)Impacts of a law fostering training development：Lessons from Quebec's experience，*Administration publique du Canada — Canadian Public Administration* 50(3)：373—389.

4. Chui, T. and Zietsma, D. （2003)Earnings of immigrants in the 1990s，*Canadian Social Trends*，autumn 2003(70)，Ottawa：Statistics Canada，24—28.

5. Conference Board of Canada, The （2000） *Performance and potential* 2000—2001，Ottawa：The Conference Board of Canada.
——. (2001)*Brain gain：The economic benefits of recognizing learning and learning credentials*，Ottawa：The Conference Board of Canada.

6. Conseil supérieur de I'éducation （2004)*L' Éducation à la vie professnnuelle：valoriser toutes les avenues*，Rapport annuel sur l'état et les besoins de l'éducation，Sainte — Foy：Conseil supérieur de l'Éducation，http：//www. cse. gouv. qc. ca(accessed 4 September 2008).

7. Critoph, U. (2003)Who wins, who loses—the real story of the transfer of train-

ing to the provinces and the impact on women?, in M. Cohen（ed.）, *Training the excluded for work：Access and equity for women, immigrants, first nations, youth, and people with low income*, Vancouver：University of British Columbia Press.

8. Finnie, R. and Meng, R.（2006）The importance of functional literacy：*Reading and math skills and labour market outcomes of high school drop—outs*, Ottawa：Statistics Canada（11F0019MIE—No. 275）.

9. Forum of Labour Market Ministers（FLMM）（2001）*Profile of Canadian youth in the labour, market：Second annual report to the FLMM*, Ottawa：Human Resources Development Canada.

10. Gouvernment du Québec（2004）*Indicateurs de l'Éducation—Édition 2004*, Québec：Ministére de l' Éducation.

11. Government of Canada（2002）*Knowledge matters. Skills and learning for Canadians. Canada's innovation strategy（and executive summary）*, Ottawa：Human Resources Development Canada.

12. Gunderson, M. and Sharpe, A.（1998）*Forging business—labour partnerships*, Toronto：University of Toronto Press.

13. ILO（2002）*Learnig and training for work in the knowledge society*, Geneva：International Labour Organization.

14. Interprovincial Standards Red Seal Program, The, *National Occupational Analyses*, various issues, http：//www. red—seal. ca/Site/trades/analist _ e. htm（accessed 5 September 2008）.

15. King. A. J. C. and Warren, W. K.（2006）*transition to college：Perspectives of secondary school students*, Toronto：Colleges Ontario.

16. Livingstone, D. W.（1999）*The education—jobs gap：Underemployment or economic democracy*, Toronto：Garamond Press.

——.（2002）*working and learning in the information age：A profile of Canadians*, Ottawa：Canadian Policy Research Networks.

17. OECD（2003）*Beyond rhetoric：Adult learning and practices*, Paris：Organization for Economic Cooperation and Development.

——.（2006）*Education at a glance 2006. Draft OECD nriefing note for Canada*, Paris：Organization for Economic Cooperation and Development.

——.（2007）*Education at a glance：OECD indicators—2007 edition*, Paris：Organization for Economic Cooperation and Development.

18. Osberg, L. and Lin, Z.（2000）*How much of Canada's unemployment is structural?*, Ottawa：Statistics Canada（11F0019MIE—No. 145）.

19. Peters, V.（2004）*Working and training：First results of the 2003 Adult Education and Training Survey*, Ottawa：Statistics Canada（81—595—MIE2004015）.

20. Riddell, C.（2004）Education, skills, and labour market outcomes：Exploring the linkages. in J. Gaskell and K. Rubenson（eds.）, *Educational outcomes for*

82

the Canadian workplace: new frames for policy and research，Toronto: U-niversity of Toronto Press，21—55.

21. Sharpe，A. and Gibson，J.（2005）The apprenticeship system in Canada: Trends and issues，*CSLS research report April* 2005，Ottawa: Centre for the Study of Living Standards.

22. Statistics Canada（2001a）*CANSIM database*，Tables 478 — 0005 and 385 —0007.

——.（2001b）*Census.*

——.（2001c）A *report on adult education and training in Canada: Learning a living*，Ottawa: Statistics Canada(81—586—XIE).

——.（200ld）*Workplace and employee survey compendium*，Ottawa: statistics Canada(71—585—XIE1999001).

——.（2003a）*Adult education and training survey: Data files*，Ottawa: Statistics Can（81M0013XCB).

——.（2003b）*The changing profile of Canada's labour force*，2001 census，Ottawa: Statistics Canada(96F0030XIE2001009).

——.（2004）*Workplace and employee survey compendium*，Ottawa: Statistics Canada(71—585—XIE2001001).

——.（2005）*Labour force historical review* 2004，Ottawa: Statistics Canada （71—F0004XCB).

——.（2006a）*Literacy skills among Canada's immigrant population. Education matters: Insights on education*，*learning and training in Canada*，February 2006 2(5)，Ottawa: Statistics Canada.

——.（2006b）*The Canadian labour market at a glance*，Ottawa: Statistics Canada(71—222—XWE).

——.（2006c）*The Canadian immigrant labour market in* 2006: *First results from Canada's labour force survey*，Ottawa: Statistics Canada（71 — 606 — XIE).

——.（2008a）*Aboriginal peoples in Canada in* 2006: *Inuit*，*Métis and First Nations*，2006 *census*，The Daily，Ottawa: Statistics Canada（97 — 558 — XWE2006002).

——.（2008b）*Educational Portrait of Canada*，2006 *census*，Ottawa: Statistics Canada(97—560—X).

——.（2008c）*Earnings and incomes of Canadians over the past quarter century*，2006 *census*，Ottawa: Statistics Canada(7—563—XIE2006001).

23. Stoll，P. and Baignee，A.（1997）*The National Apprenticed Trades Survey: An overview of the apprenticeship experience*，Ottawa: Human Resources Development Canada.

24. Turcotte，J.，Leonard，A. and Montmarquette，C.（2003）*New evidence on the determinants of training in Canadian business location*，Ottawa: Statistics Canada(71—584—MIE2003005).

第四章　丹麦的职业教育与培训体系

——稳中求变

苏桑娜·威伯格 & 皮尔·科特

一、引　言

纵观全世界，职业教育与培训体系面临越来越大的改革压力，以及越来越多的政策干预。职业教育与培训被视作"主宰未来[①]"，同时也是应对全球化和知识社会挑战的一种手段。此类政治宣传在各国比比皆是，因此，职业教育与培训体系必须一直改革才能更好应对来自社会、科技和经济上的变化。丹麦职业教育与培训体系恰属这种情况，它们整个改革过程持续了 15 年。经过变革与转型，丹麦体制的一些主要原则顶住政治压力，直至今日依旧切实可行。本章将讲述丹麦职业教育与培训体制发展稳中求变的特征。在丹麦，培训与社会合作伙伴合作的传统得以持续，避免了破裂，尽管这些原则屡受质疑。

二、丹麦教育体系

全世界教育体系根据不同的特征划分为不同区域。北欧各国也一样，情况大致类似。一般来说，彼此非常相似。丹麦教育体系属北欧模式，包罗万象，看重平等和包容性。公立学校小学和初中一般九年制或十年制，整个义务教育阶段中针对所有学龄儿童，分班不分成绩优劣。所有北欧国家都采用这种最为平等的教育制度，直到高中阶段才有所选择（Wiborg，2004）。然而就在高中三年期间，北欧各国家采取不同方针政策。与丹麦正好相反，挪威和瑞典高中教育相对包容。比如，瑞典高中制度将传统语法学校（läroverk 文学校）和"新式"职业教育与培训体系合二为一。丹麦普通初高中教育和职业教育与培训仍旧泾渭分明。为了打破两种教育类型的界限丹麦已做出多番努力，尤

---

① 职业教育培训——主宰未来. 里斯本—哥本哈根—马斯特里赫特：2010 年动员大会（欧洲职业培训发展中心，2004）。

其是在 20 世纪 70 年代，但仍徒劳无功。相反，通过提供普通科目，职业教育与培训体系努力吸引学术研究为主的学生以消除差异。

丹麦高中教育主要包括两部分：一种是职业教育与培训，提供为期 1 年半到 5 年半的各种课程；另一种就是学历教育，包括普通高中教育和职业高中教育。其中，普通高中教育包括三年制学术性中学课程和两年制高中预备课程或初中教育课程（Højeje Horbederelseseksamen，HF）；职业高中教育包括高等商业考试（hhx）和高等技术考试（htx）。所有高中学历教学设置的课程都是为了让学生为日后的升学做足准备，而职业教育与培训的目的是让学生胜任劳动力市场某一行业的工作。然而，近年来，丹麦已经努力缩小职业教育和高等教育之间的差异。

约 30％的年轻人选择职业教育与培训，55％选择学历教育。一旦达到特定入学要求，两种模式都可继续就读研究生课程。约 80％的年轻人完成高中教育课程，45％完成研究生课程。政府目标是到 2015 年完成高中教育课程的比率可达 95％，完成研究生课程的比率则达 55％（Damish Ministry of Education，2005）。

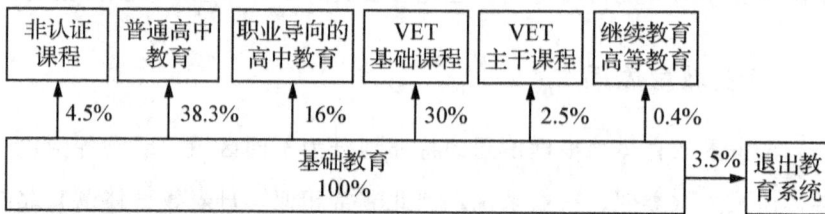

图 4.1　丹麦教育体系基本流程——从基础教育到年轻人教育
资料来源：Damish Ministry of Education，UVM，2004

86
成人职业培训

丹麦成人教育体系包含三种：第一种普通成人教育（AVU），包括成人教育协会（教育协会）和免费夜校（教育部）；第二种是成人教育培训或"劳动力市场培训课程"（AMU）（教育部）；第三种是继续教育或"开放教育"（教育部）。三种成人教育相互影响由来已久。它们颁发职业资格的同时，又让培训者接受更广泛的普通教育，即合二为一的教育模式可以同时并存。事实证明，如此一来可以带来巨大利益，所以公司、劳动培训中心和职业大学①随处可见成人职业培训。这种体系可以提供种类繁多的课程培训，不仅按照双元制培训原则，还包含了工作场所培训。社会合作者主要负责监督 AMU 培训和条款，且已建立了全方面咨询结构。考虑到转学分以及 AMU 所有职业教育与培训课程，成人职业培训与 VET 之间的联系得到加强，以确保不同资格和能力水平的一致性。其他北欧国家公共部门在资助和规定继续教育培训方面举足轻重。在丹麦劳动力市场政策中，共同利益在于维护劳动力职业资格的高水平。相比其他欧洲国家，AMU 可根据劳动力市场变化灵活改变，所以成人入学率较高(Nielsen 和 Cort，1999)。

三、丹麦职业教育与培训制度的主要原则

丹麦职业教育与培训制度②与其他北欧国家的最大不同就在于以下几个主要原则。

首先，它是双元制培训系统：以学校为主的教育培训和以工作为主的培训相互交融，授予国家承认职业资格；以工作为主的培训，大多与实习生签订培训合同。用德国双元实习制度和北欧国家以学校为主的模式的综合体来描述这个制度最恰当不过。所有课程包括所有以学校为主的基本课程，但丹麦职业教育与培训系统中以学校为主的教学多于德国，这个事实不言而喻(Damish Ministry of Education，1999)。然而，由于丹麦职业教育与培训系统源于实习原则，公司内部实践性培训也远多过瑞典，瑞典实习原则在整个系统只占很少部分。丹麦公司内部培训时间占整个培训时间的 60% 到 70%，瑞典只占 15%(同上)。因此，该系统相当均衡——提供多元化的课程，将在职业学院中的理论学习运用到真正公司的实际培训中去。

其次，它由社会合作者充分参与协作，上至国家初级职业教育与培训咨询委员会(REU)，下至当地培训委员会，都为学校提供当地教

87

---

① 新千年伊始，劳动市场培训中心与职业院校合并，源于全国职业教育培训体制制度结构的法律框架改变。

② 本章节集中讲述针对年轻人的职业教育培训，在一些国家被称为初级职业教育培训。然而，整个制度并不限于 16 岁至 25 岁年龄段的年轻人。成年人安排好自身生活状况和先前的工作经验就可参加职业教育培训项目。

育计划和其他当地培训事宜的建议，确保职业教育与培训课程与丹麦劳动力市场国家承认的职业资格保持一致。然而，社会合作者不仅提供咨询。国家商业委员会部门负责制定职业教育与培训项目的时间与课程、不同职业目标与内容，还负责批准公司是否具备提供工作培训的资质并监督整个培训质量。它在补充完善培训方面功不可没。此外，委员会负责考试并解决有关培训合同纠纷。因此，社会合作者的责任相对来说意义深远。

整个体系一直保持两个关键的历史特点：第一，1937 年学徒法通过了社会参与原则；第二，1956 年丹麦职业教育与培训新法通过了双元制培训原则。正如这个体系在历史上的经历所强调的，一直力图脱离这些原则，使职业教育与培训真正融入普通教育系统，但始终无果。

四、职业教育与培训体系发展的重要阶段

职业教育与培训体系发展的主要特征就是与普通教育制度、生产制度、劳动力市场密切联系，政党之间密切合作并寻求一致政策，以及政府与社会合作者①密切联系。在整个体系持续发展的过程中，社会合作者一直举足轻重（Cort 和 Madsen，2003）。了解寻求决策者和社会合作者都能达成一致通过的政治策略，就能理解丹麦职业教育与培训系统发展的历史过程。然而，整个过程并非一帆风顺，因为政治决策过程的各方代表不同利益。

学校为主的教育和学徒培训主要是上进员工的个人私事，所以直到内战时期，国家才逐渐开始着手职业教育与培训制度的正规化。社会民主党和社会自由党（自由派），后者前身是自由党，引进了 1937 年学徒制度法案。该法案让社会合作者真正参与到管理职业教育与培训系统中来，还构建、调整培训课程的内容。当时的主要问题就在于全日制学校是否应该取代提供基本培训的星期日学校和夜校。职业教育与培训系统中技术院校和企业学校机构的作用成为舆论焦点（Juul，

---

① 三方合作协商就是丹麦社会的普通特色，反映到诸如劳动市场政策、成人教育培训、产业政策等政治领域。（工资结构由社会合作者通过集体商议一致决定；参看丹麦劳动市场部分）

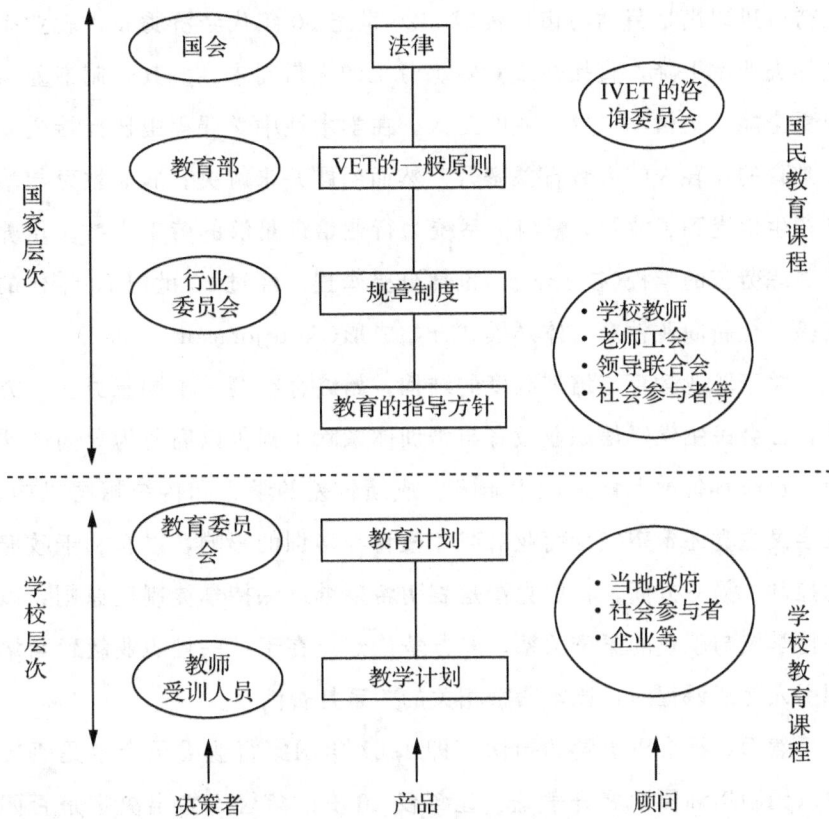

图 4.2　丹麦权益关系人参与模式

2005）。这些问题逐渐成为 1952 年成立的委员会的议题，也成为 1956
年颁布学徒法案的契机。法案确定丹麦职业与教育培训制度的双元原
则。这个制度类似于其他北欧国家，目前全日制学校以学校学习为
主，和过去相比培训时间更短（为期三个月）。

法案同时还致力解决熟练工人短缺问题，以满足日益复杂的生产
需求。废除公司学徒人数限制，培训课程从 91 个增加到 166 个。一
些课程保持原有规模，一些更加专业化。比如，钢铁金属行业的 12
个培训课程被细分为 32 个课程。

国家商业委员会对职业课程有着决定性的影响，其作用也在 1956
年的法案中得到加强（Juul，2005）。

(一)70 年代：打破共识

尽管职业教育与培训制度的现代化进程突飞猛进，但制度本身仍

亟待改进以满足劳动力市场需求。20 世纪 60 年代经济腾飞，就业率增加失业率下降，直接造成对熟练劳工的大量需求，尤其是制造业需要更全能、更机动、更专业的工人。在学术性中学课程中选择接受高中教育的年轻人的人数日益攀升，然而问题并未解决。职业教育与培训招生也受到了波及，影响了系统为行业培训足够的劳工人数。培养半熟练劳工的学校（技工学校）也部分受牵连。经过 20 世纪 70 年代的实验，全新职业教育与体系模式开始成形（Sigurjonsson，2002）。

关于职业教育与培训制度的结构，始终存在两种不同意见。一方面，社会民主党坚信职业教育与培训体系除了提供以商业为导向的课程，也应具备学术背景，才能吸引成绩较差的学生和传统招聘机构。社会民主党还希望减少商业对职业教育与培训的影响，以有利于政府的控制。另一方面，自由党清楚表明希望继续保持学徒制度原则，以保持学校与就业的紧密关系。双方争论焦点在于，一旦职业教育与培训引入普通课程后，原本紧密相关的关系是否消亡。

然而，社会民主党的想法，即 1967 年国家行业委员会就是否废除双元制培训原则展开争论：让年仅 16 岁的年轻人做出决定是否困难。他们建议在职业教育与培训中兴起一种制度，按照从综合性学术教育到日益专业化课程的教学顺序，逐渐让学生过渡到最后商业课程（Sigurjonsson，2002）。随后，隆德克里斯滕森委员会也提出同一议题。该委员会力图弥合高中阶段的学术教育和职业教育，本着这个初衷和更加公平的目的，委员会建议 1969 年将实习培训课程融入现存教育体系，即大学预科课程。

社会民主党采纳了两个委员会的建议，任命工作委员会修订全新 EFG（职业基础教育，Erhvervsfaglig Grunduddannelse，EFG）。正如委员会所提议的，政府更加重视普通教育。1975—1976 年，法案以实习为基础做出修订，旨在在 1979 年全面推行 EFG 制度，在 1982 年彻底废除 1956 年法案中的学徒制度。

与此同时，另一个委员会对重组职业教育与培训提出更为激进的想法，而不再纠结于之前两个委员会争论的焦点。该计划本质就是将学术性中学课程，即为期两年的初中教育课程（HF）与职业制度 EFG 纳入统一教育系统中。该系统的优点在于促进不同类型高中之间的转学，但这一点备受争议。人们坚信通过提供共同课程可以减少三种类型教育的明显差异，并为不同学术背景的学生提供平等机会。职业教育与培训制度往往可以反映当前社会结构[①]，因为学生大多来自没有技术或技术熟练的手工工人家庭。争论焦点在于建立统一的三年制课程，这远胜于没有任何选修课的九年制基本教育，因为这将有助改善社会公平问题。

从本质上说，这种制度与挪威社会民主党的和接下来介绍的瑞典制度大同小异。然而，丹麦持反对意见的一方势力强大，其中包括自由党、保守党和社会合作者。他们竭力反对高中教育制度国家化和一体化，因为这将难以保证社会合作者的利益和积极参与。职业课程与劳动力市场需求之间关系弱化，使得年轻人难以融入劳动力市场。反对方提出公司一旦在整个教育制度中无足轻重，它们自然不愿接收这种制度下培训出来的职员。

因此，试验一段时间之后，全新职业教育与培训法——EFG 法案开始正式实行。该法案保留了双元制培训原则和社会合作者依旧参与其中的部分。然而，整个课程 40％ 都是普通学科。大家一致通过进入该体系学习之前，学生必须经过为期一年的预科学习。除了 EFG 之外，学生还可以选择学徒制度。因此，要进入职业教育与培训体系，学习有两个关卡：通过学校正式学习或与公司签订培训合同。无论哪种情况，职业教育与培训都是一种在学校和工作之间权衡的教育方式。

就这样，社会民主党在丹麦开始了综合性高中教育体制，结果不如人意。失败原因在于两个国家社会民主党权力大小不一，职业教育与培训根源发展不同。瑞典以学校为主的职业培训起步早，发展合理；丹麦学徒制度根深蒂固，社会合作者权倾朝野。因此，在瑞典社会，合作者和国家之间在职业教育与培训领域的合作没有像丹麦那样被制度化。

---

①　职业教育培训的学生起初只能在无技术的和技术工人家庭中找到工作。艾达·朱尔的另一项研究证实了这个结论。(Ida Juul，2005)

(二)80 年代：并行不悖的制度与教育通货膨胀

20 世纪 80 年代初，右翼党派执政，教育政策也随之改革。这段时期，经济低迷，年轻人普遍失业，学徒制比 EFG 更受年轻人欢迎。自由党也曾试图通过引入补助计划①和增加公司学徒人数来发扬壮大学徒制度。1986 年，选择学徒制和 EFG 的年轻人各占一半(Sigurjon-sson，2002)。

完成一年预备课程后，EFG 法案为选择 EFG 的职业学生提供继续学习的机会。目前，预备课程是进入职业教育与培训项目和高级商业技术培训课程(hhx/htx②)的必经之路。后果一，大批学习成绩不佳的学生不再选择职业教育与培训；后果二，商业培训的雇主开始雇佣 hhx 学生，不再选择 EFG 学生。本应共享的入学课程却成了一大难题，本质还是教学问题，因为学生选修普通课程和以商业为主的课程丝毫没有联系。同时，两种科目的老师拥有不同学术背景，无疑恶化了这个形势：教授普通科目的老师大多毕业于正规院校，教授商业科目的老师则多出身于熟练工人。

学徒制度和 EFG 分庭抗礼多年后，身为自由党的教育部长伯特尔·哈尔德于 1986 年委派专门委员会③解决二者问题。委员会为职业教育与培训量身制定全新结构，如此一来，两种教育制度并行不悖。但关于职业教育与培训考试课程的选取让委员会大伤脑筋。多数成员，包括来自丹麦联邦工会(LO)的代表，一致赞成年轻人接着完成最少 20 周的工作场所实习，可以选择为期 40 周的学校课程。少数成员，包括来自雇主联盟的代表，更倾向职业培训预备课程的实践课程(Juul，2005)。

(三)90 年代：制度现代化

委员会一致确认问题后，1991 职业培训法案悉数采纳，这个法案

---

① 为了找到更多实习场地，丹麦采取了许多特别措施，除了学生在校期间就发放工资外，还专门发放拨款基金作为雇主兴建工场之用。1997 年废除拨款基金。
② HTX 成立于 1982 年，在技术培训项目中未受到排挤。
③ 挪乌斯高委员会。

改革了整个职业教育与培训体系。新立法下的 EFG 和学徒制度将被统一两种路线的职业教育与培训制度所取代：学校路线和公司路线，双元制和普及科目都得以保留，两者都与以商业为主的科目密切相关。课程数量从 300 种剧减至 50 种后，课程拓宽后也更为明确。此外，废除入学限制，年轻人可以自由选择学校。这加强了职业教育与培训课程中以学校为主和以工作为主之间的关系。确保二者保持一致共同进步。对于多数年轻人而言，目前的问题就在于他们认为学校学习没有意义，急于参加工作为主的培训（例如，参见 Bjerre 等人，2002；Juul，2005；Koudahl，2005a）。

新职业教育与培训体系分为商业培训课程和技术培训课程，学生可以自由选择。前者偏重理论，内容更全面，在校学习时间更长（为期 38 周或连续 76 周）；后者，学生或者选择初级（自愿）阶段在校学习，或者直接进入二级阶段在校学习。新职业教育与培训体系中保留实习制原则，表明过去通行的入学许可 EFG 正式退出历史舞台。1994 年，新职业教育与培训体系实施，约 70% 学生选择在校培训，只有 30% 学生选择公司培训（Juul，2005：67）。

这次改革深受新公共管理和新自由思想影响：决策权一旦被分散，职业院校可自主决定，职业教育与培训也满足学生选择不同学校的需求，大学势必在"类似市场"与之竞争，政府将通过制定政府框架和提高质量控制来予以监督。

20 世纪 90 年代，丹麦掀起一股年轻人更为个性化的教育计划浪潮。源于 1993 年的"全民教育"策略旨在确保更多年轻人接受教育，降低辍学率，增加完成年轻人教育计划的人数，提高竞争力。其中一个难题就是如何创建一个体系，使之既能满足成绩不佳的学生，又可满足成绩优秀的学生。还有一个问题就是建立个性化的特色计划。1993 年设立了两个计划：职业基本教育计划（Ergvervsgrunduddannelsen，EGU），目标人群为成绩不佳的学生和对学习不感兴趣的学生；自由年轻人教育计划（den fri ungdomsuddannelse，FUU），目标人群为不适应普通教育制度但有创造性的学生。两个计划受到社会合作者强烈批评，因此在高中阶段没有得以推行。2002 年，在自由党执政下，政府关闭了 FUU；EUG 成功地让成绩不佳的学生进入普通计

93

划或劳动力市场，所以直至今日仍广受关注。

(四)替补性的以学校为主的培训

20 世纪 90 年代备受争议的一个问题就是替补性的以学校为主的培训计划。因缺乏学徒培训场所，1990 年丹麦开始实施一项特殊方案，针对所有职业院校未能签订实习学徒完成学业的学生。学校尽可能充当培训公司角色，通过车间培训和模拟办公场地，提供学生获得职业资格的机会。当时教育部长伯特尔·哈尔德(Bertel·Haarder)强烈反对，担心如此一来逐渐破坏双元制原则。右翼和雇主联盟与他同一阵营，一致认为这只是暂时解决状况的权宜之计。另一方面，社会民主党则持支持态度，将其视为职业教育与培训体系的可行性补充方案。然而，实习场所缺乏的问题一直存在，于是 1995 年这个方案延续下来，只是范围不如从前，因为参加普通课程和没有就业前途课程的入学开始屡屡受限。最初被视为学徒制度补充下的一个临时方案，虽然在社会合作者和政治党派之间仍是争论焦点，现在成为永久性方案。

(五)2000 年改革：个性化和弹性化的制度

20 世纪 90 年代职业教育与培训政策深受全球商业化和教育分散化的影响。一方面，政策制定的目标在于提供更具弹性和个性的职业教育与培训课程。统一培养年轻人的教育理念已然过时，教育作为给予平等机遇的想法也同样不再适用。另一方面，这个时期加强了双元制培训和社团主义。

然而，平等和尊重的问题依旧存在。在年轻人眼中，相比起普通高中教育，职业教育与培训并不具备吸引力。1997 年教育部报告指出，普通高中教育，尤其是学术性中学课程日益扩大，吸引近 40% 的年轻人。报告同样质疑普通高中教育分为两种：学术教育、职业教育与培训，都是扩招后才出现的(如 EGU 和 FUU)。报告还质疑，一旦职业教育与培训完全脱离普通高中学术教育，如此发展是否合适，因为前几十年中学术性中学入学率持续上升。

报告罗列两种职业教育与培训的可能模式。第一种类似于 20 世

纪 70 年代社会民主党实施的全面高中教育制度，学术性中学课程和
职业教育与培训课程同时融入统一年轻人教育计划，提供大量不同课
程，按照能力分组，大量提供选择的科目。与社会民主党实施的模式
相反的是，成绩差的学生也可参与实践性职业课程。第二种模式以现
行制度为基础，即两种主要路线都予以保留。然而，与现行制度不同
的是，第二种模式减少推荐数目以简化职业培训并使其更为透明。

五、现行的丹麦体制：个性化和模块化 95

第二个模式逐渐成为 2000 年改革的核心。随后，社会民主党执
政下的政府决定按照两种教育模式基础重组整个体系。法案核心在于
简化整个职业教育与培训体系；开始实施一项具有弹性的模块化制
度，既吸引学习差的学生，也吸引学习好的学生。改革后的体系包括
一项专门针对学校的基本课程以及职业专业化的主要课程（约涵盖 200
多种专业 85 种课程），主要课程数量与改革前相差无几。然而，基本
课程大动手笔，现行 89 个入学课程压缩到 7 个基本课程。接下来是
改革现行以行业为导向的课程，七个课程中六个与技术培训有关，一
个与商业培训有关。基本课程具体如下：

- 服务
- 房屋建筑
- 科技与通信
- 机械工程学、运输物流
- 食物生产与供给
- 手工艺与和工程类
- 商业、文书教育与金融（Sigurjonsson，2002：74）

基本课程就读时间灵活，取代从前以学校为主的初级阶段和二级
阶段，时间完全由学生自主掌控，为期 10 周至 116 周不等。基础课
程作为定位性和引导性课程，让学生接触不同领域、各种模式，学习
和能力目标一一明确。对于明确教育选择的年轻人而言（占绝大多
数），通过基本课程取得进步可能性极大。对于优柔寡断或需长期学
习基本技能的年轻人而言，延长就读时间可达 116 周。不过，一般来

说，技术培训基本课程只需 20 周，商业培训基本课程更偏重理论性
则需 76 周。

　　基本课程包括普通科目、行业科目、专业科目和选修科目。在就
读过程中，老师专门负责学生的教育学习和职业指导。最后论文由学
生自主选择，学生必须为个人教育前景作出评估[①]。目前多数职业院
96　校提供为期五周的四种模块结构。

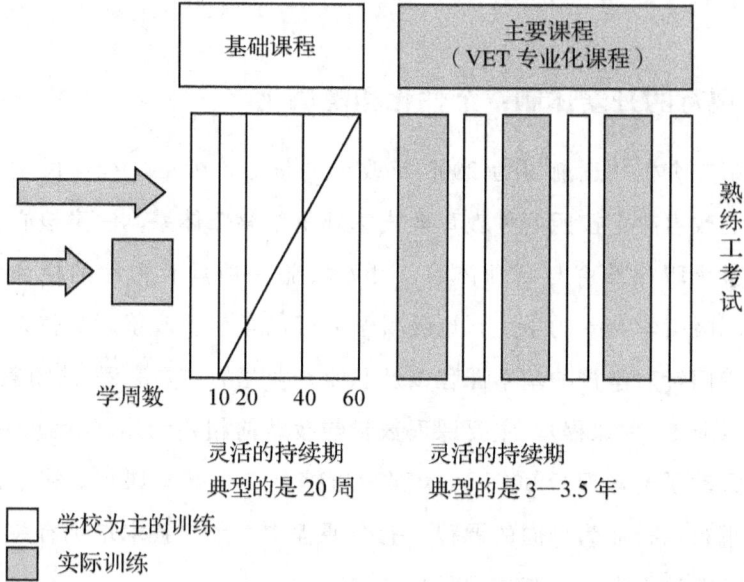

图 4.3　技术培训项目结构
资料来源："丹麦职业教育与培训体系的新结构"，教育部 1999 年

97　　　　选择性模块更加适合个体需求，但过分追求弹性化和革新性是否
满足劳动力市场需求，却饱受争议。尽管培训向来以一些大类型相关
科目为主，但如今被细分为小类型的科目却更具适应性。一旦完成基
本课程，颁发证书证明已选读某些科目并达到某种熟练水平，同时证
书上还会罗列持证者合格的主要课程。

　　近些年研究开始批评基本课程及其个性化（例如，参见 Koudahl，
2005a 和 Juul，2005），一些人坚持认为，目标一开始就是错误的。
2000 年改革中的对象并非职业学生，而是接受普通教育的学生。

---

　　① 教育部为教育部长制定了极具挑战性的电子制度。然而，这个制度并未取得成功，
大部分学生和公司并不知晓这个制度（Aarkrog，2005）。

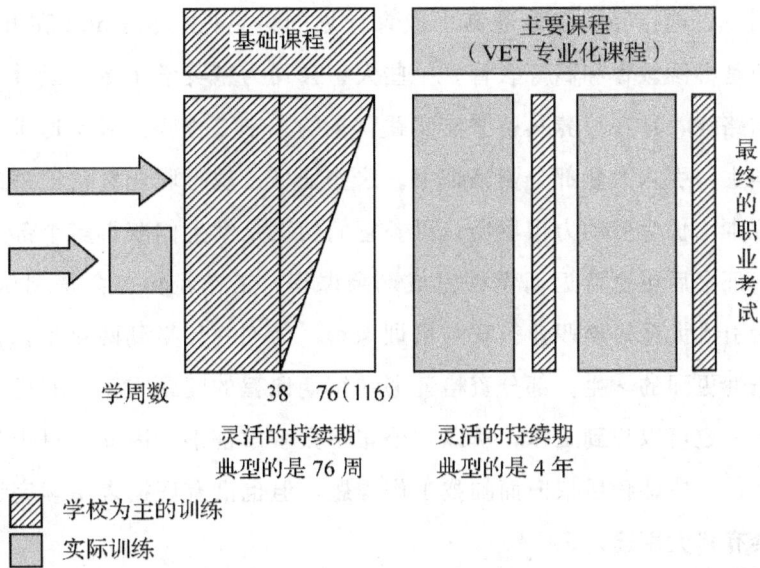

图中文字：

基础课程

主要课程
（VET 专业化课程）

最终的职业考试

学周数　　38　76(116)

灵活的持续期
典型的是 76 周

灵活的持续期
典型的是 4 年

学校为主的训练

实际训练

图 4.4　商业培训项目结构
资料来源："丹麦职业教育与培训体系的新结构"，教育部 1999 年

　　改革对主要课程的影响不大。主要课程仍以公司为起点，平均包含六所学校，既包括理论知识，也包括技能培训，一般为期 5—10 周，中间穿插公司实际培训。学习结束后参加熟练工考试，一般由商业委员会（技术培训）或以课程为基础的考试（商业培训）[①]机构组织。学生为了进入主要课程，必须与公司或承办培训的学校签订学徒合同。公司培训期间或是在校学习期间，雇主负责支付薪水。在校期间支付给学徒的薪水将通过雇主返还基金（Arbejdsmarkedets Arbejdsgiverrefusion，AER）退还雇主。这笔基金出自所有雇主缴纳的税额。然而，大部分选择职业教育与培训的学生在签订学徒合同之前就已经在学校接受培训。因此，基本课程过渡中，主要课程非常关键。尽管学生签订学徒合同时可获得多方帮助（如学校的顾问负责指导学生，并说服公司接收学生，还有一些可供学生上传个人简介和公司情况的网站），但很多培训阶段辍学的学生就是因为没找到合适的学徒岗位。

　　根据法案，学习成绩无论优劣，学生都可参与其中，同时还有许多获得其他或部分资格证书的机会。其他证书针对更有能力的学生，

---

① 学校为主的部分主要课程平均为期 35 周。

他们可以选择等同于普通高中教育计划的科目（主要是 hhx 和 htx），甚至是继续教育和高等教育。一些大型公司为精英学生专门设计了这样的路线，旨在培养具备坚实实践背景的未来工程师。对于追求实践的学生，引入大量部分资格证书。这些证书是现行职业资格证书的分解版本，仍为劳动力市场所认可。它们初衷是学生们获得多个部分的资格证书后更愿意返回学校完成剩余课程，工作经验也会得到认可。最后引入大量短期职业教育与培训课程，为期一年半到两年半，针对实践性更强的学生。部分资格证书和短期课程的问题在于，取得证书并不一定可以找到工作，所以，公司不太看重证书。因此，对于学生而言，完成课程后依旧面临找工作难题，但也没有证据表明读完课程后会有多大用途。

时至今日，个性化课程取代传统班级教学和以学科为基础的课程这个目标，依旧没有达到。原因之一就是大学无法提供足够选修课程以形成灵活课程。此外，模块化制度下不断招收新生以及由此产生的小班教学，对于小型学校而言，费用昂贵难以维持，或者同一班级学生水平不同，对老师的教学同样也是挑战。教师也认为在大量小型而互不相关的模块基础上，试图创建包罗万象又统一的课程非常困难。

2000 年的改革是没有根本改变职业教育与培训课程的改革。丹麦教育部长通过制定常规框架，甚至通过监督培训质量来控制职业教育与培训，有关课程的所有决定全部由政府监督部门、工会、职业院校、当地商业、协会和地方当局决定，大家彼此紧密合作。更具体地说，部门行业委员会也代表着社会合作者，对职业教育与培训的资格证书起决定作用，还制定培训要求。学校董事会由来自社会合作者与地方当局的代表组成，专门负责任命职业院校的领导和批准学校预算，以不断调整以满足公司最新要求。当地培训委员会来自当地社区或区域社区的社会合作者纷纷参与其中，向职业院校提出建议并达成与地区劳动力市场的联系。至于课程改革，则由社会合作者负责规划主要专业课程（为期三年半）和继续培训。

丹麦职业教育与培训模式保留了双元原则，既能促进理论知识和实际技巧相融，又能缓减从职业教育与培训到劳动力市场的过渡。并且，社会合作者和丹麦工商业者都会对整个制度产生影响。因此，在规划职业教育与培训的过程中，应充分考虑劳动力市场所需技术。此外，只要公司内部培训和社会合作者参与设计整个课程，所有公司都会认可职业教育与培训资格证书。尽管抱有创建统一的年轻人教育系统目的，这些原则却摇摆不定，关于 12 年统一制度的讨论仍在进行，尤其在高校领导当中，依旧没有放弃大多数职业教育与培训课程的迹象。

六、丹麦劳动力市场

丹麦劳动力市场的主要原则是三党合作，一致做出决定，雇佣双方①代表参与其中。一般来说，国家并不插手集体讨论定下的结果。今天丹麦劳动力市场上，近 80％的薪水都是在社会合作者间共同商议下制定的。因此寻求一致意见可以视作丹麦社会的核心特点。

丹麦劳动力市场的特点是就业率高、边缘化低，是"灵活安全性模式"的结果之一，即可灵活处理的开除规定、积极的劳动力市场政策包括给予教育和职业介绍的权力、较高的失业福利。这种模式为劳动力市场和社会对员工高水平保护提供了弹性化选择（Bredgaard 等人，2005）；对于失业者而言，它具有相当多的工作选择和广泛的社会安全保障。正是由于劳动力市场中的劳动保护，才使得高流动性成为可能。公共失业保障体系和对没有保险的失业人员的现金保障计划，也使得工作高保障性为工会所接受。每年平均 25％—35％的劳动力在改变着雇主。这些工作变化包括失业期的长短，正如在任何一个特定年份，失业影响到 1/4 到 1/3 的劳动力（Bredgaard 等人，2005）。

七、劳动力市场和职业教育与培训之间的关系

大多数丹麦人将职业教育与培训和劳动力市场之间的关系视为理所当然。事实却是丹麦职业教育与培训项目反映了一个事实，那就是丹麦劳动力市场的职业结构和工资结构自始至终隶属于职业教育与培训，然而这种联系很少为人关注。为了完成职业教育与培训项目，职

100

---

①　丹麦一些部门的工会参与率超过 70％，为了能获得雇佣，在一些行业参加工会是必需的。

业学生必须获得资格证书，而这个证书恰好对应劳动力市场某一特定的职业需求。比如，木匠证书、金属工人证书、售货员证书或媒体平面设计师证书，对应某一级别工资体系，而整个工资体系由所有社会合作者一致协商制定。职业教育与培训的过渡非常顺利，因为全国认可资格证书。AER 数据表明，完成职业教育与培训项目的学生，80％都可以在一年后找到工作（AER，2004）。职业教育与培训的优点，包括降低年轻人失业率，并让技术工人达到全国薪水标准，这恰恰是由各部门统一商议制定的结果。

丹麦制度在一定程度上避免出现学生资格证书与雇主要求不符的问题。社会合作者有责任调整职业教育与培训项目，以满足劳动力市场的需求和定义某一新兴职业的技术要求。而且，根据广泛的职业简介制定的职业教育与培训项目，可以确保学生学以致用，这也是增强劳动力市场流动性的一种表现。

然而，行业委员会扎根于工业社会的传统职业结构，无法成为现代职业教育与培训体系的坚实基础。最近批评暗指行业委员会无力定义全新技术要求或改变职业结构——更别说全新职业，如 IT 行业、服务业和休闲产业——以将全新培训规定融入国家体系之中。因此，自由党执政下的政府建议，技术分析和劳动力市场预测不应只是行业委员会的特权，大学和教育咨询公司也应参与其中（Danish Ministry of Education，2006）。

劳动力市场的一个主要问题在于培训投资不足而引发的风险。在丹麦，这种风险往往在一定程度上通过培训征税来避免。所有雇主必须上税，分担接收学徒的成本。税收对中小型公司是一种激励，相比较大型公司而言，他们更关注招收学徒带来的成本影响。研究表明，小型公司对专门技巧的培训尤为感兴趣，同时还对减少职业教育与培训的普通教育课程感兴趣；大公司更看重学生的综合能力，这恰恰是它们在国际市场改革竞争的根本（Culpepper，2007）。因此，很多中小型企业对员工普通技能和资格方面的培训不足。小企业经营者认为，对雇员普通技能培训的投资，只会变相让雇员跳槽。因此，劳动力市场的高流动性导致教育培训投资不足。（Bredgaard 等人，2005）有些人暗指这种预测在丹麦劳动力市场成人教育培训的现有数据上既成立也说不过去。一方面，无技术工人接收的成人职业教育水平相当低。另一方面，成人教育与培训虽在本国劳动力市场受到边缘化，而在整个欧洲却遥遥领先。矛盾原因就在于现行职业教育与培训体系包罗万象，工作高流动性解决了"市场难题"。也可能是公司将成人职业培训看作挽留员工的手段之一，不至于另谋高就。

公司对教育方面的投资不足，再次让人们明白，实行有效的普通教育、职业教育与终身学习的重要性。因此，职业教育与培训作为提高培训质量和技术构成的手段，应该持续得到关注。毕竟，在这方面还有许多尚未解决的问题。

八、丹麦制度的症结所在

从历史可以看出，早在 20 世纪 30 年代初期，丹麦职业教育与培训体系历经多次大规模改革。为了解决丹麦社会迫切的问题，现代化进程应运而生。其中有些问题一直存在，如尊重的问题、培训基地缺乏、职业教育与劳动力市场所需技术的对应、学校与工作的配合等。这也提出了一个问题，即这些问题是否在某种程度上是巩固体系主要原则产生的结果，还是它们是职业教育与培训体系与生俱来的东西。与其他国家比较后发现，各个国家都存在此类问题，即便彼此的职业教育与培训体系不同。整个欧洲职业教育与培训地位较为低下，这不言而喻（例如，参见 Stenstrom 和 Lasonen，2000）。许多国家的年轻人及其父母更偏重普通学术教育，因为，可以提供继续接受高等教育的机会。对于改变教育需求方面，问题同样存在，甚至在一些学校为主的体制中更需迫切解决。欧洲各国正探讨学校与工作配合的问题，不同制度面临相同问题。这些普遍问题将在后面部分进行阐述。

（一）国家的作用

自从 20 世纪 90 年代以来，丹麦职业教育与培训体系的改革特征就是地方分权日益明显。这在一定程度上降低了国家的作用，大部分决定都交由社会合作者、大学和公司处理。国家与社会合作者合作，共同构建职业教育与培训的全面立法框架，共同出资赞助学校为主的项目。一方面，出于经济原因，国家也许愿意把整个职业教育与培训移交给公司，保持公司自身的成本优势。另一方面，国家继续控制职业教育与培训体系，也存在政治因素。国家权衡利弊选择中间路线，即国家控制资助学校为主的项目，公司则负责工作为主的培训项目。然而，一方面，国家追求"高技术"策略的挑战势必把重心放在教育上，使其无法跟上劳动力市场需求的步伐。另一方面，深受市场调控的职业培训体制却可以满足劳动力市场的需求。这一切可能引起投资不足。放眼职业教育与培训的计划，尤其是短期职业教育与培训计划，但同样重要的是最后会引起社会的日益不公平（Brown、Green 和 Lauder，2001）。

通过建立雇主返还基金计划（1977）和行业委员会，已避免了一些问题。所有雇主必须出资，共担培训成本。这个做法的初衷是鼓励公司招收学徒。行业委员会作为国家和个体公司的仲裁，这个特殊优势非常适合为职业培训制定长期政策。也有人指出，自从 2000 年改革引入以来，行业委员会权力分散，能力已大为削弱，大权旁落个体职业院校和公司（Jorgensen，2005）。乍一看，这些机构都充分了解当前劳动力市场需求，然而是否具备委员会制定长期协调政策计划的能力，更不用说是国家认可的职业简介。现在这个讨论可以归结为一个关键问题：如何把国家和社会合作者对职业培训的控制与分散和流动的市场控制结合起来？

(二)公司方面的问题

长久以来，公司一直致力投入未来劳动力的培训。尽管公司与学徒"权衡"安排下，劳动力经济利益不高。一般来说，公司致力于确保年轻人在外部劳动力市场[①]的工作。

中小型公司（尤其是工艺行业）培训的学徒人数远超过自身雇佣的人数，大型公司招聘的技术熟练工人远超过自身培训的人数。差异的主要原因就在于全国产业采用单一职业培训项目。为了避免出现"坐享其成者"，AER 专门监督公司防止他们逃避接收学徒的义务（Jor-

103

---

① 培训实习生的合理性被视为一种权衡，在初级培训费用和雇佣技术工人的利润之间取得权衡。实习期被认为是增加花销和利润。

gensen，2005)。

近些年保证足够学徒供给的问题日益严重。公司不提供学徒的原因有以下几点：第一，很多公司把技术密集型的生产制度细分为若干小型单位，无力提供所需技术培训。学徒不可以进入所有生产程序。第二，生产按照全新管理理念和市场为基础的经济运行来满足日益高效的需求。股票市场上公司一直予以重视的股东经济，迫使公司剔除无利益活动以提高其"节约"生产。在这种氛围下，公司自然对耗资昂贵的学徒制度毫无兴趣。第三，职业教育与培训远跟不上发展迅速的技术变化。公司开设的专业课程与职业课程中教授的技能并不匹配。很多公司打破不同行业和部门之间的分界线是为了营造特殊课程所需的通晓各学科工作的团队。因此，公司不愿和学徒签订三年合同，因为公司无法预测自身需求在长时间的学徒阶段是否得到满足(Jorgensen，2005)[①]。总而言之，今天的问题恰恰就是当生产制度被高度专业化和碎片化后，未来双元制度如何适应？

(三)职业教育与培训学生方面的问题

职业教育与培训学生面临的问题，就是来自其他中等教育的竞争。尽管丹麦政府做出多番努力，仍旧改变不了职业教育与培训不如其他中等教育的局面。学生和家长更乐于选择具有吸引力的学术教育。因此，职业教育与培训只能成为候补，这无疑降低了其在整个社会中的地位。另一个影响招生的问题就是，很多学生毕业多年后才开始职业培训。目前三分之一职业培训的学徒年龄超过了 25 岁。这就意味着每年有 14000 个年龄超过 25 岁的学徒被这个体系录用。1992年，这个数字只有 7000(Dansk Arbejdsgiverforening，2001)。相比较雇佣不熟练的工人，雇佣学徒公司可获较高补偿金。结果就是稍有经验的学徒蜂拥而去，自称为毫无经验的学徒再次进行职业培训(Aarkrog，2001)。

104

另一个问题就是职业教育与培训体系下辍学率居高不下，尤其是少数民族学生。辍学问题一直存在，2000 年改革的目标就是针对此种

---

① 丹麦大约三分之一的公司培训实习生。

状况。然而结果不尽理想，辍学率并未降低。今天职业教育与培训体系的辍学率近 35％，少数民族男性学生占 60％。根据科达尔分析（Koudahl，2005b），辍学率高涨原因很多：第一，统计数据不完善，无法区分项目之间、学院之间的转学和整个教育体系的总辍学率。挽留学生毫无疑问。科达尔提出的可行性补救措施包括改善学校为主的培训与工作为主的培训之间的协调与合作；针对少数民族学生，在学院和特殊项目中创造更具吸引力的学习氛围。2000 年改革因其持续招收学生和缺乏固定班级的原因，从某种程度上也许改善了辍学率的问题。因为缺乏稳定框架以及无法融入固定同年龄群体，很多成绩不佳的学生被迫退学，也有学生因个人问题退学。科达尔指出有必要增加对大学学生个人状况的了解。因此，如何让职业教育与培训体系吸引学习成绩不佳的学生和学习成绩优秀的学生，始终悬而未决。

(四)学院方面的问题

最后，提供学校职业教育与培训的院校应被视为重要参与者。因为教育部和社会合作者之间责任划分不同，多数改革重点要放在学校职业教育与培训方面以解决迫切问题。今天的丹麦院校是半自治机构，在教育部和社会合作者共同制定的法律框架下运行。然而，事实上这种分散化进程却对院校产生不同效果。自从教育部制定大学院校的具体目标和要求以来，整个调节框架都得到加强，出现了(再次)集中化。教育部中持同意意见的人认为，一旦选择不加入，就等于自动放弃可观收入。因此，当院校为财政约束努力操劳时，自由选择权却*105* 大大受限。财政控制已成为主要控制方式。自从 20 世纪 90 年代初期开始的框架统治，学校行动自由权大为削弱(Cort，2005a)。

近年随着职业教育与培训项目在立法者心目中成为融合少数民族和成绩不佳学生的方式，并追求普及高达 95％的高等教育毕业率，立法者对学校的期望值也相应增加。很多学院有了将不同目标集团融入同一项目的经验，一些学院已开始对学生的学习成绩进行优劣排名、同等级别分类，避免学生辍学。

此外，学校尽力改善学校为主和工作为主学习之间的互动关系。20 世纪 90 年代以来，教育部开发的项目享有高度优先权。最大的问题在于大部分学生看好公司内部培训(Koudahl，2005a)，认为学校培训可有可无。因此很多学校身先士卒，努力改善与当地公司的交流与合作，并将学校教育培训与学生在公司所学到的实践经验相连，而这所有一切都是为了激发学生的学习兴趣，减少学生辍学率。学院中心问题则在于如何在职业教育与培训政策下充分发挥自身作用。

九、结论与展望

1999 年，丹麦职业教育与培训体系获得了贝塔斯曼奖，获奖原因正是其改革力度并让所有股东参与整个体系持续发展的过程。本文就是为了凸显体系优劣之处。20 世纪 30 年代以来，关于高中教育两者不同方式是否合适，讨论不断。赞成一方认为融合二者可以确保和提高工人阶级背景的年轻人的就业机会。八九十年代期间，迫于经济形势与自由党政府几乎在整个 80 年代执政，争论暂时搁置。近些年很多参与者，尤其是大学领导，应对学徒数量不足、缺乏平等尊重、工学矛盾以及将学习成绩优秀的学生和成绩不佳的学生融入职业教育与培训体系日益困难，又重新提出 12 年单一学校计划。然而，单一学校体系并不能作为双元制培训和社会合作制度的替补，其他制度存在同样问题。比如，推行单一制度的瑞典，地位问题依旧存在(Juul，2006)；推行学校为主体制的瑞士和法国，学校到工作的过渡同样存在诸多问题。因此很多人认为，解决问题的答案彼此关联。更有甚者，最近兴起一项政策，根本不针对单一制度：2006 年以来，职业学生通过实践培训进入职业教育与培训项目的可能性比通过学校的基础课程进入的可能性更大。整个项目中仍然保持双元制培训原则，但实践培训也拓展了工作为主的培训，条件是以学校为主的部分必须包含更多普通科目。丹麦体系并未放弃双元制培训原则。相反，从表面看来，今天的培训体系看起来更像是包罗万象，既包括普通项目，还包括短期项目和部分资格证书，以及获得额外证书的机会。尖子生可以进入特色公司，EUG 为学习有困难的学生提供特殊课程。无论个人问题或社会问题、实践培训方法，甚至有一天未来的双元制培训项目就像德国制度一样，一周只需花两天时间在学校(Cort，2005)。2000年改革的目标之一就是简化体系，使之对学生更加透明化；不知何

106

故，这个目标就是没有实现。

说到社会合作者的参与，尽管某些特权似乎遭到暗地里破坏，但这一原则并未放弃。引入从学校到公司的学生个人教育规划，公司势必更加官僚主义，从而要求更明确规定公司内部培训，但这样势必妨碍公司管理权和分配工作权。公司将对完成职业教育与培训规定的要求负有更大责任，并且将更关注培训质量和培训者的资格。让培训者成为正式老师只是时间问题，还需征得社会合作者同意。然而，如果对于个别公司要求过于苛刻，招收学生的公司就会越来越少。最后如果政府继续这个计划来集中分析和预测，原本社会合作者履行的任务将交由大学和外部顾问来完成。这就是社会合作者特权遭到破坏的细微表现。

所以丹麦体系坚持主要原则，变化主要体现在双元制培训原则的转变与社会合作者的角色。最近十年，职业教育与培训的政治压力越来越大。20世纪80年代末期的制度中融入许多新原则：弹性越来越 *107* 大，包容性、分散性越发注重以市场为导向，更加注重师生角色和教学方法的变化。今天，丹麦职业教育与培训体系越来越复杂，为不同类型职业学生提供多渠道学习方式。双元制培训原则正尝试满足年轻人、公司以及整个社会的各种要求。

困扰目前职业教育与培训的主要问题也许就在于它被当作了灵丹妙药：兼容并包，并购整合，全球竞争，终身学习，改革和创业。问题症结就在于这个体系能否同时满足众多政策目标。也许需要对这个体系达到的目标和主要结果进行更明确的评估。显而易见的是，将来还有很多问题亟待解决。

108 **【参考文献】**

1. Aarkrog, V. (2001) *Mellem skole og praktik. Fire teoretiske forstaelsesrammer til belysning af sammenhocengen mellem skole og praktik i erhvervsuddannelserne*. Kobenhavn: Danmarks Pæxdagogiske Universitet.

——. (2005) *What do we know? Results of Danish research within the field of vocational education and training* 2000 — 2005, Copenhagen: the Danish University of Education.

2. AER (2004) Frafald pa erhvervsuddannelsernes hovedforløb. København: AER.
Bjerre, C. et al. (2002) *Skole—virksomhedssamspillet som indsatsomrade*, Co-

penhagen: the Danish Ministry of Education.

3. Bredgaard, T. et al. (2005) The flexible Danish labour market — a review, *CARMA research papers*, Aalborg, Denmark: Aalborg University.

4. Brown, P., Green, A. and Lauder, H. (2001) *High skills: Globalization, competitiveness, and skill formation*, Oxford: Oxford University Press.

5. Cedefop (2004) *Vocational education and training — key to the future*, Cedefop synthesis of the Maastricht Study. Thessaloniki: CEDEFOP.

6. Cort, P. (2005) *The Danish vocational education and training system*, Copenhagen: the Danish Ministry of Education.

　　——. (2005a) *Quality assurance and development in the Danish IVET system*. Copenhagen: DEL.

7. Cort, P. and Madsen, A. G. (2003) *Portrait of the Danish VET system*, København: DEL.

8. Culpepper, P. D. (2007). Small states and skill specificity: Austria, Switzerland, and interemployer cleavages in coordinated capitalism, *Comparative Political Studies* 40(6): 611—637.

9. Danish Ministry of Education (1999) *New structure of the Danish vocational education and training system*. Copenhagen: the Danish Ministry of Education.

　　——. (2005) *Facts and figures 2005. Education indicators*, Denmark 2005. Copenhagen: the Danish Ministry of Education.

　　——. (2006) *Udvalgets forslag til hovedprincipper for fremtidssikring of erhvervsuddannelserne*. 1. delrapport fra Udvalget om Fremtidssikring af Erhvervsuddannelserne. København: Undervisningsministeriet.

10. Dansk Arbejdsgiverforening (2001) *Erhvervsuddannelser & arbejdsmarkedet*. København. DA.

11. Juul, I. (2005) *Pa sporet af Erhvervspoedagogikken: Om baggrunden for erhvervsuddannelsernes aktuelle udformning og smede — og industriteknikerelevernes mode med vekseluddannelsessystemet*. København: Danmarks Pæxdagogiske Universitet.

　　——. (2006) *Lecture on the Danish and Swedish: vocational education and training systems*. København: DPU.

12. Jørgensen, C. H. (2005) *Erhvervsuddannelser. Den danske model for erhvervsuddannelse — et komparativt blik*. Kebenhavn: Landsorganisationen.

13. Koudahl, P. (2005a) *Den gode erhvervsuddannelse: En analyse af relationmerne mellem uddannelsespolitisk toenkning og elver i erhvervsuddannelse*. Roskilde Denmark: Forskerskolen i Livslang Læring.

　　——. (2005b) *Frafald i erhvervsuddannelserne: Arsager og forklaringer*. København: Undervisningsministeriet.

14. Nielsen, S. P. and Cort, P. (1999) *Vocational education and training in Denmark*. Luxembourg: CEDEFOP.

15. Sigurjonsson, G. (2002) *Dansk vekseluddannelsei støbeskeen. Fra lavtidens*

mesterloere til moderne dansk vekseluddannelse. Alborg，Denmark：Institut for Kommunikation.

16. Stenstrom，M. L. and Lasonen，J. （eds.）（2000）*Strategies for reforming initial vocational education and training in Europe*，Jyvdskyla，Finland：Institute for Educational Research.

17. Wiborg，S. （2004）Education and social integration：A comparative study of the comprehensive school system in Scandinavia，in *London Review of Education*，2(2).

第五章　法国的职业培训

——趋向一种新的"职业教育论"吗

菲利普·麦伯特

一、引　言

在过去的二十年里，法国的初始职业教育和继续职业培训体系已经经历了深远的变化，其中包括中等层次（后期中等教育）职业培训的发展，一些大学流派的大众化和职业化，近年来继续教育与培训结构的改革和学前资历认证体系（VAE）建立。这一章的基本假设是，法国的教育和职业培训体系已经得到了发展，尽管仍然基于"精英教育"的习俗（Verdier，2001；Duru-Bellat 等人，2005）[①]，如今却以一些集中的革新为特点，认为一种新的"职业教育论"正在形成（Ryan，2002）。尽管这些革新在教育和培训体系内是合理的，但是仍没有表明它们是劳动力市场和企业人力资源管理政策范围内传统体系的一部分。然而，通常这仍被称作法国国内市场的危机（Germe，2001）。青年招聘的实践和基于能力的管理（Mehaut，2004），可以为这些变革如何在组织机构和劳动力市场范围内的展开提供建议。

本章的第一部分将简要介绍新职业主义的论述和假设；第二部分主要研究结构的发展和最初培训体系的成果；第三部分关注于继续培训体系；第四部分将分析标准的建构和稳定性；在第五部分我们将提出职业培训的收益问题，我们通过对新职业教育论中的趋势和反趋势进行总结概括，并规划一些前景。

二、新职业教育论：论述和假设

在法国社会，关于教育投资的重要性形成了一个普遍的共识，然

---

①　根据精英教育的惯例，人才的选拔完全取决于他们的学术成绩，他们的成绩决定他们获得机会的多少，也可以保证进入什么水平的教育机构的公正性（包括高等教育），保证机会均等和公平地获得不同层次的教育（包括高等教育），从而允许社会和就业机会的再分配，而无须考虑他们的社会出身。而事实上，这有些言过其实，因为社会出身其实起到了重要的作用。

而这种论述更多关注投资需求水平而不是投资如何实现。

111 （一）教育和培训的发展是必然的吗？

在法国，通常有三种观点用来证明职前教育投资增长的合理性。第一个观点是青年失业问题，这通常是因为这些人没有受到足够的教育（特别是在学制体系最低阶段退学的年轻人大约占总数的 10％，国际教育标准分类 0—1 阶段）或者是受到了不适当的教育（例如，普通两年的大学毕业生［bac＋2］）。第二，当前的观点是基于里斯本目标以及围绕知识社会的修辞进行的。根据辩证法的观点，知识和培训的需要是不断增长的，两者均需要符合劳动力市场的需求，更通俗来讲，是为了社会的正常运行（社会债券和"市民消费者"），尤其是自从法国似乎落后于它的竞争对手以来（Aghion 和 Cohen，2004）。而且劳动力老龄化将会在今后对劳工市场造成相当大的压力（Seibel 和 Afriat，2002）。第三种观点是以教育投资回报以及社会公正问题为基础的。因此，尽管个人收益似乎处于不断萎缩的状态（尽管这个收益仍然是正数，）（Lemistre，2004 ），这个系统的外部效应，如社会收益，仍然可以充分地证明国家加大了投入力度。这种投入是社会公正要求的结果，是要通过民主化的方法进行长期教育和高等教育来实现的。

20 世纪 80 年代以来，这三种观点经常被用来支持这样一个目标，即让每个年龄层 80％ 的人达到中学毕业的水平，而且在今天的论述中，这些观点仍然要继续发展。在 20 世纪 90 年代，获得中学毕业文凭的年轻人的数量快速地增加。但是如今这个数量在大约达到 65％ 之后就止步不前（Beduwe 和 Germe，2004）。近年来，这些同样的观点一直为波隆那过程以及在高等院校中的学士—硕士—博士体系的过渡提供了理论上的支持，这将需要对资格认证制度进行重组的同时也将导致大学课程年限的延长（3 年获得学士学位，5 年获得硕士学位）。

尽管上述三种观点表现出些许不同，但由于它们支持近来对持续培训体系进行的改革，因此也被提了出来。这些改革包括对知识型社会进行更有柔性和更灵活性的管理，以及对入学资格不平等和人口变迁问题的改革。

然而，前面这三种观点仍然引出了一个优先权的问题。普通教育和初始培训应该优先于继续培训吗？如果是这样的话，是否应该把重点放在高等层次或者中等层次的教育上？普通教育或者职业培训哪一个是更昂贵的选择，越需要得到发展？我们将看到，一些影响系统的变革是以对于不同的选择之间的紧张关系为标志的。

（二）新"职业教育论"的假说

112

在通过比较的视角进行职业培训发展的研究之前，我们首先应该明确职业培训的含义以及它所包含的内容。由于不同的人对其有不同的界定，职业培训所包含的范围定义也不同。一些人把它定义为所有培训项目应该直接并且主要与劳动力市场相联系（vincens 和 chirache，1992）。其他人将它们的定义建立在培训项目的内容之上（Bouix，1997），尽管这其中仍有一些人对此提出了许多批评（Kirsch，2005；且参见 Giret、Moullet 和 Thomas，2002）。根据麦罗伊斯的理论（Marrois，1999），有三个主要的原则可以得到认同：

- 职业培训的定义和发展要与职业环境紧密相连。
- 职业培训要长时期处于职业环境中（学徒期、固定的实习期）。
- 职业培训要以就业为导向。

除了这三个原则之外，要对设立的可利用的培训学校的数量进行配额限制，因为培训对象的数量在某种程度上是应该与劳动力市场的前景相联系的，尽管在法国，除了医学领域，对普通教育或者大学层次并没有设置配额。

相反，培训学校通常要包括培训体系下的所有继续培训，旨在使培训对象尽快投入工作并且获得一份职业，尽管有些个体有时会追求其他的目标，如文化取向、社会发展取向。

在这个章节的其余部分，我们会讨论初始职业培训（为还没有进入劳动力市场的年轻人在教育体制内提供的培训，包括学徒制）以及继续培训问题（主要针对雇员并提供教育体制外的培训）。我们的假设是法国的教育体制，这个曾经以普通教育为特点的国家的教育制度，不仅在本质上变得更加职业化，同时也见证了一种新职业教育论的产生（Ryan，2002）。这个术语用来表示，除了其他方面，职业培训项目的影响力在不断加强，课程的设计和认证在不断发展，在一个空间工

作的观念得到复兴：在这个空间里，知识是后天习得的，同时各种社
会角色得到了重组，这就降低了中央政府的影响力。

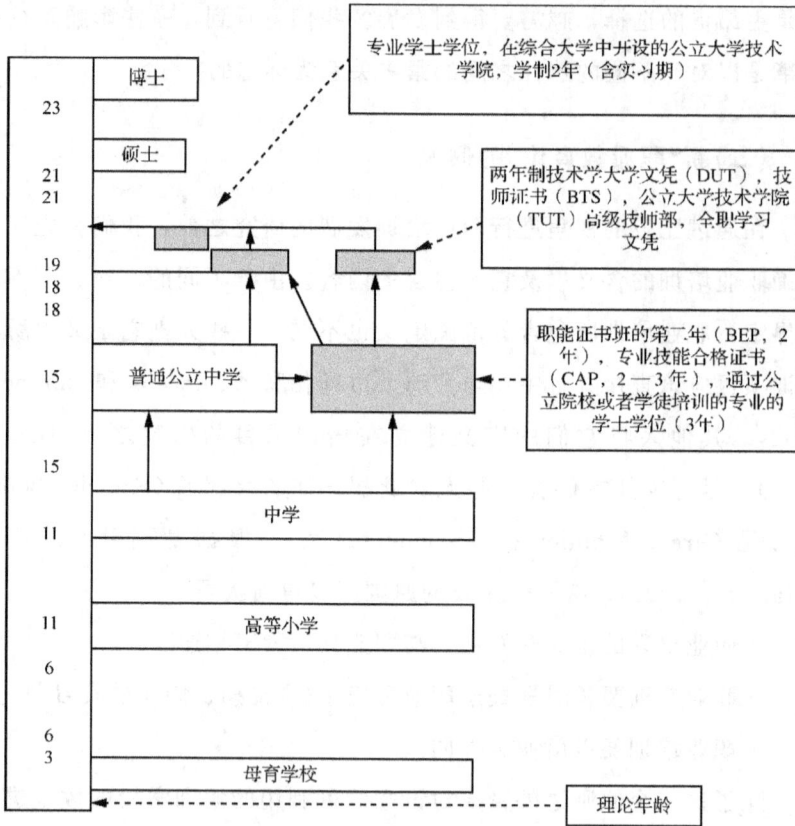

图5.1　教育制度内部初始职业培训制度简图（包括使学生进入大学和工业学院之前的入学考试所开设的各种课程）。
　　注释：职业培训计划用灰色标注。可能的再定位或对研究的追求用实箭头标注。

　　然而，这种变革是一种在"精英"模式总体框架内进行的，这一观
点仍然是恰当的，就像路径依赖这种观点所提出的那样。此外，这种
变革是以对初始培训和继续培训之间进行严格区分为特征的，这两者
与劳动力市场在资金结构和关系上迥然不同，并且二者在劳动力市场
中所起的角色也十分不同。盛行以全日制教育为中心是这些国家的特
点（即使在部分培训体系与双轨制相分离的德国，专才或者技师的培
训途径也与双轨制融合到了一起）。

　　实际上，这种新的职业教育论是从一种双重转变之中分化出来
的，它模糊了传统定义更接近职业培训的概念。首先，历史上大多数

国家的职业培训已经把工人定义成蓝领阶层,这一阶层在当今占少数。如今,职业培训越来越旨在把雇员定义成为中产阶级。它对技能的需求不断发展(十分强调相关技能),这一点影响了被视为"职业"的观点。现在的培养方案结合了普通教育和职业教育两方面,很少把目光局限在直接为就业做准备的目标上。而且,随着大众教育达到了更高的水平(大学或其他机构),职业教育论也转向了这个层次。尤其是因为精英原则的需要,每个人应该尽可能地在求学之路上走得更远,也因此延迟了做职业选择的需要。

三、初始职业培训体系的结构、课程以及成果

(一)系统结构

法国传统教育制度的形式表现如下,这种表现高度强调了这个体制的一些特性。

• 严格地把职业课程和普通课程区别开来存在着困难,这使得普 *114* 通课程和职业课程两个子系统之间存在相互的关系,并且使得一个子系统要按规则转换到另一个子系统。

• 资格认证(以及毕业水平)强烈的内部层级制度,以及由于新资格认证内容的增加所引起的缺乏资格认证的明确性,使得这个体制的分层化更加严重。(尤其是制度内部的附加标准,它的产生是由于在引进职业、硕士学位以及各种类型的资格认证的同时,却没有随之消除现存的标准和各种类型的资格认证)。

• 存在不同课程之间进行选择的机会(至少理论上)。

• 延长花费在教育或者培训上的时间的趋势,同时在 $n+1$ 层次创造新的职业资格认证,这样就省去了在 n 级水平进行职业资格认证。

(二)初始职业培训制度的英才教育制度和"次要"地位

"主导"这个词语经常被用来描述职业教育制度相对于普通教育的地位。在这个论述中,职业培训子系统从数量上相对于普通教育要显得相形见绌。这种断言应该置之于长远的角度来考虑。自20世纪80

年代中期以来，在"使 80％的同龄人能达到高中毕业水平"随后达到高等教育水平的政治目标的影响下，学生群体的增加本质上是因为高中毕业会考和从 bac＋2 层次上扩展到 bac＋3 到 bac＋5 的职业流的产生。

如表 5.1 所示，在这个体制[①]里流失的大部分人（有资格认证的）来自于技术或者职业流（接近国际教育分类标准 3—4 水平的有 88％的人）。

虽然这些是估计数据，但是大多数学生毕业于"职业"的教育制度，即使这其中确实很少达到 5—6 的水平。这与被广泛接受的法国教育体制作为一个普通教育体制的描述形成了对比。表 5.1 也证实了体制结构的一个重要特性，即大量学生在中间阶段流失（国际教育分类标准 3 阶段，总计 4.66％），这就缓和了绝对垂直等级观念的意识，并且这也和职业等级体系的结构相似（例如，德国人）。

回顾从 1998 年到 2004 年的趋势，我们可以看出，没有资格证书的流失人数的减少（从 15％到 11％，国际分类标准 0—2 阶段）。流失人数在高等教育阶段呈现增长趋势（从 38％到 42％，ISCED4，即 bac＋2，5 和 6）。

115

	层次	普通的 2004 年	百分比 (％)	职业的 2004 年	百分比 ％	2004 年 总计	％(c) 2004	％(c) 1998
ISCED 0—2	完成义务教育	数据缺失		数据缺失		20 300	3	7
	无文凭的职业教育	数据缺失		数据缺失		59 800	8	8
ISCED3	专业技能合格证书，职业教育文凭*			130 600	100	130 600	18	17
	无文凭的 Bac	数据缺失		数据缺失		37 500	5	4
	Bac**	42 400	24	133 300	76	175 700	24	26
ISCED4	Bac＋2	13 000	13	127 200	87	140 200	19	19

表 5.1　2004 年和 1998 年的数据流

---

① 这里定义的毕业生是指在第 n 年将离开教育系统以及在第 $n＋1$ 年不在这个体系里的学生。这种基于流动的算法，把关注点放在进入劳动力市场，是比股权法更精确的算法。这种方法可以消除不同课程长度带来的影响。

续表

层次		普通的 2004 年	百分比（%）	职业的 2004 年	百分比%	2004 年总计	%(c) 2004	%(c) 1998
毕业生小结		55 400	12	391 100	88	446 500	61	62
ISCED 5—6***	Bac＋3/＋8，高等教育	86 350	50	86 350	50	172 700	23	19
合计						736 800	100	100

资料来源：源于 1998 年作者 céreq 调查的统计数据

注释：＊职业能力证书（CAP）和职业名誉晋级研究（BEP）是在中等院校可以取得的职业资格证书。＊＊拿到普通高中毕业证书的毕业生被归为没有拿到高等教育文凭一类，但实际上这些人中的大多数至少有一次进入过大学。＊＊＊作者是基于特殊行业包括工程学院的资格证书和培训方案来估算的。贝尔、盖罗和西蒙－萨尔卡（Bel、Gayraud 和 Simon－Zarca，2005）对于入学学生数目的研究（非毕业生）仍然估算出大约有 50％的大学生接受职业培训（且参见 Giret、Moullet 和 Thomas，2003）。

这个体系也被认为由精英习俗的定性术语占主导。第二种论断看似确实是正确的，论证如下：

• 职业指导过程：学生们仍然经常被引向避免失败的职业培训（至少在中等教育水平上），这有时也违背家长和学生的意愿，这些家长和学生更倾向于普通教育渠道。

• 社会选择过程：蓝领的学生和职员所占比例过高，尤其是在中等教育水平上的职业培训项目中。然而，这种情况正在得到改变。尤其是在高等教育阶段，不断壮大的更高层次的白领职员（执行主管或者经理）开始通过专业的途径把在大学最初两年失败的风险降到最低。

116

• 在取得职业资格证书的同时，找出成功或者失败的因素，尤其是在最低层次，大部分的失败是由于学生在普通科目表现得很差（近来的改革试图要解决这个问题）。

（三）两种初始职业培训途径

在初始职业培训体系中主要有两种培训途径：学校教育和学徒制。这两种途径的差别在于他们的教学方法（全日制或者合作教育或培训）、实习生的地位（学生或者雇员）以及提供培训的组织机构（大学预科或者学徒培训中心）。然而，与德国不同，这两种职业培训途径都基于一系列普遍的原则进行，因为它们规定了培训领域和资格认证并且对这两者都进行了分层组织。尽管学徒制在传统的手工艺领域更加重要，但是如今越来越多的学徒接受高级培训水平。相同的资格证书(如在法国，银行业的高职培训资格证书是以技师证书或者 BTS 而著名的)可以通过学校培养或者学徒制的途径获得。

学生所要获得的资格证书的类型，各个领域和技能的参考体系以及教育和培训方案是由国家的职业咨询委员会(参考体系)以及督导和教师(方案)所确定的(鲍莱斯，1997)。所有课程的开设都要与国家明确的资格认证相一致(除了那些为试验性目的所开设的课程)。在培训机构的层面上，选择引入一门课程是培训机构(他们中的大部分通常是项目的创始者)间协商的结果。大学区区长(区域教育当局进行资源分配，特别是教师的分配)和区域当局，如今要为协调职业培训的资源供给负责。任何新开设的课程必须要考虑到学生的潜在数目、职业前景、学生兴趣以及来自公司或者行业的支持。

然而，对于如何根据自己的技术专长、定位和人口状况来建立不同的策略，以及对于如何在某种程度上开设(更少开设、停止开设)课程是基于职业的角度而非劳动力市场需求的角度来考虑的。贝尔(Bel，1996)对此进行了论述。近来，人口数量的减少、经费预算的限制以及法国地方当局权力的加强已经使得职业培训的供给表现出了一定程度的"合理性"，尽管这些停止开设的课程很少有学生去读或者这些课程的职业前景很暗淡。

117

1. 学校为主的培训

在中等教育水平(包括高中毕业后两年的教育 BTS)中的大多数职业培训是由法国大学的预科开设的。学生受到全日制教育并因此被看作是非劳动力。这些课程包括普通科目(法语、历史、外语等)和职业科目。学生们把一部分时间用在工厂项目(在学校)和固定的实习上。大部分大学预科职业学校是公立性质的。教师工资由国家支付，属于国家的公务员。地方当局则负责支付资金和运营成本(如建筑费、工厂建设费等)。

2. 学徒制为主的培训

尽管经常扮演其他的角色，学徒制在法国是一种相当常见的培训方式。在 1998 年，有 16％从学校或培训系统毕业的学生是通过学徒制的方式取得资格证书的。然而，这种培训模式似乎在制度上存在很大程度的不稳定性。尽管在 20 世纪 60 年代学徒制的入学人数呈上升趋势（达到了最高峰的 400 000 人），但那之后在 20 世纪 70 年代就降到不足 150 000 人，如今又回升到大约 350 000 人。

关于劳动力市场和学徒制的供给，结构性整合以及周期性的因素影响了学徒制的设置以及其数量的变化：

•由于制造业和传统上需要很多学徒的行业的减少导致了经济结构的转变，然而第三产业的扩张并没有导致学徒制成为第三产业可供选择的培养途径，因为第三产业更多的是从学校职业培养的毕业生中来招募他们的劳动力。

•对于经济条件的敏感性，周期性经济衰退使学徒的数量减少。

•较高的违约率，许多学徒不能忍受艰苦的生活和工作条件，尤其是在手工艺行业。

至于培训体系，学徒制以及直到目前仍受关注的 ISCED 3 标准，都给劳动力市场提供了一条直接通道，但同时并没有赋予这些机构进入高等教育或进行进一步深造的权利。这就在很大程度上降低了它们的吸引力。

教师和职业顾问意识到了一种负面的信息（尤其是自从大约 80％的学徒团体要与国民教育和培训体系的学生进行竞争来满足主体的工业需要以来），学徒制要比基于学校的职业培训存在更多负面情况。学徒制比职业培训学校的合格率低，然而这些职业资格证书并没有为个人在进入劳动力市场时带来明显的优势。唯意志论者的策略在于改变学徒制的"形象"，这在过去得到的大都是短期效应。这种做法对于激励公司去招收学徒工也同样适用，但这一点通常也与其他的激励措施相冲突（雇佣失业的年轻人、提供技术含量低的工作岗位等）。

然而，这种学徒制培训体系在 1993 年已经得到了改变。这些改变不仅与区域化设置有关而且也与学徒制融入普通教育系统有关。因此在 1995—2003 年期间（Arrighi 和 Brochier，2005），学徒取得第一等级职业资格证书（CAP）的数量略微下降。尽管在相同情况下，进入职业高中的学生人数是进入两年制的高等职业教育学校的学生人数的

118

两倍甚至三倍。这些"学徒制的新领域"(Simon，2001)，尽管在数量关系上没有非常大的意义，但是对于把学徒制扩充到行业和部门领域仍然产生了影响——这些行业和部门直到现在也没能被包括在培训体系内，同时它也创造了一种新的学徒制体系(CAP/BEP→职业高中毕业文凭，职业高中毕业文凭→BTS)。这些新体系对年轻人来说更具吸引力，与此同时这种体系也形成一种培训机构策略(包括大学，在大学里通过学徒制的方式来获取学士或者硕士学位目前已经成为可能)。尤其是这些体系有助于在竞争的环境中提高招聘效果，同时也有助于为公共预算提供一种可选择的资金来源。

(四)主要的课程改革

关于课程改革，资格证书和教育体制有三种主要的观点可以得到认可。

• 引进职业高中毕业会考使得职业培训方案被扩充到了一个更高的等级资格。1985 年引进的职业高中会考已经成为主要的革新方式，这种革新试图去提高手工工人或技术工人的初始培训水平，以取得高中毕业证作为回报。这一点就为学生有权利进入高等教育提供了理论上的支持(Campinos—Dubernet，1995)，降低了对普通教育和职业教育举办时的评估差距。这些职业毕业会考的证明与其他职业文凭或者职业委员会在 2000 年的大学中职业学士学位的设计过程的证明相似。这些新学位的目的是双重的：基于职业和雇佣的目的来创建和发展 bac+3 培养方案。同时吸引那些已经完成两年普通学位课程的学生，尽管这些新学位并不是在体系上基于工作的参考体系。然而，这些学位必须要与工作场所有紧密的联系，同时也应该与工作机会建立特殊的联系。他们要受到国家委员会的监督，在这基础上，代表社会参与者的范围变得更广泛。在 2002 年，有 600 个新职业学位。然而，对于这些学位的更严格的审查，意味着这些职业学位并没有像他们所看起来的那样新颖。实际上，它们中的大部分是通过简单地把"学位"标签贴于以前存在的证书或课程上创建起来的。这些学位中大约有 40% 是由大学技术机构引进来的，大约 20% 是通过与公立中学合作办学建立起来授予 BTS 的(Maillard、Veneau 和 Grangerard，2004)。

• 为高等教育的层次开设职业资格认证，这就为职业教育的创建寻求了一种真正意义上的途径，改变了对各种资格晋升的定位。因此，BEP→职业高中毕业文凭的体系已经被建立起来了。在完成 BEP 后，大部分学生可以继续他们的学习。这个文凭作为一种试图直接进入劳动力市场的资格的角色被弱化了。职业学位的引入导致了 DUT（两年高等教育资格证书）毕业生数量的上升。这些毕业生可以继续学习（如今多于 65%），并且很可能与持有 BTS 文凭具有相同的效果。通过在 bac+3 水平上不断创建一种新的社会标准（在 2001—2002 年，持有 BTS 或者 DUT 文凭代表了接近 75% 的学生取得了这些职业学位），这种转变存在两种重要的后果：首先，它模糊了职业教育和普通教育之间的界限；其次，在大学教育与非大学教育阶段，它提高了职业教育在高等教育中的地位。

• 尽管大部分法国学生在公司从事实习工作，且这种实习工作通常是在短时间内进行的（2—3 个月），并且通常发生在课程结束时。在职业高中毕业证书和学位上，这些人员配置的状态正在改变。原则上，这些状态目前得到了延长，同时把教学法建立在合作学习的原则之上。对于在中等教育水平（学校培训）的年轻人以及为获取 BTS 文凭的同学所进行的职业培训，国家教育部门是占主导地位的教育机构。他们更多地把培养群体视为要通过职业资格政策以及国家教育部门所分配的财务资源来取得相应的角色。然而，国家教育部门必须把它的权力下放到其他的部门（卫生部在医疗部门进行培训、农业部在农业部门进行培训等），并且必须与工商业的代表（雇主和工会）对培训专长和资格的规格进行商议，同时也要越来越多地考虑地域的因素。

120

在基于学徒进行培训的领域，政府在有关课程和学位方面所扮演的角色仍然特别重要。然而，企业代表（主要是雇主组织）对于实际的培训产品（为学徒工设置的培训中心）有更直接的影响力，因为学徒制的设置是直接由公司提供的（通过政府激励）。如今地方政府在这其中也起到了非常重要的作用。

梅拉德及其他人（2004）对在大学阶段提供新的职业学位的分析中划分了四种类型的合作方式。这其中的两种类型，一种是由行业代表所主导的，而另一种是由职业培训机构（例如，ITUs——在表 5.1 中）所主导的。这就使得商业行业之间产生了强有力的相互影响（公司或者职业主体）。另外两种类型的合作方式是由区域或者地方当局或者更多地由学术主体所主导的。这就使得私有工商业之间的关系变得更紧张、更不稳定了。前两种类型似乎与新职业教育论相似，而后两种类型则更接近传统大学培养模式。

尽管在初始培训领域国家仍然居主导地位，但是国家的权力正在下放到各个区域，各个区域也需要与社会参与者和大学之间进行商议。各个区域有学位授予的自主权并允许越来越多的学生进行职业培训课程的学习。

尽管这种情况使培训结构变得多样化，然而各种角色间的相互作用是一个永恒的主题：

• 雇主们往往强烈要求举办更多的初始培训，因为在本质上这种培训不需要他们投入成本。一旦人员招聘方面出现少量的问题，一些游说集团就会组织起来在增加培训生的数量方面给政府当局施加压力，以此来避免劳动力市场工资上升的压力。尽管这些招聘上的困难有时候与培训生的数量没有丝毫关系。通过对劳动力市场的预测（Seibel 和 Afriat，2002），到 2010 年，这种紧张的情况会不断加强，尤其是在最高的职业资格水平，这可能使这种趋势变得更加严重。

• 在新的职业领域，工会和雇主常常号召国家教育部门引入职业资格证书。除了这些证书在进行人才招聘时在协同竞争中所起的作用外，这些职业资格证书也强化了在一个部门中的职业身份。

• 家长或者学生们对于在决定社会地位和寻求工作岗位中的初始教育的多种因素十分敏感，因此他们对政府施加压力，以此来提高初始教育的录取量，同时加强初始全民教育（即使如今的趋势似乎已经得到了稳定）（Beduwe 和 Germe，2004）。在高失业周期内，总体趋势就是要维持在这个体系内。

• 在教育系统的所有参与者中，特别是教师，需要依据这种趋势来保证就业水平（尤其是在人口状况中学校同龄人数有所下降时）。他们要么通过缩小班级规模，要么增加这个系统内年轻人的修业年限来对这种情况进行论证。

(五)地方分权：各种角色之间相互作用的一个主要创新点

1982 年，法国实行了地方分权的做法，此外，它还把职业培训的某些方面委托给了区域当局。大多数公众支持这种转变是因为这种转变可以提高地方管制的效率和有效性。然而，由于越来越多的成本转化为区域预算，分权化也反映了国家公共预算的危机。

理论上，这种把权力下放到区域已经逐渐把区域纳入到这个系统的控制中。实际上，在这种已经被下放的权力中，只有部分关于区域政策和工具的部分权力被下放了。在对年轻人进行职业培训的领域，区域政府逐渐获得了更多的权利。首先是为失业的年轻人提供继续培训(逐步转变财政管理、对培训机构的供给产生作用)，其次是基于学徒制的培训，最后是基于学校的培训。从国家的层面来看，国家仍然有责任颁发和分配资格证书(没有区域的课程和资格证书)。迄今为止，区域在就业指导(尤其是对年轻人的失业培训)上获得很少的权力，并且在高等教育问题上也没有明确的权力，尽管这两方面已经逐渐委托给区域政府进行管理。因此，分权化已经逐渐影响到了培训供给的管理(有权利提供或者撤销初始培训阶段的专项研究、培训课程向失业青年人开放)。在这个体系内，区域政府的直接财政权与中央政府相比仍然有限。区域政府仅仅有一种"影响力"，尽管这种影响力在近来得到了又一次的加强(Bel 等人，2003)。因此，分权的过程可以被看作是以行政法规的模式从中央政府下放到下一级政府的过程。

四、继续职业培训体系的结构和成果

122

与对初级培训和继续培训教育进行市场监管占主导的国家不同，也与对于初级培训和继续培训有很少概念(继续教育在英国本质上可能被看作是法国的初等培训机构)的国家不同，法国培训体系对于初级培训和继续培训有很明确的划分。

(一)对员工的继续培训和义务资助体系

这种体系是 1970 年进行的国家协商谈判的产物。这项原则记录在 1971 年的法律条款里(Méhaut，2005)。这个体系的基础是需要公司对员工建立起继续培训的义务。公司既可以自己管理资金(大公司的通常做法)也可以把它们委托给行业主体进行管理(小公司的通常做法)。在后一种情况中,资金由雇主和工会共同管理,它们在培训开支上对公司进行补偿的同时也能与公司共享资金。每一年里,雇主要在培训方法上对雇员提出公司培训计划。除了雇主的培训计划,这个体系仍然要提供个人培训许可,雇员可以自由选择他们所想要从事的培训类型。这个培训许可的资金来源于专有共同资金(是雇主培训税收支出的一部分)。

在继续培训体系中,社会参与者被分成了三种层次。首先,在国家和区域间的层次,他们需要对普通制度框架进行协商。其次,在行业层次上,社会参与者可以调整国家框架来达成更有利于员工的协议。大部分募捐到的共有资金和对公司培训税收的部分管理都是在这个层面上进行的。大多数情况下,这些政策由雇主和技术团队进行起草和实施。这种管理可以被看作是一种"法国式的新合作主义"。最后,在公司的层面上,如果公司里有劳资协议会(这要求公司的员工在 50 人以上),每年就会针对培训计划进行商议。

123　(二)继续培训改革后的实质进展

尽管在实施 30 年后这个体系的成果仍然存在局限性,但却不可忽略,尤其是在初期时。在过去,除了一些非常大的公司外,继续培训还没有高度发达。这种状况在 1971 年的法案里得到了转变,在这个法案中,公司对培训事项承担责任(Gehin 和 Méhaut,1993)。这就使得继续职业培训获得了发展,同时由于公司的规模和员工社会职业类别的差异,因而在培训上也产生了很大的不同。

用于继续培训的资金比率比法律要求的高很多(平均大于 3% 的比率对比强制性征税 1.7% 的比率),且这个比率从 1971—1990 年得到了显著增长。根据欧洲的调查,法国在欧洲国家中在继续培训方面的平均投资水平偏高。

许多报告和批评性的评估强调,由于 1971 年的法案使得这个系统失去了动力,并且变得不适合新的经济形势和社会环境。首先,与其他欧洲国家不同,法国体系对个人的主动性/各种形式的联合投资的开放程度不是很大(Aventur 和 Mébus,1999)。其次,事实上,公司培训政策重点关注那些很短的培训项目(不到 5 天)以及强调短期的职业调整,这就意味着个人职业或薪水的减少(Beret 等人,1997)。再次,继续培训的不公平仍然相当大。一方面,非常小的公司和小型企业(少于 10 名雇员)提供的培训很少,虽然他们雇拥了相当一部分劳动力。另一方面,这些"结构性"的不公平也为那些从初级培训中获得较少收益的雇员以及最低技能水平的群体提供了培训的机会。最后,法国把"培训课程"视为其培训的最大的特点。与其他欧洲国家的企业相比,法国公司仍然通常依赖于培训的课程而不是其他的培训形式(Nestler 和 Kailis,2002)。

在 2003 年和 2004 年,通过社会参与者的推动,继续培训的总体框架已经进行了一次重大转变(Merle,2004;Méhaut,2005 和 2006)。职业发展最重要的特点就是职业发展要与行业水平的优先发展相适应,同时也要发生在他们工作的时间之外。如果对这些条款达成了协议,雇主要承担直接的培训成本并且要支付员工在工作时间之外的培训时间的 50% 的工资。

2003 年的协议为开办个人教育和培训提供了手段,这种灵感来自欧洲的提议。"再培训合同"(专业合同)导致了对先前失业援助计划的更改,这个合同一直被公司用来为失业的员工提供新的招聘岗位。"再培训周期"针对大多数员工,由于技术变化/技能退化而面临失业的风险问题,该协议也拓宽培训活动的概念,它包括远程培训、在线学习、自主培训和工作监督培训。

虽然被称作"终身职业培训",但是这一改革仍然没有解决初级培训和继续培训之间的衔接问题。两个系统之间的衔接有助于对先前知识的再认识,是资格认证领域的革新。

五、证书的建构和价值

在"精英体制"下,资格证书起着关键的作用,特别是由于教育和培训制度以及劳动力市场自身的双重价值,使这个体系有别于其他体系(Vinokur,1995;Méhaut,1997)。在法国社会,资格证书的地位和作用已经发生了一些重大的变化,它包括:为了更好地工作以及以工作为基础的职业资格证书的颁发；由于劳动力市场内的行业主体为了与国家资格证书相媲美所引起的资格证书的发展；一个知识获取方式的新方法特别是在工作中起作用的。

(一)公共资格证书的认证

职业资格的认证过程已经得到了深入的研究，特别是从比较的角度来看(Mébus 和 Verdier，1997)。这些作者首先强调国家在整个过程中的重要作用。尽管存在职业咨询委员会，他们认为这个过程最好是被看作一个"三方协议"的过程。在这个过程中，政府虽然要与其他团体进行协商，但政府在这个过程中仍然处于主导地位并拥有最后的决定权。随后，作者们强调"法国体制"形式的特点。技能和参考体系认证的存在意味着最全面的规范设置而不是普通规范的设置(Four-cade、Ourliac 和 Ourtau，1992)。之所以被认为是最全面的规范设置，其原因有三：首先，他们与技术上先进的大公司的雇佣模式有更为紧密的联系，甚至把生产系统作为一个整体来预测假定需求。其次，他们不仅仅使员工培训能够直接给公司带去收益，更是要把他们培训成在他们工作生活的整个过程中能够带来收益的公民。最后，他们把技能水平定义为应该可以获得更高层次的培训水平，但这同时也可能导致在考试中的失利。[1]

在德国，课程改革和资格认证的过程得到了快速发展。参照行业或职业的资格进行认证，一方面它要参照能力标准；另一方面这种认证正在被系统化(Bouix，1997)。同时，高等教育也偶尔参与这一认证过程。

另一种认证的方式要考虑这种认证规范的类型。法国的资格证书就像标准生产的产品，毕竟，它们严格地定义了生产条件(时间表、学科之间的分布等)以保证产品质量。从这个意义上说，文凭就像"ISO 类型标准"根据其生产过程进行认证的产品。与此同时，它把对产品的认证扩展到通过学员在相关考试中取得成功的结果上。然而，

---

[1]　当入学率降低时会出现两种截然相反的反应：一种是增加公立学校中"普通"教育的普及率，另一种是职业教育行业的相关人员要求延长用在教育/培训(职业学士学位、BTS)上的时间，从而保证一致的入学率水平。

如今这种特性由于需要不断地对先前的学习进行巩固而被弱化了，这就使无需考虑生产的过程而获得资格成为了可能。

法国的资格认证也是一种"双重"模式，其目的是同样对内部的教育和培训系统以及对外部的劳动力市场产生影响（Méhaut，1997）。对内来看，职业资格证明是指在一定程度上某一个层次的资格已经达到，它可以授予进入下一个层次进行学习的权利。对外，这个资格被看作是对劳动力市场的信号，这些信号在何种程度上被制度化则取决于市场规则。

这种"资格流通"的双重价值经常导致一些关系的紧张，特别在持有不同价值观的团体之间：强调它对于劳动力市场所产生的直接价值则减少了它在教育环境中的重要性，反之亦然。

（二）继续培训中联合证书的出现

除了国家对"公共"的资格进行监管和授予（但这也可以在私人机构进行研究），由特定行业所进行的资格认证的发展也应该被提及。这些职业资格证书（Certificats de Qualification Professionnelle，CQP）是雇主组织和工会希望加强它们对认证进行控制而提出的，同时，它们也得到了相当大的发展（即使报名的人数仍然很低）。它们主要是针对失业的年轻人进行与工作相关的培训或对成年人进行继续培训。然而，它们最终可能被视为国家资格认证的替代品（例如，CAP）。在行业层面的共同管理阶段，它们的认证有时类似于国家资格证书（目标指向特定的贸易，为技能和培训提供参考体系），但往往更专业。因此，要么把 CQP 看作是获得国家资格后所从事的专业化的活动；要么把 CQP 看作在没有公共供给的领域所包括的培训和资格认证；要么把 CQP 作为国家资格证明的直接竞争者（Charraud、Personnaz 和 Veneau，1996）。CQPs 旨在直接被沿用到分类项目，尽管它们没有国家资格的双重价值。从长远看，通过引入竞争来进行认证可以改变系统的平衡，因为 CQPs 的构造方式使它们类似于在国家规范系统内所获得的资格。

126

(三)对先前学习的认证

这种创新打破了专有的基于培训获得职业资格证书的模式。它允许那些能够证明他们已经有多年的工作经验/社会经验的人获得职业资格,这使得现存的鲜为人知的机构变得系统化。基于这种类型,他们的工作是对职业资格的能力参考系统进行描述和分析,专家组可以决定授予申请人一个完整或部分的资格。为了迫使培训提供者开放这条途径(因为教师、培训师和培训提供者往往不愿这样做,通过引用教育公正的原则,与传统培训项目竞争的风险/以失去"传统"资格的价值作证明),以及直到培训提供者开放了这条途径,新资格认证才会被包括在新的"国家资格框架"[①]内。此外,激励机制已经落实到位,特别是对继续培训作了新规定,这种做法是为了鼓励个人对他们先前获得的技能进行验证。

现在评估这种创新对供需的影响还为时尚早。然而,迄今为止的数据显示,在 2006 年,申请人数量增加到了将近 60 000 人,其中有 30 000 人获得了完整的资格证书。一些大公司已经把它们的激励机制引入到他们的培训计划中。然而,对先前学习进行认证的基本原则和法国的培训观念是相左的,因为它承认并赋予了一个官方的工作性质和其他的社会地位。从这个角度讲,它可能会促进一种新的教育模式的形成,同时也会加强传统证书的权威性。个人获得培训的权利和对先前学习进行认证的权利相结合,也会放宽进入继续培训进行学习的门槛,并最终获得正式的资格证书。成功地对先前的学习进行认证,也会在很长一段时间内降低在初期教育阶段获得正式资格证书的需求,并且加强初级培训和继续培训之间的衔接。

(四)资格证书、行业共识和其他劳动力市场监管模式

资格证书和分类系统之间的联系可能会发生变化,企业实践也会有差别。大量的行业共识可以为分类系统中的特殊资格证书提供参

---

① 在最近的讨论中,有些人认为职业资格证书应该根据它们是否能进行进一步教育或培训而加以区别。

照。所以一个特定的工作或者行业，是以对特殊证书的参照定义的，这种证书需要有与之相符的经验。但是，两种参照方式应该加以区分：

- 一种是非强制性的模式：参照资格证书是对工作进行分类的方式之一，而且它能阐明获得工作的途径；但是获得从业资格并不会导致对这个层面上的工作进行自动分类，也不是获得这个工作的必须条件。在这个教育系统中，它们之间的联系是"松散"的，但在法国，这种联系在教育系统中非常典型。

- 一种模式是以资格证书和对应工作之间的很强的关联性为主要特征，可能是源于企业共识，也可能是源于其他义务。当源于企业共识时，有一些资格证书有最低薪资限制，所以企业给这些证书持有者的薪水不得低于这个限制，只有这样才能符合这个工作的参考标准。这种情况在重工业、机械工程业和化工业中更为常见。在其他情况下，必须持有特定资格证书则源于安全规则（电力）、质量标准（ISO认证工人是否健康），或专业或社团条例（要开展美容业务需要有美容资格证书）（Cahuc 和 Kramarz，2004）。

最后，应该再强调一下公共服务的具体情况和重要性：公共服务中的招聘工作是通过"资质等级"原则进行管理的，那些已经获得过一定水平教育（如学士学位、大学学位）但没有学科专长或者没有获得学位资质的人可以通过准入考试获得相应的工作。在这个意义上，公共服务基本上坚持资质等级原则，即申请人层次排名的基础是获得教育的水平而不是他们先天的技能。但是，这种关系也不是一一对应的：在工作紧缺的时候，很多毕业生将参加对应其所持有的资格水平以下的职位入学考试。

128

但是，还应该注意的是，除了那些联系密切的情况外，资质等级是在对工作进行分类和工资等级划分中唯一的标准。经验和资历在个人定位中也发挥了重要的作用。法国的劳动力市场往往被看作是可以被支配的内部劳动力市场，虽然这一特点似乎变得不太明显（Germe，2001）。一个没有任何正式资格的雇员可以从事"有技术含量"的工作。这种分类备受争议，从而导致要把以前认为没有技能的工作重新归类为需要技能的工作。然而，在更宏观层面上，法国的劳动力市场和社会结构的特征在任职资格的垂直结构和工作组织层次之间以对应形式出现。

六、职业培训的收益

这个分析关注的最后一个因素是职业培训的收益,具体侧重于两个方面。第一,职业培训经常引起的争论是职业培训较高的(公共)成本和普通教育之间的矛盾。一些人认为,私人在职业培训中的投资所得到的收益是不合理的。如果从这一论点出发,通过对职业培训的(经济和社会)外部效应进行分析(以及能够计算),来证明使用非私募基金发展职业培训(Ryan 2002)的正确性是有必要的。第二个问题涉及劳动力市场的联系形式。有些人认为,资质等级成为精英习俗的决定性因素,这个习俗在劳动力市场上使职业培训和普通教育在价值方面没有区别,从而很大程度上违反了职业公约。

(一)从学校到就业的过渡

与其他国家要么属于学徒模式,要么属于工读教育的模式相比,法国体系具有两个鲜明特点:一方面,尽管学徒和合作学习在发展,但是法国还是保留了教育与培训之间的相对"分离"(即国际劳工组织中定义的非经济活动)以及经济活动的模式。因此,相比于其他国家,在 25 岁的人群中,劳动力参与率显著降低:2002 年法国是 30%,而丹麦是 60%,加拿大是 66%,德国是 50%(经合组织)①。因此,与其他国家相比,法国在临时工作和职业地位方面,这种从学校到工作的转型更为明显地被打破了(Gehin 和 Méhau,1993)。这反过来为从学校到就业的转变政策提供不同程度的支持(Rose,1984)。另一方面,这与第一点是相关的,即高失业率在法国的地域分布很不均匀。年轻人与其他的劳动力相比更容易受到伤害,其特征往往归因于内部市场的影响以及业内人士/外部人士的区别。因此,任何年轻人群体的工作生活稳定期都是相对比较长的,大约三年,从而证明了法国针对年轻人有自己独特的劳动力市场一体化机制。

从对年轻人就业的众多最新研究结论中,我们应该注意以下

129

---

① 创建于 2002 年的一个作为国家指导初稿的一部分,还涉及许多其他国家。

几点：

• 在任何条件下，年轻人从学校到工作的转变，都与经济形势高度相关。通过对年轻人离开教育培训的年份进行的比较，即 1992 年（经济情况不佳）、1998 年（有利的经济情况）和 2001 年（在 2001 年有利的经济状况，在 2003 年贫穷的经济状况的数据）显示，1998 年群体获得稳定职业的比例更高，获得第一份工作的等待时间和累积失业时间更短；而 1992 年和 2001 年的群体的实际情况则刚好相反（他们最初的职业是很好的，但是这种状况在三年之后却大不相同）（Céqeq，2005）。除了那些在 ISCED 0-2 水平毕业的学生，这种情况对于那些在教育/培训系统毕业的学生更加严重。

• 随着资格水平的上升，这种转变更为简单，这种情况相当精确地反映在资格层次上。从底层 CAP 持有者到上层大学毕业生，年轻人更加迅速、更加有效地并且基于不同的标准逐步进入到劳动力市场。这证实了"精英"规范在劳动力市场运行中的重要性，特别是在工作紧缺的时期，毕业生从一个更高的水平进入到一个比他们学历所对应的环境差得多的劳动力市场，因此迫使他们降低了工作要求（Hanchane，2004）。

• 职业培训毕业生与相当资质水平的普通教育毕业生相比，就业前景更好（在短期内，即 3 年）。虽然与高中水平的毕业生进行比较是很困难的（因为在这个层次上很少有普通教育的毕业生），但是表 5.2 为高等教育方面提供了一些证明（Giret 等人，2003）。自 1998 年以来，职业资格持有者在劳动力市场上似乎表现更好，这些资格证书对雇主更有吸引力，与这个事实相符的情况是资质等级原则正在被削弱。

130

（二）初始职业培训的回报

大部分对教育工资回报的研究，基于人力资源理论和多年来对于教育的争论。一方面，这些研究往往很难考虑到认证本身的影响（是否获得资格）；另一方面，数据流之间存在差异（是否职业化）（从一个评论的观点，参见 Lemistre，2004；Baudelot 和 Leclerc，2005）。

基于各界"CEREQ"考试的调查，对不同数据流和认证效果进行区分，莱美斯特得出以下结论。

●多年的认证教育比多年未经认证教育获得了更高的回报，这符合资格证书在选拔和招聘过程中的重要性特征：回报基于资质的水平。

●尽管 1998 年的群体遇到了有利经济形势，但是 1992 年和 1998 年之间的群体的回报则有所下降。尽管"需求"效应（减少招聘）也为一些从业资格提供了就业机会，但是"供应"效应（大批的毕业生）仍然是回报率下降的主要原因。

●对于相同的资历水平，职业分流的毕业生没有特殊的奖金（例如，在会考证书级别上，然而，正如作者指出的，许多年轻人离开教育系统时并不只参加普通高中毕业会考。由于他们得到了一个更有吸引力的就业机会，因此他们很可能终止他们的学习）。

●在相同的分流中，基于专业的培训有显著的差异。因此，特别是对比 1998 年的群体，制造业的毕业生获利更多。

131

表 5.2　高等教育阶段工资差额和失业比率

专业	失业率差异	工资差额（欧元）
在自然和科学中的 DESS/ DEA	−1.1	60
在社会科学和人类学中的 DESS/DEA	−0.3	120
四年工业技术教育文凭/四年学士文凭（高等大学专业教育学院/硕士）	−0.7	310
四年高等职业教育文凭/四年学士文凭（大学专业教育学院 高等/硕士）	−7	220
工业 DUT/三年（执业证）/两年（大学通用文凭）*	−2.7/−1.6	10/180
工业 BTS/三年（执业证）/两年（大学通用文凭）*	−2.7/−1.6	−50/120
高等大学 DUT/三年（执业证）/两年（大学通用文凭）	−2.6/−6.1	10/190
高等大学 BTS/三年（执业证）/两年（大学通用文凭）	−2.4/−5.9	10/190

资料来源：作者基于 Giret 等人 2003 年的统计

注释：获得工业 BUT 三年制的毕业生的失业率为 2.7 分，低于两年的普通大学学位的毕业生，并且每月工资比其他的高 100 元。* 较少有两年制的毕业生会投入到劳动力市场中。DESS：高等专业学习文凭（以职业为导向的硕士学位）。DEA：高等深入研究文凭（以学术研究为导向的硕士学位——为博士学位做准备）。大学专业教育学院：以职业为导向的技术型研究所。DUT：大学技术文凭（两年制的职业学位比高级技术员证书更普通，并且使学生可以在一个更高的水平继续他们的研究）。BTS：高级技术员证书，相当于 Bac＋2（在公立中学中进行 2 年高中学习毕业后取得的资格）。

七、结　论

在法国，第一，为了证实"新职业教育论"的假说首先很有必要回顾变化的指标和证明持续强劲的途径依赖的各种反趋势。第二，可以评估它未来可能得到的发展。第一个值得注意的现象是，在高中毕业会考和更深的层次上发展初级职业培训没有反趋势。定量（按照学生流）和定性（按照培训方案的时间和内容的多少）这一趋势从一个模式中逐渐分化出来，在这个模式中，职业培训在教育和资格认证中发挥着协调作用，资格证书的优势越发强化，包括通过对以往经验进行认证得到的发展。然而，资格证书的内涵也在逐渐变化着，开始更加倾向于在工作中的实用性以及基于能力的参考框架作用，而不是学术的规范。对以往经验的认证和基于工作进行的培训的发展正在复兴一种把工作看作是培训的观念，这种观念与职业公约相类似，这也可能潜在地低估了"学术"资格证书。

这两种趋势并没有否定资格证书的作用和它的层次性。然而，它们重新把注意力集中到资格证书的内容上，看它在构建的过程中是否借鉴了根植于劳动力市场的参考系统，是否注重教育和培训系统中各种分流和路径的作用（职业/非职业，工作或其他方式），同时看它是否有时重视劳动力市场内的职业资格证书。虽然选拔时依然会注重学习成绩，但是一些专业化的培训经历也越来越受到重视（进行一些额外的培训，很可能是在普通教育后的一个比较低级的水平），而且通过学习以往总结下来的工作经验也会"侵蚀"现在的学习系统，因为那同样有可能在以后的生活中获得资格证书。

国家教育资源的优势正受到侵蚀，尽管它的作用仍然显著高于英语国家。国家不得不考虑和社会上的各种培训机构进行协商并妥协，因为它们都不同程度地对职业培训有一定的影响，尽管由于区域的不断出现，各种权力间的制衡已经得到了很大的改变。同时，在他们看来，社会参与者在继续培训方面的影响力正在逐渐加强，他们也试图通过引入职业技能证书（CQPs），来使他们在资质认证领域获得一席之地。

在劳动力市场中，法国一体化模式的主要特征，从结构看依然非

132

常重要，与此同时继续培训的价值趋于下降。但是，随着职业资格考试地位的提高，包括处于最低级的资格水平，某些企业和公司在职业角度所表现出来的对于革新的兴趣，可能是职业资格考试地位提高的象征。此外，在继续培训领域引进的新的措施（个人培训权利和对先前学习进行认定的权利）应该使得职业培训和职业生涯之间的联系变得更强。甚至可以设想，从长远的角度看，对先前所学知识的认证可能会导致一种新形式的培训出现，它的成本将低于以往。另一方面，面对更好的准入条件而且可以返回学校的可能性，学生和家长可能选择较早地中断他们的初级培训，而投身于"终身学习"中。

133 　　因此，通过一系列渐进式创新，法国教育似乎远离了"精英"模式。然而，有几个因素表明，这条路也不是一帆风顺的。

　　•人口变迁可能在教育和培训系统内部给学生群体带来新的"竞争"。尽管变化已经发生，普通教育在这种情况下将很有可能成为最具吸引力的选择。

　　•在某种程度上，就业结构向第三产业的转变似乎降低了技术技能的重要性而更倾向于提高其他相关技能的重要性，这将会产生同样的效果：大家认为新工作需要的将不是"职业"培训，而是一个较好水平的"普通"教育，因为所需的技术技能可以在工作中或从公司内部的培训获得。

　　•对劳动力市场的未来发展趋势进行了一些预测。在这个预测中，随着需要技能和很高技能的工作的出现，劳动力会出现短缺，这应该会导致对低职业技能的人员更低的雇佣率，这也使得职业证书变得更加有吸引力。同样，一种可能的情况是，行业的内部市场将在新的基础上被重新激活（较少强调资历而更强调能力和培训），通过强化继续培训的发展前景，可以将可选范围扩大到拥有一般中等职业文凭的毕业生。

134 　**【参考文献】**

1. Aghion, P. and Cohen, E. (2004)*Education et croissance*, Paris：La documentation francaise.

2. Arrighi, J. J. and Brochier, D. (2005)"1995—2003", l'apprrentissage aspiré vers le haut, Marseille：Céreq Bref 217.

3. Aventur, F. and Möbus, M. (1999) *Formation professionnelle initiale et continue en Europe*, Paris: Magnard Vuibert.

4. Baudelot, C. and Lecierc, F. (2005) *Les effets de l'éducation*, Paris: La documentation francaise.

5. Beduwe, C. and Germe, J. F. (2004) Raising the levels of education in France: From growth to stabilisation, *European Journal of education* 39 (1): 119—132.

6. Bel, M. (ed.)(1996) Construction et regulation de l'offre de formation, Document no. 117, Marseille: Céreq.

7. Bel, M., Méhaut, Ph. and Mériaux, O. (2003) *La décentralisation de la formation professionnelle, quels cbangements dans la conduite de l'action publique?*, Paris: L'harmattan.

8. Bel, M., Gayraud, L. and Simon—Zarca, G. (2005) Professionnalisation de l'enseignement sup érieur et territoires, Marseille: Céreq.

9. Beret, P., Daune—Richard, A. M., Dupray, A. and Verdier, E. (1997) *Valorisation de l'investissement formation sur les marchés du travail francais et allemand*, Rapport pour le commissariat au plan, Aix en Provence: LEST—CNRS.

10. Bouix, B. (1997) Le système de négociation et de construction des diplomes technologiques et professionnelles en France, in M. Möbus and E. Verdier, *Les diplomes professionnels en Allemagne et en France, conception et jeux d'acteurs*, Paris: L'harmattan.

11. Cahuc, P. and Kramarz, F. (2004) *De la précarité à la mobilité: vers une sécurité sociale professionnelle*, Paris: Ministère de l'industrie et des finances.

12. Campinos—Dubernet, M. (1995) Baccalaureat professionnel: une innovation?, *Formation Emploi* 49, Mars, La documentation francaise: 3—30.

13. Céreq (2005) *Quand l'école est finie, premiers pas dans la vie active de la génération* 2001, Marseille: Céreq.

14. Charraud, A. M., Personnaz, E. and Veneau, P. (1996) Les certificats de qualification professionnelle, de la construction de éeférents à la mise en oeuvre, Documents, Marseille: Céreq.

15. Duru — Bellat, M. (2005) *L'inflation scolaire, les désillusions de la méritocratie*, Paris: La république des idées.

16. Eckert, H. (1999) *L'émergence d'un ouvrier bachelier, les bac pro entre déclassement et recomposition de la catégorie ouvriére*, RFS: 227253.

17. Fourcade, B., Ourliac, G. and Ourtau, M. (1992) La négociation des diplomes technologiques, les commissions professionnelles consultatives, *Formation emploi* 39: 45—54.

18. Gehin, J. P. and Mehaut, P. (1993) *Apprentissage ou formation continue? Strategies educatives des entreprises en France et en Allemagne*, Paris: L'har-

mattan.

19. Germe, J. F. (2001) Au dela des marchés internes, quelles mobilités, quelles trajectories, *Formation Emploi* 76: 129—147.

20. Giret, J. F., Moullet, S. and Thomas, G. (2002) Retour sur la definition de la professionnalisation de l'enseignement supérieur, *communication aux journées du GDR RAPPE*.

135 ——. (2003) L'enseignement supérieur professionnalisé, Un atout pour rentrer dans la vie active?, *Bref Céreq* 195.

21. Hanchane(2004) Declassement et diversification des parcours de formation: Un réexamen de l'efficacite du systeme éducatif, rapport final CGP, Aix en Provence: Lest.

22. Kirsch, J. L. (2005) Formation générale, formation professionnelle, vieille question et nouveaux debats, *Céreq* 14.

23. Lemistre, P. (2004) Determinants des rendements de l'education et de leur evolution en France, *Lihre* 386.

24. Maillard, D., Veneau, P. and Grangerard, C. (2004) Les licences professionnelles, Quelle acception de la professionnalisation a l'universite, Relief, *Céreq* 5.

25. Marrois, W. (1999) *Introduction, in Les premieres formations professionnelles dans les universites, reponse europeenne*, Rennes: ENS.

26. Mehaut, P. (1997) Le diplôme, une norme multivalente?, in M. Mobus and E. Verdier (eds.), *Les diplomes professionnels en France et en Allemagne, conceptions et jeux d'acteurs*, Paris: L'harmattan, 263—273.

——. (2004) Competencies based management: What consequences for the labour markets?, *Economia et Lavoro* 38(1): 165—180.

——. (2005) Reforming the French training system, *Industrial Relations journal* 36(4): 303—317.

——. (2006) Une scene nationale en voie de recomposition, le cas de l'accord interprofessionnel de 2003 et de la loi de 2004, in O. Meriaux and E. Verdier (coord.), *Les relations professionnelles et l'action publique face aux risques du travail et de l'emploi*, rapport CGP/Dares, Lest: Cerat.

27. Merle, V. (2004) Un accord historique?, *droit Social*, *n Special Le nouveau droit de la formation* 5: 455—463.

28. Möbus, M. and Verdier, E. (1997) *Les diplômes professionneles en France et en Allemagne, conceptions et jeux d'acteurs*, Paris: L'harmattan.

29. Nestler, K. and Kailis, E. (2002) Formation professionnelle continue en entreprise dans l'Union europeenne et en Norvege, Eurostat, Statistiques en bref 3.

30. Rose, J. (1984) En quete d'emploi. Formation chomage, emploi, *Economica*, Paris.

31. Ryan, P. (2002) *Does vocationalism work*? Communication, Aix en Provence: GRD Rappe.

32. Seibel，C. and Afriat，C.（2002）*Avenir des metiers*，CGP，Paris：La documentation francaise.

33. Simon，G.（2001）L'apprentissage，Nouveaux territoires，nouveaux usages，*Bref Céreq* 175.

34. Verdier，E.（2001）La France a—t—elle change de regime d'education et de formation?，*Formation Emploi* 76：11—34.

35. Vincens，J. and Chirache，V.（1992）Rapport de la commission《professionnalisation des enseignements supérieurs》，haut comité Education Economie.

36. Vinokur，A.（1995）Reflexion sur l'economie politique du diplome，*Formation Emploi* 52：151—183.

第六章 德国职业培训双元制的复兴

格哈德·博什

一、引 言

在德国，对职业培训这一术语的定义中，职业培训提供了劳动力市场所认可的资格，但是这些资格却低于大学毕业生所获得的那些资格水平。许多大学课程也使学生具备特定职业劳动力市场所要求的资格（比如，医生和律师）。但是，尽管存在这样的职业定位，它们凭借具有较高地位的优势被分流到普通教育制度当中。因此，"职业培训"这一术语不仅指的是为职业培训市场而进行的培训，而且就其地位而言，需要分配到教育和培训制度之中：职业培训定位在学历教育和不具备受到认可的职业资格的半技能活动的中间阶段。

在德国就业模式的大量文献中，职业培训的双元制已经被看作是建立德国制造业竞争力的最重要的因素之一（Finegold 和 Soskice，1988）。甚至提到"高技能的平衡"，他们认为这是关注有长期回报的"有耐心的"资本。具有长期回报是德国企业多样化经营基础上的专业化、高质量的生产、工作上的共同决策机制和以企业为主的职业培训之间积极相互作用的结果。

在最发达的经合组织（Organisation of Economic Co—operation and Development，OECD）的成员国中，近数十年来，其以企业为主的职业培训的重要性有所下滑，高等教育迅速扩大（OECD，2007）；相比之下，直到进入 20 世纪 90 年代，德国的年轻人接受以企业为主的职业培训的比例一直呈上升趋势。同时，高等教育的增长率相对适中。尽管全球化和通过教育成效的国际比较对国家教育政策施加的影响力在不断增加，在经合组织中，德国和大多数其他国家在教育制度上的差异实际已经扩大了。高等教育的增长率相对较低，最重要的原因在于职业教育持续的吸引力，它是以培训和就业制度之间的密切联系为基础的。父母和年轻人都把职业培训看成是获得好工作的一种捷径，而企业则看重以企业为主的培训的优势，这可以节约他们的成本，否则，可能会导致他们费力地将学校毕业生纳入工作场所中。就国家而言，由于雇主所做出的贡献从而节省了培训开支，同时看到大量有技能的工人增强了德国经济的竞争力。因此，职业培训不承担为学习成绩不佳的人提供选择的污名，而现在许多国家已经得到了这种污名。

137

与德国的父母和年轻人相比，现在德国和国外的大多数教育和培训专家，比过去更加重视德国的教育和培训制度。经合组织已经批评了德国的教育制度，因为考虑到大学生的数量较少，德国并没有将教育制度看作是面向未来的。职业培训双元制存在的危机在德国已经争论了很多年。这场危机的症状已经被多样化地认定为雇主提供培训场所意愿的下降、对制造业培训的关注、未能充分吸纳不合格的人、不够优秀的学校表现和职业劳动力市场的消失。这也提升了国外批评的声音。例如，赛伯(Sabel，1995)看到了在德国倾向于职业划分的熟练工人的职业自豪感的趋势，也就是说，美国和英国之间不同行业以及它们同行工会之间的合作发展已经存在障碍。不像学校制度，对于近年来职业培训制度已经得到了完全的现代化这一事实则很少有人关注。在商业压力之下，该制度中的参与者比纯粹的国家制度中的那些人已经做出了更为迅速的反应，否则雇主很快将会完全退出培训。

这就提出了德国的"特殊路径"以及它以企业为主的强大培训制度和规模相对较小的高等教育制度能否持续下去的问题。由于德国教育和培训制度的总体结构目前处于调整之中，高等教育制度已经开始着手一项由博洛尼亚进程①引起的根本变革计划，这个问题还尚未得到解决。接下来，将描述和分析职业培训制度的变化，我们从解释它在德国教育和培训制度中的地位开始；继而分析在过去的 20 年中，职

①　1999 年，在意大利的博洛尼亚会议上，来自 29 个欧洲国家的教育部长一致同意使整个欧洲的学历和学术质量的保证标准更具有可比性和更能够互相兼容。其基本的框架效仿爱尔兰和英国的模式，包括三个周期(学士、硕士和博士)。德国传统的一个周期的学位在 100 年来最重要的高等教育改革中已经分为学士和硕士课程，http://en.wikipedia.org/wiki/Bologna_process(访问时间：2008 年 10 月 8 日)。

业培训的结构及创新。在这里，重点是双元制，它是培训制度中最重要的部分。我们将分析双元制的结构、培训条例的修订、职业培训的经费和公司提供培训的意愿。然后，我们会把注意力转向职业培训和劳动力市场之间的关系，因为资格的市场化是决定性标准，且将通过这个标准来判断双元制的功能。最后，我们将确定未来的一些挑战和面临的体制改革方案。

二、德国教育和培训制度中的职业培训

188

在传统的三方教育制度中，孩子们被分配到三种不同类型的学校（初中、中等学校和高中），当孩子 10 岁的时候，他仍然处于德国教育中他应该在的位置上。在过去，初中和中等学校毕业生通常直接进入劳动力市场或者进行职业培训，而高中毕业生则进入大学。曾经具有三方学校制度的其他国家，像北欧国家，由于它们具有较高的社会选择性，早在 20 世纪 60 年代将其废除，取而代之的是保持全天开放的非选择性的综合学校。德国在 20 世纪 70 年代做出了类似的尝试，但是随后放弃了。在那时的"学校大战"中，保守派战胜了社会民主党获得了胜利；通过不断提高人们对前德意志民主共和国时期的综合学校制度和与之相随的社会发展水平的担忧，保守派如此成功地折磨着中产阶级对于社会降级的恐惧，以致于 30 年来没有政党敢于提议进行任何学校制度改革。不像在斯堪的纳维亚半岛，20 世纪 70 年代建立的综合学校并没有取代旧的、分离的学校制度，而是作为一项改革措施附加到之前的学校制度上（见图 6.1）。

年轻人在完成中学教育的第一阶段后可以进入职业培训。除了双元制外，还有各种形式的基于学校的职业培训。学校为卫生保健系统内国家认可的职业提供培训。此外，各州的商业、技术和社会职业中也有各种各样的基于学校的培训计划。近些年来，由于双元制中培训场所的缺乏，双元制中国家认可的职业的基于学校的培训计划数量也已经有所增长。

进入双元制没有形式上的阻碍。一方面，甚至没有初中毕业证书的年轻人也可以开始职业培训课程。另一方面，许多基于学校的职业培训课程需要初中毕业证书。近些年来，由于培训场所的缺乏，由职

业学校和培训机构提供的关于培训前预备课程的广泛的"过渡制度"已经出现了。这个过渡制度满足了学校成绩不佳的年轻人和许多还没有找到工作的人，主要是初中毕业生和占有较高比例的具有移民背景的年轻人。该课程主要持续一年，旨在使学校毕业生为职业培训计划做好准备。这一过渡制度具有三重目的：它允许低水平的人补上职业培训所需要的普通教育，它使一些人能够完成对他们获取最后的职业资格有重要影响的模块。在某种程度上，对于还没有获得学徒培训合同的学校毕业生来说，它是一种"循环等待"。这方面，可以说已经建立了完整的社会政策。许多年轻人在预备课程上花费的时间长短不一。然而，他们对于受到认可的职业进行培训的渴望如此强烈，以至于他们能忍受等待并且常常最终成功地获得了学徒身份。

139

在具备了一定阶段的工作经历以后，通常是五年，所有的职业资格可以通过提升培训而得到补充，而该提升培训可以使学员为晋升到高级技师、技术人员或者服务行业的业务主管级别而做好准备。这些提升培训的课程时长不同，依据商业和行业或者私营机构所使用的培训设备，可以采取全日制或业余（在职）的方式。高级技师的培训课程

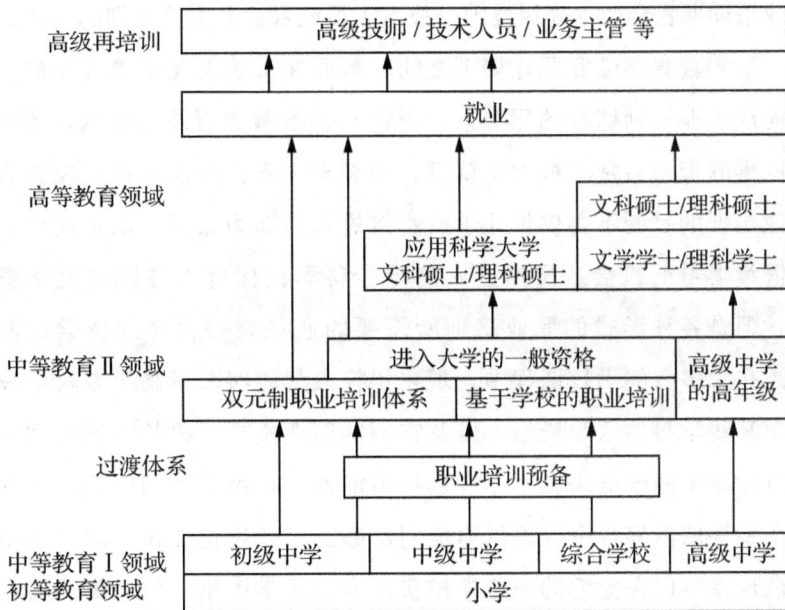

图 6.1 德国培训制度概览（来源：笔者自己的描绘）

持续一年(全日制)至三年(业余),而技术人员的课程需要两年(全日制)至四年(业余)。这些课程在水平上类似于许多国家高等教育机构提供的课程,在国际比较中位列第三位以下。

除了传统的大学,高等教育机构包括高等专科学校,现在已经改为"应用科学大学"作为它们的英文名称。由于学科(经济学、工程学和社会工作等)具有多种多样的分支,高等专科学校脱离基于学校的职业培训制度而发展,直到 20 世纪 70 年代才成为高等教育制度的一部分。它们的课程在本质上比不能授予博士或者博士后资格的课程的这些大学课程更加职业化得多。

从传统上来看,大学课程的学习以授予被称之为"学士"的第一学位而结束,"学士"学位通常要求四年或者五年的学习时间。接下来是博洛尼亚进程的实施,它还没有完成,这一学位被分为学士学位和硕士学位。既然两者都提供学士学位,这将减少大学和高等专科学校之间的差异。高等专科学校也开始提供硕士课程。然而,高等专科学校地位的不断提高也剥夺了完成双元制中职业培训课程的那些人直接进入所谓的应用科学大学学习课程的机会。可以预见的是,一方面,高等教育规模的扩大会导致学士学位和职业培训课程之间越来越多的竞争;另一方面,职业培训课程会产生高级技师、技术人员或者业务主管级别的人才。

高等教育制度和职业培训之间的障碍在传统上是难以克服的。已经完成职业培训课程的那些人,通常不得不参加额外的考试,他们已经取得的资格通常不被大学认可,或者至少不完全被认可。现在假设职业培训的目的不再仅仅让学员直接进入劳动力市场,而是还应该开放继续学习的机会。虽然进入高等专科学校比进入传统的大学更容易,但是各种形式的职业培训所需要的通往高等教育的桥梁已经打通。在大多数的学校课程中,现在年轻人都能够获得高等专科学校或大学某些学科的入学资格,以及它们的职业资格。很长一段时间,对于双元制中的学员来说不存在这种可能性,理由是他们的课程具有高度实践性的内容,没有提供给他们足够的一般理论知识。双元制中的学员现在可以在他们的职业学校获得大学入学资格,但通常需要在完成他们的培训后,在学校再延长一年。过去个别州的大学接受具有高级技师和企业主管资格的那些人,但是直到最近,其他州创造了类似的机会。然而，实际上，在大多数情况下，在职业培训和工作场所中获得的能力都不能算作大学制度中的学分，以至于沿着这条路线发展的人不得不完成许多连续的课程，这是非常耗时的。由于整个体制缺乏透明度，这个问题进一步加重了。16 个州已经建立了职业培训和高等教育之间过渡的不同规则，甚至专家都很难了解这些规则。同时，不应该忽视存在的不同的学习文化。德国大学将面向年轻人的需求而不为有工作经验的人提供继续教育。因此，对于许多有抱负的高级技师或者企业主管来说，由工商业联合会所提供的高级职业课程持续的时间要短得多，满足了有类似经验的个人，这往往比通过大学制度旷日持久的迂回更具吸引力。对于这些不同的原因，所有参加职业培训课程的大学生中仅有 0.6％（2004/5）被大学录取，而他们事先并没有获得大学入学资格（Handelslatt，2007 年 10 月 4 日）。

　　近些年来，获得中学毕业证书的年轻人的数量大幅增加，这也改变了职业培训。20 世纪 50 年代初，几乎 80％的年轻人进入小学，在那里他们接受了八年的教育；13％进入语法学校；6％进入中等学校（其余的人进入特殊学校）。今天，越来越多的儿童在小学毕业后转入为超过法定离校年龄的人提供教育的三种类型的学校之一。在 2005年，只有 33％的学校毕业生来自初中，他们当中的 8.2％没有获得初中毕业证书；25.4％已经获得大学入学资格，而其余的人都获得了中等学校毕业证书（见图 6.2）。因此，进入职业培训体系的大多数年轻人已经具有了比过去更为广泛的初等教育。

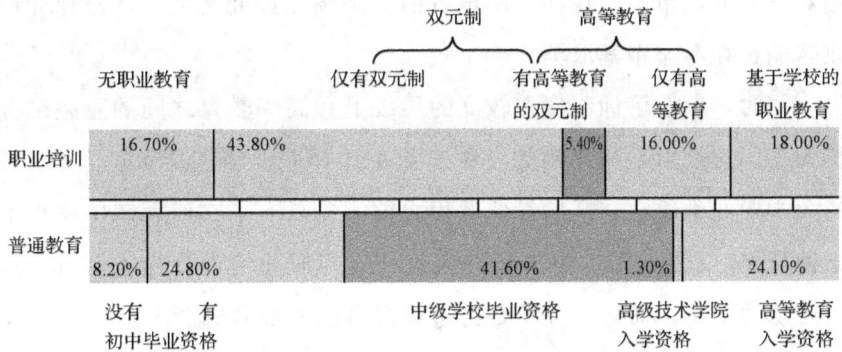

	无职业教育		仅有双元制	有高等教育的双元制	仅有高等教育	基于学校的职业教育
职业培训	16.70%	43.80%		5.40%	16.00%	18.00%
普通教育	8.20%	24.80%	41.60%		1.30%	24.10%

没有初中毕业资格　　有初中毕业资格　　中级学校毕业资格　　高级技术学院入学资格　　高等教育入学资格

图 6.2　德国资格结构：职业教育和普通学校
来源：Uhly, A., Lohnriiller, L. 和 Arentz, U. M.（2008）

在 1964 年，63％的员工没有职业培训的资格（Geissler，2002：339）。今天，超过三分之二的年轻人在中学毕业后进入职业培训，他们当中有 49.2％进入双元制，18％进入基于学校的培训。培训的扩大已经提高了从事经济活动人口的职业培训。从这些数字中可以明显地看出，仅仅从 20 世纪 60 年代起，德国的高技能均衡发展，仅是一种最近的现象。

142　　初中和中等学校的绝大多数毕业生表达了对于以企业为主的职业培训的偏好。而且，大约四分之一的高中毕业生也渴望有一个职业培训的地方，这当然是德国特有的一个现象（BMBF，2007：59）。因此，具有不同初等教育水平的中学毕业生现在竞争相同的培训场所。许多雇主更喜欢具有更高等级资格的那些人，这导致了双元制中在学徒构成上的一个重大变化。在 1970 年，他们当中将近 80％的人仍然来自初中；到 2005 年，这一比例已经降至 37.5％。这样的发展具有深远的影响。首先，它使得把双元制分成具有较高理论要求的培训课程和具有较低理论要求的培训课程成为可能。其次，初中的声誉已经下降了，导致学生们失去动力，他们即使具有良好的学习成绩，在培训市场上常常没有机会。芬尼格尔德和苏斯凯思（Finegold 和 Soskice，1988）早期把对培训场所的期望所驱动的初中学生较高的动机确定为双元制的一个重要特征。然而，在获得培训场所机会上的这种恶化已经削弱了他们的动机。在学校中令人不甚满意的表现是导致培训预备课程的过渡制度安排的因素之一。特别是在具有大量移民人口和空间相对分散的城市中，现在初中声誉的下降幅度如此之大，甚至保守的政客们正在考虑将其取消。

　　同时，职业培训制度在较高的层级上和高等教育之间的重叠部分扩大了，这是由于高比例的高中毕业生选择职业培训所致。大约 5％的大学毕业生通常在开始学位课程之前，也具有了在双元制中获得的某种资格（见图 6.2）。许多年轻人最初选择职业培训是为了有机会进入劳动力市场，而进入大学是为了获得自己的晋升机会。

　　与大多数经合组织国家不同，作为被夹在学历教育和在工作中获得的技能或资格之间的一种结果，在德国以企业为主的职业培训到目前为止尚未被边缘化。实际上，它正在扩大直至很好地进入 20 世纪

90 年代，这一事实是德国高等教育相对低增长的原因。2005 年，在德国，第一个大学学位的毕业率是 20%，相比之下，美国是 34.2%、英国是 39.4%、经合组织国家平均是 36.4%、澳大利亚高达 59.4%。事实上，1995 年至 2005 年期间，德国的毕业率上升了 6 个百分点。然而，其他经合组织国家的毕业率增长幅度甚至更加明显，德国和经合组织国家的平均水平之间的差距从 1995 年的 6 个百分点扩大至 2005 年的 16 个百分点（OECD，2007：72／表 A3.2）。奥地利和瑞士，即具有同样强大的职业培训制度的两个国家，具有同样低的大学毕业率。

如何评估这一地位问题是一个有争议的话题。一些人——包括经合组织国家——看到德国的竞争力正处于危险之中，这个国家至少没能达到经合组织国家的平均水平。实际上，其他人把相对较小的大学机构看作一种优势。因为大学学位通常所需要的高技能职业的比例预计只会从 2003 年的 18.3% 上升到 2020 年的 23.6%（Bonin 等人，2007），据认为，这将略微地扩大大学的机构，但是达不到经合组织的平均水平。就中层管理职位而言，据说德国的职业培训制度和后来的提升培训培养出来的工人与大学毕业生相比，他们能够运用更多的学术教育，实际上能更好地为这样的职位做准备。德国、英国和美国公司的许多比较研究可以被引作支持这一观点的证据。根据这些研究，德国工作组织的标准形式以及从工作场所中招聘的高比例的有技能的工人和中层管理人员，实际上已经证明了比严格资格结构的、多层次的工作组织形式更加有效（Prais 和 Wagner，1983；Wagner 和 Finegold，1997）。

三、职业培训的结构

德国职业培训双元制的主要特征是以二元性为基础、合作主义和职业概念（Bosch，2000）。一方面，培训植根于企业之中；另一方面，培训植根于公立学校制度之中。依据与公司签订的培训合同，学徒进入到培训计划当中。根据这样的合同，学徒成了企业的员工，直到他们的训练计划结束。他们被付给工资，工资通过集体商谈而设定，并随着培训过程中他们变得更有职业能力而增加。双元制中的学徒参加工作场所和公立职业学校的课程，那里既教授一般课程（语言、经济学、数学等），也教授他们所选择的行业或职业的理论基础。这对学徒理论知识水平的要求已经提高了，在职业学校的时间也已经延长至每周两天。所有的年轻人必须进入职业学校直至 18 岁，甚至没有培训场所的学校的毕业生，除了自己的工作以外还必须继续进入学校学习。大多数大型企业都有培训中心，学生在培训管理人员的指导下提供课堂教学和与工作相关的实践学习。在中小型企业，学徒主要通过参与生产过程获得实践技能。在专业化的中小型企业中，与工作相关的学习通常不提供广泛的职业经验，越来越多的学员被送往外部培训中心参与一些模块的学习。通常中小型公司集中资源以便为它们的学徒提供指导，它们在公司之间轮流进行，是整个网络的一部分。

144　　　　社团结构由来自于负责内容的专家、控制培训的社会合作者、自治的行会、商会和技术协会组成。根据职业教育法（Berufsbildungsgesetz，1969），在正式的标准中规定的大约 343（2007）种受到认可的职业中，只有其中的一种可以为 18 岁以下的年轻人提供职业培训。工会、雇主协会或者联邦职业培训署（BIBB）可以制定或者改革培训规则。社会合作者就基本的标准进行协商，像职业名称、培训时间、工作描述和培训计划。他们还就高级技师、技术人员和服务行业中同类的培训课程的标准进行协商。一旦协商圆满结束就发布基本的标准作为从部长到联邦职业培训署都要执行的命令，以便拟定草案，目的是为了协调联邦和州政府在发展过程中的作用，并且要考虑社会合作者的意见。各州为职业学校开发了课程草案，联邦职业培训署和来自雇主协会、行业工会的专家合作，为工作场所的培训开发了培训规则草案。只有当所有的参与者，即当国家组织和在行业水平上有关雇主和员工的组织与各州达成一致时（一致性原则），联邦政府将发布新的培训规则。在大多数情况下，政府的作用只是将行业中双方达成的妥协付诸实践。

　　　　该制度的第三个元素是职业的概念。培训的目的是给予年轻人所需要的技能，以便能在工作环境中称职地工作和发挥作用（"berufliche Handlungsfähigkeit"，Berufsbildungsgesetz，2005：S1）。为了实现这一目标，职业不能通过孤立分散的模块或者独立的能力单位而被分割。法律定义了最短的和最长的培训时间。根据培训法，培训时间应不超过三年且不少于两年（Berufsbildungsgesetz，2005：S5）。获得的证书证明了成功地完成职业培训，表明持有者不仅具有特定企业所需要的职业技能，而且具有广泛的职业技能。这是建立强大的职业劳动力市场的重要前提，给员工在企业之间流动性的更广阔的前景。

最初对于职业培训的控制和监督是分权的。地区议会充当它所在领域中各种企业的保护伞式的组织，对职业培训过程的监督、有效的调解和期终考试负责。职业培训委员会在一定程度上是代表雇主和员工的组织，决定企业是否适合提供培训。就进行考试而言，议会为每个职业设立了能够平等地代表雇主、员工和指导教师的考试委员会。

例如，工会的权利包括委派约 170 000 名专家到德国全部的 343 种职业中的众多地方的考试委员会中去。在为这份无偿的工作找到足够的志愿者方面，它经常遇到困难（Publik，2007）。

在 2004 年，德国议会修订了 1969 年培训法。最重要的新规定是：(a)部分培训可以在国外进行；(b)在第二年或第三年，授予学员第一个证书后，培训中的学徒制合同便可以终止；(c)由于行会、商会的审查等，各州可以决定让学生进入到基于学校的职业培训当中。一年前，已经修订了法律，在职业课程的基础上，德国允许开发预备课程模块，将过渡制度和双元制联系了起来。该修正案引起了很大的争议。工会担心雇主根据英国的国家职业资格制度（National Vocational Qualifications，NVQ）想要把培训分割成小的模块，或者将许多领域的学徒期减少至在劳动力市场上价值较低的为期两年的资格，只允许最好的学徒接受第三年的培训。由于工会的压力，新的法律现在将其留给学徒自己选择第三年的训练，而不是雇主。工会和雇主都反对接受基于学校培训的学生参加议会举行的考试。他们认为，该培训不是二元性的，在双元制中获得的证书将失去它们独一无二的特征。另一方面，各州的代表注意到了公司培训场所的缺乏，认为需向年轻人提供有吸引力的、政府资助的培训计划，这可谓采用双元制所受到的好评。

145

四、培训条例的修订和双元制内的分化

(一)新条例的第一股浪潮：1970—1995 年

在 20 世纪 70 年代初，大多数的培训条例可以追溯到 20 世纪 30 年代。从那时起，一些传统的技艺工作已经消失，对许多现有职业概况的描述存在重叠，而且职业定义过于狭隘而无法允许或者促进工作组织的新形式的发展，所以它要求工人具有多种技能。1970 年至 1995 年期间，新条例的第一股浪潮见证了几乎所有需要职业培训的职业的修订过程。在大多数情况下，修订坚持四项原则？首先，合并不同但又相关的职业。因此，受到认可的职业数量大幅下降，从 1950 年的 901 种下降至 2007 年的 343 种。其次，对于很多新的职业来说，第一年是发展基础培训的共同阶段，在接下来的几年里，专业化被保留了下来。再次，囊括新技术。最后，也是最后一项，改变教学方法。例如，通过选择与设计他们自己的课题，使学徒更好地为灵活的工作组织做准备。

147　　　　一个典型的例子就是工业金属行业的新条例。45 个金属加工行业合并形成 6 种新的职业，而这 6 种新的职业又分为 16 个不同的专业（见图 6.3）。对于最新定义的职业来说，第一年是基础培训的共同阶段；第二年进行一般的技术培训；最后，在第三年和第四年进行专门的技术培训。改革的过程从 1977 年持续到 1984 年，历时七年。其他行业职业概况的改革花费了同样多的时间来完成，像金属加工技术行业和建筑业。对此做出的解释是出于对参与其中的不同参与者的不同利益的考虑，必须仔细地对此进行平衡。例如，就雇主而言，大型公司和小型公司之间经常发生利益冲突，现代公司和传统公司之间以及不同行业的代表之间也经常发生利益冲突。此外，社会合作者在较高的和有约束力的质量标准上应该怎样决策也持有不同的观点。

(二)20 世纪 90 年代中期以来新条例的第二股浪潮

随着新信息技术的引进、新的工作组织模式（如精益生产）的推广和服务业的扩大，很显然，职业培训制度没有跟上快速变化的经济的

146

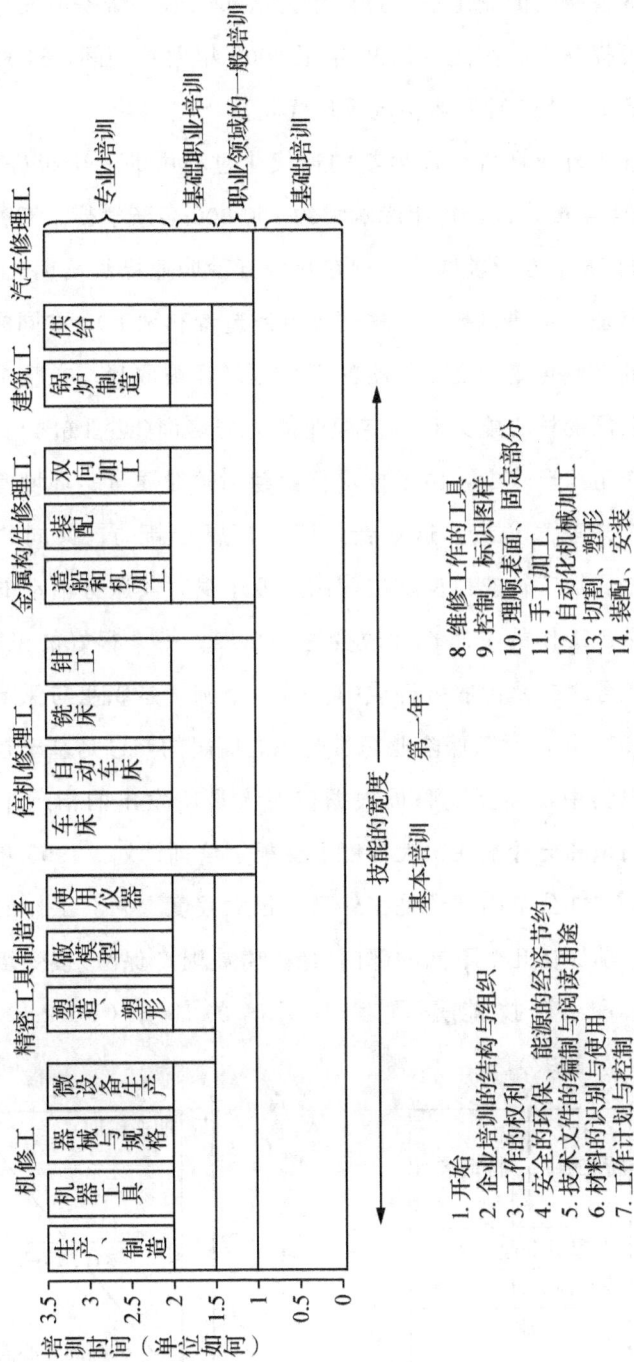

图 6.3 金属加工业培训的组织（来源：联邦职业培训署，2007）

机修工　精密工具制造者　停机修理工　金属构件修理工　建筑工　汽车修理工

专业培训
基础职业培训
职业领域的一般培训
基础培训

技能的宽度　　第一年

基本培训

生产、制造　机器工具　机械与规格　微设备生产　塑造、塑形　做模型　使用仪器　车床　自动车床　铣床　钳工　造船和机加工　装配　双向加工　锅炉制造　供给

培训时间（单位：如何）　3.5　3　2.5　2　1.5　1　0.5　0

1. 开始
2. 企业培训的结构与组织
3. 工作的权利
4. 安全的环保、能源的经济节约
5. 技术文件的编制与使用
6. 材料的识别与阅读使用
7. 工作计划的识别与控制

8. 维修工作的工具
9. 控制，标识图样
10. 理顺表面，固定部分
11. 手工加工
12. 自动化机械加工
13. 切割，塑形
14. 装配，安装

步伐。修订过程持续了七年。在 1995 年，社会合作者为了新条例的发布就加快进程达成一致。决定旧的职业条例的修订应该不超过一年，新的职业条例的制定不超过两年。从那以后，新条例发布的速度已经大幅度提高了。因此，1996 年至 2005 年七月期间，64 种新职业被明确地定义、189 种职业实现了现代化。

金属加工行业将再次作为新的现代化过程中的一个很好的例子。它们在 2004 年被修订，每年影响大约 100 000 名新学徒。五种基本职业中先前的 16 个专业被取消，现在只为五种职业提供培训（工业修理工、工厂修理工、建筑技工、精密工具制造者和铣工）。共同的基础培训和后来的专业化培训之间粗略的划分也已经被取消。在整个培训周期内提供共同的核心能力和特定职业能力的培训（见图 6.4）。在更加分散的工作组织形式中，由于技术行业越来越对质量、环境管理、成本核算和客户联系负责，这些新的能力都属于新的、共同的核心条件。新的金属加工行业也反映出，制造业本身，其服务活动的比例正在增加和员工工作的本质也在改变这一事实。一个很好的工业产品，其价值的三分之二是由服务构成的。另一个例子是职业与保险业联系了起来。1977 年，对于保险业职员的职业概况的修订是基于在一个分层式的组织当中，办公室职员根据监督人员所发出的指示工作的模式。产品知识和会计学在很大程度上支配了培训计划。1996 年的条例把员工无论在办公室内部还是在外部，很大程度上独立工作的模式作为出发点。学徒在几个不同的部门（像人寿或财产保险）接受培训，而顾客导向和 IT 技能是课程中明确的部分（Bockshecker 和 Klotzbücher，1997）。

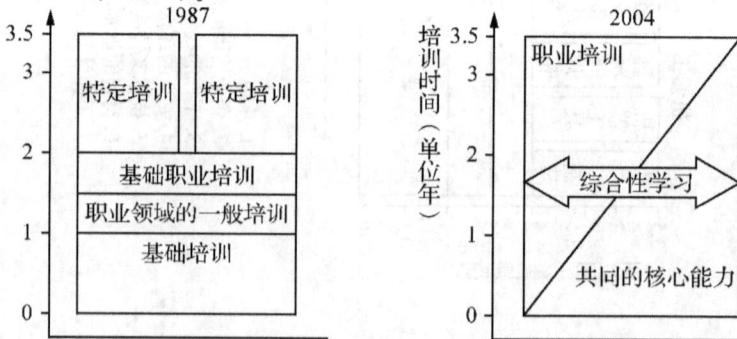

图 6.4　金属加工行业培训课程的比较（1987 年和 2004 年）
来源：VME B—W e. V.（2005：4）

	策略专业人员			
工程硕士	认证的IT技术工程师		认证的IT业务工程师	
	运营专业人员			
工程学士	认证的IT系统经理	认证的IT业务经理	认证的IT业务顾问	认证的IT市场营销经理
	专家			
	6个IT部门的29个专家的简介：软件开发人员、解决方案开发人员、统筹人员、技术人员、顾问			
	职业培训			
	IT系统的电工	IT系统的集成专家	IT系统的支持人员	IT系统的办公人员

图 6.5　德国 IT 行业的培训途径(来源：IT 教育网络能力中心)

149

　　四种 IT 职业为新制定的职业提供了一个成功的例子。它们涵盖了分布在新信息技术的供应商和用户的技术和商业活动的培训(见图 6.5)，考虑到供应商和用户需求的职业概况，想要为这两者之间的最佳合作创造条件。像金属加工行业，它们包含共同的核心技能，包括电气工程学、电子学、信息技术和管理。这些核心技能占培训计划内容的一半左右。它们将另一半设计为具有特定的专业技能。社会合作者开发这四种职业只用了九个月的时间。在 2002 年，有 48 859 名学徒参加新职业培训，他们当中大约一半人具有高中毕业证书。IT 职业中学徒数量的快速增长得以发生的部分原因是以取代其他职业为代价。看起来好像在英国完成了 IT 培训课程的那些人占据了大学毕业生该有的职位(Steedmann、Wagner 和 Foreman，2003)。IT 职业的新特征之一就是在发展过程中第一次建立了进入大学和再培训的机会。

　　职业培训的新模式也需要新的培训方法。培训不再仅仅以主体性教育为导向，而是越来越考虑工作场所的实际过程和程序。这意味着，例如，电工和钳工不再单独培训，而是在模拟的或者真实的项目中与团队一起工作。在 20 世纪 90 年代，一项学习项目被理解为一项内部技术项目。现在，它包括与客户的联系(也可能是内部客户)。

（三）双元制内的分化和对以往学习的认可

最近几十年来，职业概况已经有越来越多的分歧。首先，这种分歧是双元制扩大的一种结果，这已经导致许多其他国家仅仅要求在职培训，或者相反地要求具备大学学位的不相同的职业并入到双元制中。其次，这是在申请人的供给上存在差异的一种结果。许多学徒都接受过更好的教育，因而比过去的学徒年龄更大一些。学员的平均年龄从 1970 年的 16.6 岁提高至 2005 年的 19.5 岁（BMBF，2007：110）。这使得提高许多职业的理论部分的标准成为可能。对于 IT 职业中的学徒或者银行职员、电工来说，要掌握的理论部分比初出茅庐的画家和室内装饰设计师难得多，这些差异已经变得比过去更大了。

150　　　进入不同的课程在学术要求上存在越来越多的差异，这已导致了双元制内部更大的分化。没有初中毕业证书的学员都集中在不太具有商业吸引力的职业和与农业相关的职业上；具备这种资格证书的那些人，主要进入需要娴熟技术的手工行业或者销售职业；而具有中等学校毕业证书的那些人倾向于选择文员职业和与健康相关的职业以及一些更高级别的商业性职业；高中毕业证书的持有者倾向于进入银行、保险业和 IT 职业（BMBF，2007：106－108）。同时，培训的时间正变得越来越不同。大约 21％的学徒的培训时间缩短了，或者是因为他们具有中学毕业证书（主要是高中毕业证书），从他们的培训当中取得了良好的效果，亦或者从职业技能的预备课程中已经获得了技能（BMBF，2007：133）。

尽管其具有高度的正规化水平，双元制认可的确为在其他地方获得的能力预留了空间。在一个职业领域中具有工作经验的人（学徒期限的 150％）可以参加由当地议会设置的考试。在 2005 年，大约 30 000 名员工参加了这些所谓的外部考试（所有考试的为 7.4％，1995 年为 7.7％）（BMBF，2007：131）。总的来说，双元制能够比公共教育和培训制度更加灵活地对个人资质上存在的差异做出反应。

五、职业培训的经费

2006 年，在西德，平均每月支付给学徒 629 欧元的津贴；在东德则是 536 欧元(BMBF，2007：142)。这不到具有职业资格的员工的平均工资的三分之一。第一年的培训津贴更低，然后第二年提高了12％，第三年再提高 12％(BMBF，2004)。在支付的培训津贴的数额上存在相当大的差异：每月支付给砌砖工学徒的数额最高(西德 833 欧元，东德 679 欧元)，每月支付给理发师学徒的数额最低(西德 418 欧元，东德 266 欧元)(BMBF，2007：1429)。津贴或多或少反映了个别行业中的薪酬结构。在劳动密集型的服务行业中较低，在制造业中较高。在某些行业中，支付较高的津贴是为了吸引工人来到艰苦的职业中(比如建筑业)。除了 20 世纪 90 年代初大幅度的增长(Wobmann，2004：21)和 2000 年以来较低的增长(BMBF，2007：144)外，培训津贴的增加已经或多或少带来了工资的普遍增长，这反映出不同时期学徒的稀缺程度。在一定条件下，学徒能够以与大学生和中学生同样的方式得到资助(方框 6.1)。将职业培训纳入公共补助金制度是为了保证职业培训和普通教育中的年轻人享有平等的待遇。学徒自己通过较低的工资承担一些培训费用，公司资助大约三分之二的培训费用和培训津贴，国家则资助三分之一。各州资助非全日制职业学校；联邦政府和联邦就业办公室资助外部培训中心的年轻人在公司内外，特别是在失业率高的地区的培训(比如，东德)。对于国家来说，双元制的费用比基于学校的培训要少得多，因为企业对此做出了重要的财政贡献。在 2006 年，各州总共为职业培训学校花费 68 亿欧元，不到这个金额的一半——29 亿欧元——花费在非全日制培训学校上，它们是双元制的一部分(BMBF，2007：146)，虽然这一制度满足了比基于学校的培训制度中三倍多的年轻人的需要。

　　自从学徒从事生产性工作以来，培训的净成本低于总成本。为了计算培训的净成本，同一时期学徒从工作中获得的收入必须从培训的总成本中扣除。2000 年，所有公司每年每个学徒平均净成本是每年 2 448 欧元(总成本 10 178 欧元)。总成本和净成本随着企业和行业规模的不同而有很大的差异(见表 6.1)。企业提供培训节约了它自身从外部劳动力市场招聘员工的培训成本(见表 6.1)，尤其是从劳动力市场上招聘时，选择失误所要承担的成本。经过一段时期的培训以后，培

151

方框 6.1   对一般教育和职业教育的补助金和贷款

在 20 世纪 60 年代，高等教育中传统的补助金制度得到了扩大，在 20 世纪 80 年代又扩大到了高中生、学徒和进修培训的参与者：

在高等教育、全日制学校或者夜校中，年龄达到 30 岁、正在弥补他们二级资质的学生，以及远离父母生活的高中生，收到了依据收入调查结果而确定的补助金（50％）和贷款（50％）作为他们的生活费用，每月最大金额高达 585 欧元。

联邦就业机构支付给不再和父母生活在一起的学徒们小额的培训津贴，2006 年，大约 100 000 名学徒收到了这样的补助金。

再培训：技师和技术人员培训课程的参与者与白领职业中的同类人收到了依据收入调查结果而确定的补助金（35％）和贷款（65％），再加上抚育孩子的津贴、学费和额外的费用，比如承担产生"杰作"的那些费用，即执行一项使其有资格成为高级技师的工作，每月高达 614 欧元。如果参与者创立，他们只需偿还贷款的 25％。2006 年，136 000 名参与者得到了扶持，没有年龄限制。

152　训的企业和学徒互相了解，它做出错误选择所要承担的风险比从外部劳动力市场招聘员工的非培训公司要小得多。而且，在许多情况下，非培训企业可以从劳动力市场上招聘有技能的工人或诱使他们远离其他雇主的唯一途径就是以更高薪酬的形式提供诱惑。然而，培训的实用性只有在更长的时期内才能得以实现，对企业来说并不是显而易见的，除非企业对他们的人员规划采取长期的方法。只有大约 13％～16％的培训公司似乎成本高于回报（Beicht 等人，2004：269）。

六、企业提供培训的意愿

双元制的正常运行取决于企业提供培训的意愿。德国的企业可以说已经承担了为所有寻求培训场所的年轻人提供培训场所的"社会义务"。由英国教育部设立的分析德国在 20 世纪 80 年代工业培训的委员会对此种态度感到惊讶。

表 6.1 欧洲年度培训的成本和收益

（单位：欧元）

	学徒制领域				
	合计	工业和商业	手工业	自由职业	农业
总成本	10 178	11 816	8 173	8 745	9 163
收益	7 730	8 218	6 780	9 082	8 837
净成本	2 448	3 598	1 393	—337	327
外部招聘成本	5 765	7 064	3 924	4 752	4 025
净收益	3 317	3 466	2 521	5 089	3 698

资料来源：Beicht 等人和自己的计算

他们在其中的一个报告中写道："他们［德国雇主 G. B.］似乎渴望尽可能多地保持他们对培训的控制，并且愿意支付培训的费用。在英国，我们面临一个完全相反的处境，公司不愿意为少数人提供培训，他们欢迎学校对就业准备和个别公司的具体要求给予越来越多的关注。"(BMBF，1983：11)

直到最近，尽管强大的工会和"耐心资本"以德国就业模式为特征，短期盈利主义一直发挥重要作用并且危及双元制的正常运行。在过去的 25 年中，双元制已经经历过几次重大的危机。在 20 世纪 80 年代中期，德国签订了近 700 000 个新的培训合同，而 1995 年这一数字仅为 450 000 个。在统一后的德国，与 2005 年签订的 550 000 个合同相比，1999 年签订了 631 000 个新合同。鉴于这些波动，年轻人找不到培训场所所要承担的风险太明显了。在经济危机时期，公司寻求降低成本，它们的首要目标常常是降低培训费用。一些学者认为，目前对于新学徒要求较低仅仅是由于较低的经济增长率。其他学者看到了需求方面的结构变化。由于公共服务私营化，企业管理新形式的出现，关注短期（股东的价值）劳动力市场限制的解除和劳资谈判的弱化，他们认为短期思维现在在雇主中占主导地位(Bosch，2004a)。最终，在统一之后东德经济崩溃，在过去 10 年中，德国缓慢的经济增长已经减少了对新学徒的需求。由于短期盈利主义愈演愈烈和经济停滞对企业培训决策的严重影响，对于培训场所征税的引进已经争论多年。所有的企业都要支付税款，税款将用于支付企业提供培训所承担

153

的费用，但只有几个行业已经引进了这种征税（比如，建筑行业）。由于雇主协会强烈反对强制征税，保守党和社会民主党政府都提议实施自愿的"培训协议"作为一种替代。2004 年，德国议会通过了引进征税制度方面的立法（Bosch，2004b）。然而，社民党绿色联盟政府从未打算实施这一法律。它的目的是对雇主协会施加压力以便签署新的培训协议。在最近几十年达成的许多培训协议中，雇主协会承诺追加培训场所和为企业和基于学校培训场所追加政府补贴。但是，随着时间的推移，雇主的承诺已经变得越来越没有约束力。在 20 世纪 80 年代初，联邦总理赫尔穆特·科尔仍然能够保证，每一个年轻人拥有一个培训场所，并且为当时庞大的年龄群组破纪录地签订了 700 000 多个培训合同。

154　　从 2002 年以来签订的培训协议中，雇主协会已经同意只是创立一定数量的新培训场所，而不是取代已经失去的那些工作场所。雇主协会现在代表的企业所占的比例仍然在下降，因此很难对整个经济承担义务。"成员问题可以被看作是德国劳资关系模式的致命弱点"（Schroeder，1997：226），因此也是职业培训制度的致命弱点。在一些行业中，雇主协会和工会已经签订了增加培训场所供应的集体协议。然而，在这里，这一协议常常也不具有约束力。这不仅是对社会伙伴之间意见分歧的一种反映，而且也是对协会不断增多的弱点的一种反映。

　　从培训比率（所有雇用的学徒的比例）中可以看出 20 世纪 80 年代和现在签订的培训协议的效果。1985 年记载了 8.8％的培训率，现在，这一数字已经下降至略超过 6％。然而，没有这些协议，在 2002 年至 2005 年的经济危机期间，培训率可能会降得更低。培训协议为东德在经济崩溃之后培训双元制的幸存提供了唯一可能的解释，即使还需要大量的补贴。可以与东德媲美的遭受经济崩溃的其他东欧国家，1990 年以后，以企业为主的职业培训减少到最低限度。在那时，大型国有企业被撤销，而新成立的小型企业还没有积累起培训所需要的资金。然而，即使有培训协议，从 2000 年以来还是有相当大的年龄群组没有被纳入到这一制度当中。因此，没有培训场所的高比例的年轻人以过渡制度而告终，现在几乎整个年龄群组的年轻人都处于过渡制度的"循环等待"之中。高得不成比例的初中毕业生和移民已经揭示了在向职业培训过渡过程中社会分离的新面貌。在这里我们看到的不仅仅是职业培训的危机，而且也许最重要的是，教育改革的不充分和德国统一所带来的后果。

七、德国职业劳动力市场正遭受冲击吗？

由于职业培训的双元制，德国劳动力市场在很大程度上沿着职业路线设置。职业劳动力市场可以依据法定的准入安排，或者通过社会合作者的参与而设立。在技术行业领域总共41种职业中，只有那些具有高级技师资格的人才可以成为个体经营者。

它们主要是具有潜在危险的(如钳工和暖气安装者)或者与健康有关的职业。2004年，为了使从事商业更容易些，联邦政府放宽了这一要求，将需要批准的职业数量从92种减少到41种。而且，具有至少六年工作经验的有技能的工人(即已经通过学徒考试的那些人)，现在可以开始做他们自己的事业。如果雇主接受职业概况并且改革没有对他们提供培训的愿意产生负面影响，那么社会合作者的参与是绝对必要的。此外，他们在行业层面的劳资谈判中就薪酬结构进行协商，进而协商职业培训和实际职业之间的联系。薪酬结构、公司的工作组织和职业结构是对职业的一种强有力的反映，包括晋升需要的高级培训。

德国社会科学和经济学文献中越来越多的观点认为，职业劳动力市场已经解体是理所当然的(Baethge 和 Baethge－Kinsky，1998)。它是假定对灵活性的需求已经提高到这样一种程度，以致于职业之间的界限已经变得模糊，因为在现代更加灵活的工作组织形式中需要更一般的和要求相对不严格的职业技能。然而，到目前为止，很少有实证研究的证据表明职业劳动力市场实际上正遭受蚕食。职业变化没有变得比过去更加频繁（Erlinghagen，2004；Bender、Haas 和 Klose，1999)。2004年，80％以上具有职业培训资格的员工从事与他们的培训相匹配的工作，即从事他们所培训的职业，或者从事与培训相同或者更高水平的职业。这一比例与1984年相比实际上已经略有增加，现在实际上比大学毕业生在这方面的比例更高(见图6.6)。对于所培训的职业和劳动力市场之间令人惊讶的稳定联系是最重要的解释，这无疑将不同的职业并入到基础广泛的职业概况之中。因此，不具备就业统计资料中所记录的变化的活动可以被逐渐地改变，以此作为一种职业变化，或者被记录在调查表中。另一个原因是新的职业劳动力市场的创建，例如，通过新的IT职业，作为对旧的不断萎缩的职业劳动力市场的一种补偿，特别是在制造业方面。最后，各种服务业和制造业的研究表明，对技术的要求没有下降，除此之外，还要求社会能力（Baethge－Kinsky、Holm和Tullius，2007）。个人回归培训进一步证明，在劳动力市场上职业培训是容易行得通的。的确，每一年的培训，实际上使他们在双元制和基于学校的制度中获得了比在高等教育中更高的资格。（Ammermuller和Dohmen，2004）。

156

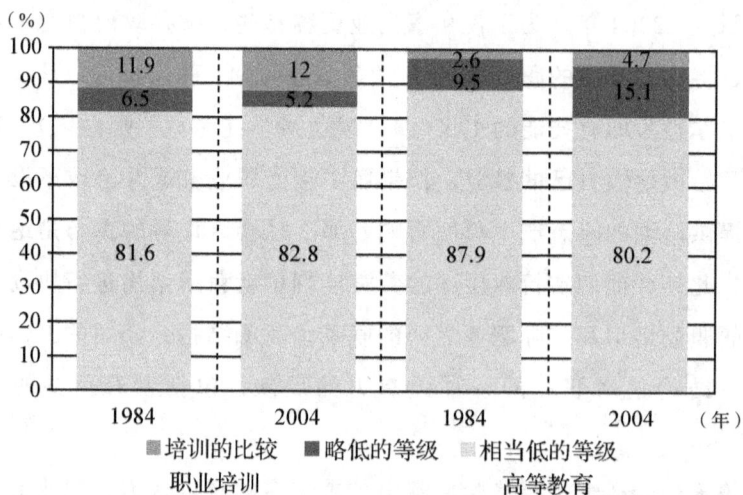

图6.6　就业资格等级的比较(1984年和2004年)
资料来源：财团教育报告，2006

　　然而，前面引用的指标并没有显示出所有的职业劳动力市场是同样稳定的。在一些领域中，作为自动化的一种结果，需要技能的职业已经消失，而在其他领域，例如，像酒店和餐饮业，由于工作条件较差，许多学徒转而到其他领域求职。然而，这并不是一种新的发展。在需要职业培训的职业和只需在职培训就已足够的职业之间的边缘总是有灰色地带；这种灰色地带出现在组织和技术变革期间，产生于职业培训制度的立场，夹在高等教育和在职培训中间。

八、挑战和改革计划

目前，德国职业培训制度面临几大挑战，几乎所有的挑战都在于职业培训与教育和培训制度的其他部分之间的衔接。目前的辩论围绕着提高过渡制度、进修培训和高等教育之间的联系。这场辩论受到关于欧洲资格体系（European Qualifications Frameword，EQF）的发展和欧洲职业教育与培训的学分（转学）制度（European Credit/Transfer System for Vocational Education and Training，ECVET）的辩论的影响。欧盟成员国正在被鼓励发展他们自己的国家资格框架。德国联邦政府和各州已经同意为普通教育和职业培训建立一个共同的德国资格框架，它将不局限于指定的最终考试，而且还将定义工作环境中的竞争力和胜任工作的能力。

157

在接下来实施这些计划的几年中，必须解决许多基本问题和实际问题。社会合作者，特别是工会，都非常关注伴随着职业被个人能力模块所取代，统一的职业准则将会被抛弃。英国，以及其他国家的职业资格和许多培训模块在劳动力市场上几乎没有任何价值，这被视为一种警告。同时，这样的模块已经在过渡制度中介绍过，其可以算作获得职业培训资格的学分。越来越多的职业还包括允许学徒专业化或者作为进修培训参考的选择性模块。最后，在职业培训制度中获得的成就不能算作获得高等教育资格的学分，除非存在等同于完整的职业培训资格描述的能力概况。第二个基本问题是关于职业教育资格和高等教育资格在未来德国资格体系中的定位。德国制定了八个等级，学士学位和硕士学位位于第六至第八等级。为了证明职业培训和普通教育的对等性，工会和雇主协会已经提出这些等级也应该向职业培训资格开放。因此，高级技师、技术人员和业务主管的职业资格将位于第六等级，也许职业学士学位或者有额外培训的职业资格将位于第七等级。然而，大学不可能毫无斗争地就放弃学士的头衔。这场斗争的结果将表明是要认真对待欧洲资格框架背后的话语，即它的目的是认可能力而不是正式的资格，还是高等教育领域成功地使个人水平仅仅为获得学位而做准备。找到描述职业培训和高等教育学习成果的共同语言，建立两者之间的可比较性并找到定义能力的方法是一个尚未解决的问题，到目前为止，不只是要停留在获得资格的层面上。只要这些问题仍然没有令人满意的解决方案，任何学分制度将带有随意性，并将根据地位和能力做出决定（BWP，2007）。

职业概况必须经历持续的改革这一事实现在为涉及的所有参与者所接受。然而，不能忽略个别协会的特殊利益和政治操纵已经反复地对改革进程产生破坏性影响。因此，许多新的职业被定义得过于狭窄。许多旧的职业幸存下来仅仅是因为个别协会想要拥有他们"自己的"职业。在这里，明智的做法是将共同的基础培训与一系列不同的专长结合起来。

不同协会的利益分歧，似乎很难在德国将职业的数量减少至专家们认为是合理的[①]200 种广义的职业。现在正在讨论中的一种选择是，在保留各种各样的职业概况的同时，使所谓的"职业群"中的基础培训能够协调一致。仍然保留着不同称号的这种协调将是一种明智的解决办法，因为如果它们不再能认定"他们的"职业，企业就可能不太愿意提供培训。

双元制和高等教育之间的衔接，其中最重要的一项发展就是双重计划的出现。这些计划中的年轻人签订培训合同，同时参加高等教育机构的课程，通常是应用科学大学的课程。完成这一计划后，他们既获得职业培训资格又获得高等教育资格。在这些计划中的毕业生，尤其是现在其中有几百人正参加中层管理培训，所以该计划受到普遍欢迎。双元制在较高层次上的发展并没有更加快速，这一事实可能是由于企业在联邦德国教育制度中签订标准化的协议有困难，而在联邦德国教育制度中，16 个州都有自己的大学制度。银行业雇主曾经考虑把他们的职业培训转变为具备工作经验的本科学历，然而，鉴于早期已经提及的组织问题，该协会放弃了这种想法。

九、结　论

起初我们质疑，是否德国的"特殊路径"，以及其强大的以企业为

---

①　德国是一个联邦制国家，16 个州对初等教育、中等教育和高等教育负责。联邦政府只对职业培训双元制的管理规定负责。

主的职业培训制度和相对较小的高等教育领域可能持续下去。表明双元制将继续发挥非常重要的作用的一个因素，就是近年来其快速的现代化。虽然工会和雇主协会在近年来发挥的影响力已经下降了，并且他们之间的关系已经在许多领域变得更加紧张，但由于不同利益之间高度的一致性，长期形成的共识原则仍然应用于职业培训。雇主协会重视职业培训制度，因为它为他们提供了具有良好技能的工人，而工会渴望他们的成员通过参与职业培训获得高薪酬工作的机会。因此，在现代化进程中，德国职业培训制度不是放弃学习不佳的主要理由，而是创新制度的一部分，这一观点已经变得很清晰。

关注创新、职业培训和劳动力市场以及晋升机会之间的密切联系，都可以通过进修培训来实现，或者最近的高等教育意味着该制度对年轻人仍然非常具有吸引力。很多证据表明，由于德国的职业培训制度，未来德国大学毕业率仍将低于经合组织成员国的平均水平。然而，必须改善向大学领域的过渡。可能双重计划中已经提到了这一点，给在工作场所中获得的能力授予学分，将引起职业培训和高等教育之间更广泛的过渡地带的发展。但是同时，职业培训双元制已经受到来自下面的压力。三方学校制度影响了年轻人早期的选择，当培训场所供应不足时，这便对他们的动机产生不利影响。在教育改革缺失和培训场所供应增长的情况下，半技能工人和缺乏技能的工人的比例显著增加是不可避免的。

欧盟发起的国家资格框架产生的影响难以预料。鉴于在国家资格框架的引入方面还有许多尚未解决的问题，结果将是一种更加开放的制度，还是仅仅是一个给予高等教育特权和贬低职业培训的广泛的官僚认证机构，还不能完全确定。其中的一个困难是，很多参与者都只关心教育和培训制度的重组所产生的技术问题，而不关心培训制度作为一个整体的完整性以及其与社会合作者所经营的企业和机构的结合。如果以企业为主的职业培训想要正常运行，对整个状况在基本了解上的缺失必须得到满足，这在欧盟的政策中是显而易见的，而近来这在德国教育和培训政策中也是明显的，否则可能会引起实际上削弱该制度的改革。

【参考文献】

1. Ammermuller, A. and Dohmen, D. (2004) Private und soziale Ertrage von Bildungsinvestitionen, FIBS — Formum Nr. 21, Cologne, http：//www. fibs — koeln. de/de/sites/ _ wgData/Forum _ 021. pdf (accessed October 2008).

2. Baethge, M. and Baethge—Kinsky, V. (1998) Jenseits von Beruf und Beruflichkeit? Neue Formen von Arbeitsorganisation und Beschaftigung und ihre Bedeutung uir eine zentrale Kategorie gesellschafticher Integration, MittAB 31：461—472.

3. Baethge—Kinsky, V. , Holm, R. and Tullius, K. (2007) Dynamische Zeitenlangsamer Wandel：Betriebliche Kompetenzentwicklung von Fachkraften in zentralen Tatigkeitsfeldern der deutschen Wirtschaft, Schlussbericht des Forschungsvorhabens, Kompetenzentwicklung in deutschen Unternehmen. Formen, Voraussetzungen und Veranderungsdynamik, Gottingen, Germany：SOFI.

4. Beicht U. , Walden, G. and Herget, H. (2004) Kosten and Nutzen der betrieblichen Berufsausbildung in Deutschland, Berichte zur beruflichen Bildung 264, BiBB.

5. Bender, S. , Haas, A. and Klose, C. (1999) Mobilitat allein kann Arbeitsmarktprobleme nicht lösen. Die Entwicklung der beruflichen und betrieblichen Mobilitat von 1985—1995, IAB—Kurzbericht 2, Nuremberg.

6. BMBF (2004) Bundesministerium fur Bildung und Forschung, Infopaket Ausbildung, Ausge wahlte Aspekte der Ausbildungssituation im dualen System, Berlin.

7. BMBF (2007) Bundesministerium für Bildung und Forschung, Berufsbildungsbericht 2007, Berlin.

8. Bockshecker, W. and Klotzbiicher, M. (1997) Ausbildungsberuf Versicherungskaufmann/— frau — Zukunftsgerichtete Flexibilität und Qualitätssicherung, in R. Weiss(eds.), Aus— und Weiterbildung fur die Dienstleistungsgesellschaft, Köln：Deutscher Instituts Verlag, 136—145.

9. Bologna Process (1999) http：//en. wikipedia. org/wiki/Bologna _ process (accessed 8 October 2008).

10. Bonin, H. , Schneider, M. , Quinke, H. and Arens, T. (2007) Zukunft von Bildung und Arbeit. Perspektiven von Arbeitskraftebedarf und —angebot bis 2020, IZA Research Report 9, Bonn.

11. Bosch, G. (2000) The dual system of vocational training in Germany：Is it still a model?, in D. Tremblay and P. Doray (eds.), Vers de nouveaux modes de formation profession nelle? Rôle des acteurs et des collaborations, Sainte—Foy, Quebec：Presses de L'université du Québec, 91—114.

——. (2004a) Die Krise der Selbstverpflichtung, ifo Schnelldienst 57 (6)：16—20.

——. (2004b) Brauchen wir eine Ausbildungsplatzabgabe?, in D.

Haubner, E.

Mezger and H. Schwengel (eds.), Wissensgesellschaft, Verteilungskonflikte und strategische Akteur, Marburg, Germany: Metropolis—Verl., 217—233.

12. BWP (2007) Berufsbildung in Wissenschaft and Praxis, Herausforderung Europa, No. 3.

13. Erlinehagen, M. (2004) Die Restrukturierung des Arbeitsmarktes: Arbeitsmarktmobilltat und Beschaftigungsstabilitat im Zeitverlauf, l. Ayfl. Wiesbaden: VS—Verl. fur Sozialwiss Zugl., Duisburg, Univ., Diss.

14. Finegold, D. and Soskice, D. (1988) The failure of training in Britain: Analysis and prescription, Oxford Review of Economic Policy 4 (3): 21—51.

15. Geissler, R. (2002) Die Sozialstruktur Deutschlands, Wiesbaden: Westdeutscher Verlag.

16. Handelsblatt(2007) 'BDA fordert Uni—Zugang fur Gesellen', *Handelsblatt* 191, 4 October 2007, 5.

17. Kompetenzzentrum IT — Bildungsnetzwerke (2003) http: //kib—net. de (accessed Octobet (2008).

18. Konsortium Bildungsberichterstattung (2006) Bildung in Deutschland. OECD (2007) Education at a glance, Paris: OECD.

19. Prais, S. J. and Wagner, K. (1983) Some practical aspects of human capital investment: Training standards in five occupations in Britain and Germany, National Institute Economic Review 105: 46—65.

20. Publik(2007) Ausgabe 7.

21. Sabel, C. F. (1995) Regionale Basis globaler Wettbewerbsfahigkeit, in F. Lehiner, F. Schmidt—Bleek and H. Kilper (eds.), Regiovision—Neue Strategien fur alte Industrieregionen. Munchen und Mering: Hampp Verlag, 21—33.

22. Schroede, W. (1997) Loyality and Exit—Austritte aus regionalen Arbeitberverbanden der Metall — und Elektroindustrie, in U. Alemann and B. Weßels (eds.), Verbande in verqleichender Perspektive, Berlin: Edition Sigma, 225—251.

23. Steedman, H., Wagner, K. and Foreman, J. (2003) The impact on firms of ICT skill supply strategies: An Anglo—Saxon comparison, London School of Economics, http: //cep. lse. ac. uk/pubs/download/dp0575. pdf(accessed October 2008).

24. Studies in Vocational Education and Training in the Federal Republic or Germany(1983) Vol. 4, The industrial tutor in the FRG, London: British Ministry of Education.

25. Uhly, A., Lohmuller, L. and Arentz, U. M. (2008) Schaubilder zur Berufsausbildung 2008. Strukturen und Entwicklung in der dualen Ausbildung, Bundesinstitut für Berufsbildung: http: //www. bibb. de/de/10274. htm (accessed 23 October 2008).

26. VME B—W e. V. (Verband der Metall— und Elektroindustrie Baden—Wurt-

temberg)（2005）Information zu den neuen Metallberufen 2004.

27. Wagner，K. and Finegold，D.（1997）Der Einfluß der Aus— und Weiterbil-
    dung auf die Arbeitsorganisation—Eine Untersuchung in der Fertigung US—
    Amerikanischer Maschinenbauunternehmen，in A. Clermont and Schmeisser
    （eds.），Internationales Personalmanagement，München：Vahlen，Verlag.

28. Wößmann，L.（2004）Entwicklung betrieblicher Kosten und Nutzen der Beruf-
    sausbildung，ifo—schnelldienst 6.

第七章 韩国政府主导型职业培训体系的转型

金荷允 李秉熙

一、引 言

过去四十多年，韩国经济的强劲增长已被世人所熟知。20世纪六七十年代是韩国工业化时期，在这期间韩国经济增长速度一直保持在较高水平。拥有高素质及高技能人才是韩国经济长期快速发展的主要动力之一。与经济的快速增长相一致，韩国的教育和职业培训在数量和质量方面都快速增长。

在韩国工业化期间，教育和职业培训体系在新技术形成与经济发展之间建立制度性衔接过程中所发挥的重要作用是举足轻重的。通过制定引导性的产业政策以及提供满足经济发展需要的技术来引发技术需求，政府在其中起着决定性的作用。(ILO，1998)

在韩国工业化期间，教育和职业培训政策以促进经济发展为方针。为了将教育需求与经济发展联系起来，政府采用了通过学校层面实现的有序的教育扩张政策。在工业化进程早期，政府政策是扩大小学、初中阶段教育，同时抑制高等教育的发展。在财政紧缩时期，韩国政府的这些政策在培养熟练工人上确实有效（World Bank，1993）。在快速工业化阶段，职业教育在向劳动力市场提供大量半熟练工人中起到了关键作用。职业高中的发展得到政府支持，同时针对年轻人的职业培训计划数量也在增长。为了满足20世纪70年代中期的新产业发展对熟练工人的需求，政府还在大企业中推行了强制性的职业培训制度。通过实施上述政策，政府成功重建了满足不断变化的产业需求的职业教育和培训体系。

从这点看，韩国工业化过程中的职业培训体系，其特征是"政府主导型的技术形成体系"（Ashton等人，1999；ILO，1998）。

然而，现在韩国面临着由经济迅猛发展而带来的新挑战。随着韩国步入发达国家行列，对高等教育的需求也快速增长。在 20 世纪 90 年代中期，为应对对高等教育这种日益增长的需求，政府放松了对高等教育的管制。自此，韩国的高等教育经历了爆炸性的扩张。韩国超过 80％的高中毕业生都得以升入各种学院和大学——这在全世界是比例最高的。

但在另一方面，中学层次的职业教育却在明显萎缩。职业高中的在校学生人数已经下降，生源质量也日益恶化。除此之外，随着职业教育的声望下降，越来越多的职业高中毕业生选择接受学院教育，而不是直接进入劳动力市场。因此，职业教育的发展重心已经从职业高中转移到了两年制的职业初级学院。

1995 年，职业培训政策也发生了较大转变。随着韩国经济面对由变化莫测的全球化经济环境带来的新挑战，政府为了维持经济竞争力不得不采取积极的措施来改良职业培训方案。很明显，这个旨在优先发展半熟练工人初始职业培训的、政府主导的强制性培训系统已不再适应新环境了。建立一个既能满足企业又能满足工人个性化需求的全新灵活的培训体系迫在眉睫。从 1995 年起，韩国政府引进了一个新职业培训体系。这个体系允许企业和工人单独选择最适合自身需求的培训。作为积极的劳动力市场政策的一部分、职业培训的关注点，这个体系从为年轻人的初始职业培训转移到对在职工人和失业者的再培训。

这样的转移是为了满足由于经济全球化和科学技术的快速变化所引起的不断变化的技术需求。然而，在韩国的职业教育和培训体系中，还有种种问题亟待解决。这些问题包括职业教育的萎缩、职业培训参与率低、培训机会在企业和工人中分配不均等。

韩国的案例展示了一个发展中国家在不断发展壮大的过程中，是如何将职业教育与培训体系由政府主导型升级为市场主导型的体系，也揭示出许多在转型过程中应运而生的问题。我们能从韩国职业教育体系转型过程的经验中学到很多东西。

这章的目标是解释和评价过去几十年中，韩国职业教育和培训体系中最有特点的变化过程，展现如下：在第二部分，我们将概述韩国教育和培训的最显著特征，接着回顾 20 世纪 90 年代中期以来韩国在该领域中所实施的改革。第三部分主要讨论这些改革所取得的成就以及它的局限之处。我们将评价高等教育扩张和职业培训体系的变化在劳动力市场中所产生的效应，这也是技术形成体系改革所产生的最显著结果。第四部分着眼于韩国当前所面临的挑战，为未来改革提上议程铺平道路。最后一个部分总结了关键发现和建议，以此结束全文。

二、韩国教育和培训体系的显著特征

(一)技术形成体制的概述

在韩国，"教育"和"培训"是两个完全不同的概念，弄清这一点很重要。"教育"通常指在学校中的理论学习，而"培训"则指通常由政府和企业为已经离校的工人所提供的各种各样的职业培训项目。在韩国，"教育"更受人们所重视。学历是决定一个人经济和社会地位的最重要标准。职业教育和培训与学术教育相比，地位较低。

受这种观念影响，韩国人受教育程度处于异乎寻常的高位就不奇怪了。现在80％以上的高中毕业生都进入了高等院校。学生只有经过激烈的竞争才能进入有声望的大学。因为被有声望的大学录取就意味着毕业后有好工作和高收入，所以在小学和中学阶段，补习是非常普遍的。这导致教育支出为中等家庭总消费支出的 11.3％（National Statistical Office，2005）。

受教育程度高和激烈的竞争被认为是韩国取得高水平学术成就的一个因素。2003 年，在经济合作与发展组织（Orgenisation for Economic Co—operation and Development，OECD)的国际学生评估项目对高中学生所做的测试中，在抽样调查的国家中，韩国学生的问题解决能力排名第一，阅读能力排在第二，数学排在第三，科学素质排在第四。

另一方面，职业教育却没有如此高的地位。无论职业高中或是两年制初级学院中所提供的职业教育，其作用在数量和质量方面都是有限的。因此，学生的职业技能主要是在进入劳动力市场后通过在岗培训获得的。学校系统明显地偏向理论教育，并且大部分年轻人以全日制方式在学校学习，没有任何的工作经验。职业高中的入学率在过去十年中持续下降，职业高中学生占全部高中在校生的比例已经不足

30％。事实上，职业教育学校不再是"职业性"的，随着职业高中毕业生的劳动力市场前景趋弱，超过60％的职业高中毕业生都升入高等教育机构继续学习。

韩国教育体系的另一个显著特征是政府在职业培训方面的参与度很高。政府对培训的介入，主要由韩国的劳动力市场结构和劳资关系的本质所决定。

在韩国，收入高低与升职与否主要由资历决定，而不是职业资格。职位薪酬体系在大部分职场是不存在的。工作职位与工人的技术之间没有直接联系；雇主可以在很大程度上灵活地在员工中分配工作任务。这导致工人在进入劳动力市场前对获得具体的职业培训没有多大的兴趣。

在这样的环境中，技术形成只能寄希望于职场中的在岗培训。然而，即使提高雇员的工作技能是必要的，雇主也不愿意进行长期的人力资本投资。针对生产部门工人的有组织的培训计划屈指可数，即使在大型企业中也如此。雇主和员工之间的对抗性关系同样对改善职业培训系统没有任何帮助。工会太过注重工作岗位和工资，而极少关注职业培训。在企业层面，雇主和员工双方就职业培训问题进行的合作和协商几乎不存在，更不用说是在行业或国家层面上了。因此，缺乏以岗定酬的劳动力市场实践活动以及合作式劳资关系，造就了不利于职业培训的环境。

总之，韩国目前技术形成体制的特征是，年青一代太过注重以基础理论为主的学校教育以及企业对员工的培训不足。当前教育和培训有着严格界限的体系与存在于工业化时代的体系迥然不同，工业化时代的体系注重面向就业准备的学校为主的教育，以及为新入劳动力市场的劳动者提供由政府资助的初始职业培训。这种转变与韩国政府主导型技术形成体系的衰落密切相关。

（二）普通教育

韩国教育实行"6—3—3—4（2）"的单轨学制，即由六年的小学教育、三年的初中教育、三年的高中教育和四年的本科教育或二年制的初级学院教育组成。小学和初中阶段教育为义务教育，高中被分流为普通高中和职业高中。

小学教育在 20 世纪 50 年代末期已经普及。初中教育在 20 世纪 *166* 80 年代实现普及，高中教育则在 90 年代普及。到 2002 年，在 25— 34 岁年龄阶段的人群中，95％以上都受过高中教育，这使得韩国国民 受教育水平在 OECD 国家中居首（OECD，2004b）。韩国属于全世界 高等教育入学率最高的国家之一，如表 7.1 所示，2004 年，81.3％的 高中毕业生进入大学继续学习。2002 年，在 25—34 岁年龄阶段，人 群中受过高等教育的人数所占比例为 41％，这个比率远远高于 OECD 国家的平均水平(28％)。

表 7.1　入学率(ER)和 升学率(AR)

（单位：%）

年份	小学		初中		高中		AR 理论教育	AR 职业教育	高等教育 ER
	ER	AR	ER	AR	ER	AR			
1970	92.0	66.1	36.6	70.1	20.3	26.9	40.2	9.6	5.4
1975	97.8	77.2	56.2	74.7	31.3	25.8	41.5	8.8	6.7
1980	97.7	95.8	73.3	84.5	48.8	27.2	39.2	11.4	11.4
1985	—	99.2	82.0	90.7	64.2	36.4	53.8	13.3	22.9
1990	100.5	99.8	91.6	95.7	79.4	33.2	47.0	8.3	23.6
1995	98.2	99.9	93.5	98.5	82.9	51.4	72.8	19.2	36.0
2000	97.2	99.9	95.0	99.6	89.4	68.0	83.9	42.0	52.5
2004	97.7	99.9	91.9	99.7	90.1	81.3	89.8	62.3	61.7

资料来源：教育部和韩国教育发展研究中心，2004
注释：入学率（ER）是已注册学生人数占适龄人群的百分比。（小学阶段： 6—11 岁人群，初中：12—14 岁人群，高中：16—17 岁，高等教育：18—21 岁）。升学率是升入更高层次教育学生数占毕业生总数的百分比。

教育在过去几十年中的迅猛扩张被认为有助于降低文盲率，并为 工业化提供了受过良好教育的劳动力。虽然高等教育快速扩张是全球 现象，但是韩国高等教育扩张的上升速度和高等教育当前的入学率非 常突出。在过去二十年中，韩国高校毕业生人数增长了 5.4 倍，即从 1980 年的 102 000 人上升为 2004 年的 552 000 人。这样显著的增长确 定无疑地反映出人们对高等教育不断增长的需求。对高等教育的需求 如此巨大是可以理解的，因为高校毕业生有相对较高的投资回报率。 如表 7.2 所示，虽然收入差距正在逐渐缩小，但是在 2003 年，四年制大学毕业生的收入仍然是中学毕业生的 1.5 倍。

表 7.2 不同受教育水平者间的收入差距(高中阶段为 100%)

(单位:%)

年份	初中及以下水平	高中	2 年制初级学院	4 年制大学(或以上)
1975	57.2	100.0	136.2	214.4
1980	72.7	100.0	145.7	217.3
1985	79.3	100.0	129.5	214.7
1990	87.7	100.0	116.7	174.6
1995	90.9	100.0	108.7	146.8
2000	87.8	100.0	103.4	150.9
2003	84.2	100.0	102.3	151.7

资料来源:劳工部,工资结构调查

韩国高等教育扩张取得如此叹为观止的成就,其重要的驱动力就是发生过的两次重大转变的政府政策。在工业化阶段,政府严格规范高等教育的发展规模,"招生配额制"是政府干预高等教育的重要工具,政府决定着每所大学每年的招生人数。招生人数的增长必须符合政府产业发展政策所决定的人才需求,当时的人才需求集中在工程、自然科学、工商业以及外语等领域。(kim 和 lee,2004)

招生配额制在 1980 年发生了重大变化。政府用毕业生配额制替代了招生配额制,即由控制每所大学招生人数转为控制每所大学每年的毕业生人数。为了缓解高等教育入学竞争所带来的压力和改善高等教育的教育质量,韩国政府规定每个学校招生人数为政府所规定的毕业人数标准配额的 130%,多余的 30% 根据在校的成绩淘汰。如此一来,每届学生毕业时只有正常的毕业生配额得以保留。不过,由于来自不能毕业学生家长的强烈反对,学校最后只能不管学生表现而让所有的学生都毕业。这样,毕业生配额制没有得到严格执行,导致在 20 世纪 80 年代中期大学毕业生人数猛增。

韩国第二次有关高等教育政策的巨大转变是 1995 年的"教育改革"。在这一年,总统教育改革委员会提出了放松高等教育发展管制的建议。

此建议实施后,除了首尔城区的大学之外,其他大学都废除了招生配额制,并放宽建立新学校的限制,只要符合教育部制定的最低标准,就可以成立新学校。作为回报，政府希望学校间的相互竞争迫使学校不断改善自身的教育质量。另外，在教育质量评估的基础上，政府还引进了一套针对学院和大学的选择性资助制度。（kim 和 lee，2002）

　　新政策实施后，高等教育扩张性发展颇为壮观。高中毕业生进入高等教育机构学习的升学比例从 1995 年的 51.4％迅速增长到 2004 年的 81.3％。但各高校都过于关注数量上的扩张而不是教育质量的提升。高等教育阶段的许多问题几乎没有解决，例如，缺乏多样化的教育课程、与劳动力市场联系不紧密和管理不善等问题。这有可能是由于对高等教育的过度需求，导致各个学校有机会进行寻租活动，而不是通过竞争来提供高质量的教育。最终，关于高等教育不能满足经济和社会多样化需求的担心日益增加。高等教育如此大规模地扩张，不仅对学院和大学自身来说是个挑战，对促进经济发展和社会融入的国家技术形成体系也明确地构成了威胁。

（三）职业教育

　　韩国职业教育体系包括职业高中学校、2～3 年的初级职业学院和四年制的科技专科学院（开放性技术大学）。20 世纪 70 年代工业化期间，职业高中学校在提供半熟练工人中发挥着主要作用，但从那以后其作用急剧变小。职业高中在校生人数在过去十年中下降了一半，即从 1995 年的 344 000 人降到 2005 年时的 173 000 人。其结果，职业高中在校生人数占高中阶段学生总人数的比例也从 1995 年的 42.2％下降到 2005 年的 28.5％。

　　职业高中规模的急剧萎缩一定程度上与学生和家长对大学的向往有关。另一个原因是对半熟练工人的需求在下降。过去，大部分男性职业高中毕业生进入制造业，大部分女性毕业生则走进低级的办公室工作。从 20 世纪 90 年代初期起，随着经济从制造业转移到服务业，制造业部门就业人数所占比重开始减少。制造业和办公工作中节省劳动力的自动化技术的推广使用，同样也导致了对职业高中毕业生的需求的下降。图 7.1 中关于制造业的产值和就业人数在整个经济中所占份额相互背离的数据佐证了这一点。在大企业中，无论是与生产相关的岗位，还是简单的文职工作都减少了，只有中小企业中待遇不太好

169

的岗位仍愿意录用职业高中毕业生。

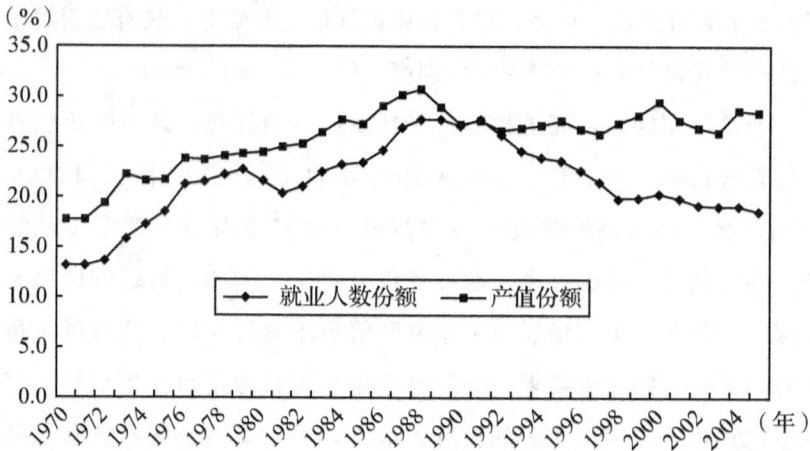

图 7.1 制造业产出与吸收就业占总量的比例的走势图
资料来源：国家统计局，不同年份的经济活动人口调查；韩国银行，不同年份的经济统计年鉴

　　其他一些因素也导致了职业高中学校的衰退，包括对职业高中的公共投资太低以及在职业高中与企业之间缺乏强有力的制度性的衔接等。职业教育中一个较为严重的问题是教育内容未能反映工商业变化着的需求：职业教育课程设置倾向理论化、教育设施和设备过时、现场培训相关作用不大以及大部分教师缺乏实践经验等。以上所有因素都导致职业教育境况江河日下。职业教育缺乏雇主的积极参与是另一个严重问题。所有职业高中学生在毕业之前都要求完成一个月到一年不等的现场培训。然而，大多数现场培训没有达到通过实践提高学生技能的目标，因为雇主没有被激励去指导学生。在企业中缺乏合适的培训场所和有资格的实习指导老师使现场培训流于形式。与最初的期望相比，许多参与过现场培训的学生毕业后最终都不愿意从事生产性工作。另外，由于职业教育声誉不佳，职业高中学校招生只能招到学习成绩较差的学生。

　　有关职业教育政策的一项重大变化发生在 1996 年，职业教育的重心从高中阶段转移到高等教育阶段，这宣示高中阶段的职业教育不再是"终结性教育"，意味着职业高中教育既为学生升学做准备，又为学生直接就业准备。相反，现在职业性的初级学院承担着为产业发展提供人力资源的重要任务。在该政策实施后，职业高中学生升入高等教育的比例迅速从 1995 年的 19.2％上升到 2004 年的 62.3％。职业初级学院的毕业生人数也从 1995 年的 143 000 人增长到 2004 年的229 000人。

不过，职业初级学院学生人数虽然快速增长，但教育质量的改善现象并没有随之出现在职业初级学院中。职业初级学院的师生比非常高，在 1980 年，职业初级学院的师生比与四年制的综合大学师生比非常接近。但是到 2005 年时，职业初级学院的师生比高达 70.9，这个数字是四年制综合大学师生比的两倍。尽管人们对职业初级学院在职业教育中应发挥的重要作用寄予重大期望，但是职业初级学院中的课程设置没有与职业高中课程系统衔接起来。

职业初级学院的教育质量较差，再加上初级学院数量快速增长致使其毕业生的收入减少。如表 7.2 所示，职业初级学院的投资回报率仅比职业高中回报率稍稍高一点。在 2003 年，如果把具有职业高中学历的工人的收入假设为 100，那么职业初级学院毕业生的收入仅为102.3。南(2005)指出，从职业高中升入职业初级学院的毕业生的收入，要比普通中学高中升入职业初级学院的毕业生的收入少。因此，职业教育学校毕业生在劳动力市场较差的工作待遇使得家长和学生都不愿意选择职业教育。

(四)职业培训

在韩国工业化时期，通过实施为经济发展提供半熟练工人的人力资源政策，职业培训得到了发展。当时韩国采取出口主导型工业化政策，经济发展的一个关键条件就是充足的技术基础。政府通过建立公共培训中心来推动职业培训，就像 20 世纪 60 年代快速扩张职业高中学校时一样。

171

20 世纪 70 年代中期，当政府规定大型企业有为员工提供培训的义务时，建立覆盖面广的政府主导型职业培训体系的势头开始形成。1973 年，政府宣布由劳动密集型的轻工业向重工业的战略转移。由于缺乏适应这种转移的熟练工人，政府在 1974 年推行强制性的企业内部职业培训制度，要求大企业根据政府每年制定的培训指标，为企业新进员工提供初级职业培训。如果企业实际培训的人员数量达不到政府规定的指标，那么企业必须缴纳等同于该差异的培训税。

强制性的企业内部职业培训制度实施初期，受企业培训过的工人数量显著增长。这得益于政府利益与大型企业利益相一致。政府通过向重工业或化工业进行投资的大企业（财团）提供低利率的贷款支持其发展，财团也因新兴产业而需要具备新技术的劳动力。

然而，从20世纪80年代初期开始，强制性的企业内部职业培训制度效果开始减弱。正是由于政府和财团之间权力关系的改变，才引起企业内部职业培训制度的衰落。20世纪80年代中期，由于有利的经济环境，财团逐步从政府的庇护中独立出来。经济自由化也开始限制了政府管理作用的发挥。因为政府不能通过产业政策引发对新技术的新需求，所以企业培训新员工的动力开始下降。

公司对培训的需求也发生了变化。随着越来越多的学生从大学毕业，公司不再需要对他们开展初级职业培训。与此同时，从20世纪30年代中期以来，劳资关系遭遇了一个根本性变化。随着工会化的比率快速上升，劳资谈判在大型企业中生根发芽，内部劳动力市场便建立起来了，甚至对于蓝领工作者也不例外。最终，雇主认为培训重点应从为新员工提供培训转向为在职员工提供培训和再培训。

随着强制性的企业内部培训制度不能灵活应对企业培训的需求，政府在就业保险制度（Emplyment Insurance System，EIS）的基础上推行了新的职业培训制度。1995年，在韩国开始实施的EIS最看重的就是职业培训。EIS由三个主要部分组成：就业稳定计划、工作技能发展计划（Job Skill Development Program，JSDP）和失业救济计划。EIS不仅打算为失业者创建一个社会保障体系，而且还致力于提高在职工人的就业能力。这主要通过提供给工人改善工作技能的机会，以便提高他们建立和维持稳定雇佣关系的机会。（Yi和lee，2005）

其后的任务就是JSDP的目标。该计划替代了强制性的企业内职业培训制度。JSDP的推行导致了职业培训体制接下来的巨大变化：第一，职业培训补贴范围扩大，不仅包括雇主提供的培训，还包括了雇员自我导向培训和为失业者提供的培训；第二，公司内部培训的焦点从为新员工提供的初级培训转移到为在职员工提供高级培训；第三，JSDP类似于先前的培训征税计划，因为培训费用完全由雇主支付。当然，二者的区别在于 JSDP 是一个允许雇主选择最合适自己发展需要的培训激励体制，并通过补贴培训费用的方式鼓励雇主提供培训。

JSDP 的资金只来源于雇主。这基于雇主是雇员培训的最大受益者的假设。雇主培训雇员的费用缴纳比例视企业规模大小而变化。根据各企业全职工人的数量，这个缴纳比例为员工总工资额的0.1%～0.7%之间。这个比例背后的假设是公司越大，那么因为培训的外部效应，由员工培训所带来的利益就越大。

表 7.3 是 2004 年政府资助培训的记录。政府资助的培训包括为新进入劳动力市场者提供初级培训、为在职员工的高级培训和为失业者及低收入劳动者提供就业能力培训。尽管最近就业能力培训在增长，但为在职员工提供的高级培训仍然占据了政府培训资助的大部分。这是目前韩国职业培训的最显著特征。高级培训压倒性的份额是20 世纪 90 年代中期职业培训体系改革的结果。另一个显著特征是政府通过财政拨款的方式资助职业培训。韩国职业培训通过 JSDP 和政府财政预算获得拨款，其中 JSDP 通过 EIS 覆盖范围内为员工提供培训，财政预算则专为不在 EIS 范围的、通常是低收入劳动者的培训提供资助。2004 年，JSDP 覆盖了 70% 与政府资助培训相关的费用，政府预算则覆盖了其余部分。

表 7.3　受训人数和政府资助培训的支出

（单位：千人，十亿韩元,%）

	受训人数	支　出		
		合计	政府	JSDP
初始培训	66 (3.0)	375 (43.6)	171 (19.9)	204 (23.7)
对员工的高级培训	2 034 (93.2)	286 (33.3)	—	286 (33.3)
对失业者和弱势群体的培训	82 (3.8)	197 (22.9)	72.3 (8.5)	124 (14.5)
合计	2 182 (100.0)	858 (100.0)	244 (28.4)	615 (71.6)

资料来源：劳工部，就业保险数据库

三、技术形成和劳动力市场

（一）高等教育在劳动力市场中的表现

173

一般而言，技术培训往往通过在学校的正规教育和在劳动力市场中的工作培训而获得。直到最近，在进入劳动力市场后人力资本投入较低的韩国，正规教育在培养个人技能中起着重要作用，且正是个人技能的提高增强了企业的竞争力、促进了经济的发展。尤其是随着超过80％的年轻人接受高等教育，高等教育体系已经成为韩国最重要的培养高技术劳动力的教育机构。

然而，由于1997年金融危机后大学毕业生失业已经成为一个严重的问题，人们对高等教育在技术形成效果方面的担忧日趋增长。2005年，15—29岁的年轻人失业率是8％，比总失业率（3.7％）的两倍还多一点。大学毕业生失业人数占年轻人失业总数的百分比增长了10个百分点，即从1997年的28％上升到2005年的38.3％。事实上，金融危机后，迅速恶化的宏观经济环境影响了年轻人的劳动力市场。但是，1999年后的经济快速复苏并没有减少拥有大学学历的年轻人的失业数量，从图7.2中可以看出这一点。大学毕业生供给和需求之间的比例失当被认为是导致年轻人失业的一个重要因素。这意味着受过高等教育并不能保证就具有充分的就业准备以及在就业后会有良好的表现。

高等教育的扩张已经影响了教育的投资回报率。当受过良好教育的劳动力需求低于供给时，高等教育的投资回报率就会下降。为了测量高等教育扩张对劳动力市场的影响，我们评估了高等教育额外增加一年投资能带来的回报率。本文所使用的数据，来自劳工部每月对有10个或更多的雇员的样本企业所做的工资结构调查。

174

如图7.3所示，从20世纪80年代开始，高等教育额外增加一年投资所带来的回报率在下降。由于80年代早期毕业生配额制的变革引起在校大学生的快速增长，导致80年代后期投资回报率的下降，而90年代中期由于放松管制而导致的高等教育扩张性发展，使2000年后的高等教育投资回报率显著下降。

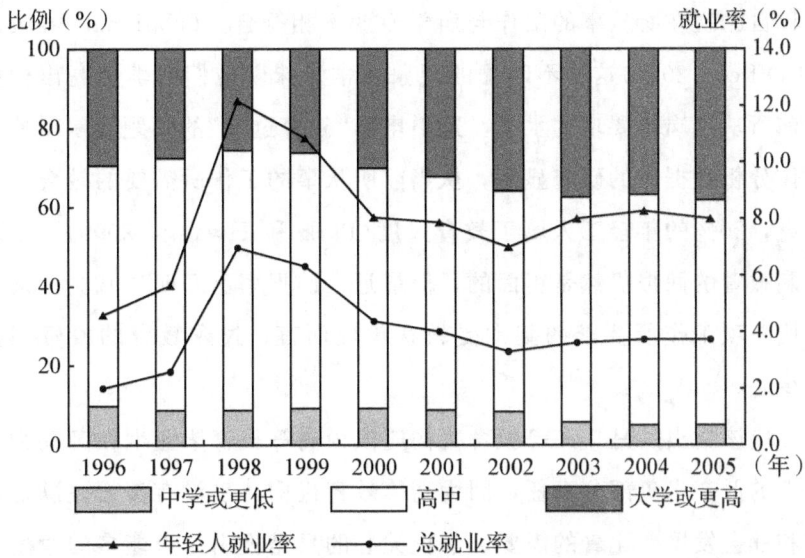

图 7.2　年轻人失业率和成分趋势图
资料来源：国家统计局，不同年份的经济活动人口调查

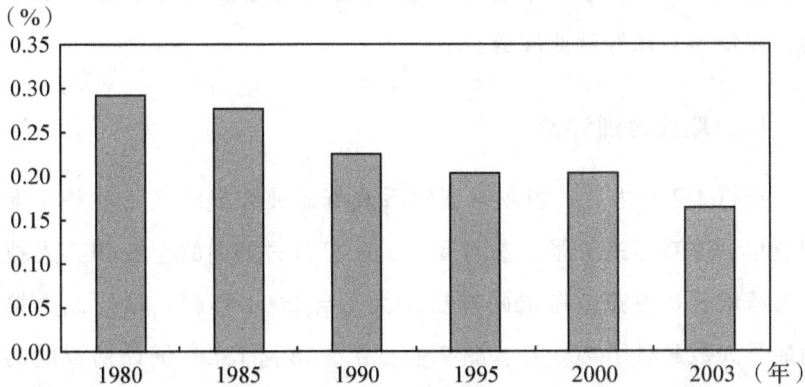

图 7.3　高等教育额外增加一年的投资回报率趋势
资料来源：劳工部，不同年份的工资结构调查
注释：因变量是计时工资的对数。控制变量是假设的额外增加一年的教育、经验和二次经验。

　　尽管个人高等教育投资回报率持续下降，但是如果高等教育促进了技术发展，那么社会回报率仍然较高，这在个人回报率中是显现不出来的。自从 20 世纪 90 年代中期以来，高等教育的扩张似乎促进了韩国信息技术的快速扩散。

　　大学毕业生在劳动力市场中遇到的另一个问题是学历水平与岗位要求不匹配。一项政府资助的调查显示，1/3 拥有大学学历的受调查者称自己现在所从事的工作与所学专业不相符合。（National Statistical Office，2004）这种不匹配的现象通常意味着他们的学历高出他们当前所从事岗位要求的水平，这引申出"教育过度"的问题。一项使用工作分析数据库的研究显示，从当前所从事的工作所需要的教育程度来看，20％的年轻工人属于教育过度（Park 和 Hwang，2005）。虽然过剩教育的回报仍然是正面的，但最近，回报率已经明显减少。甚至相比一项工作所要求的基本受教育年数而言，过剩教育的投资回报更少。

　　应该指出的是，高等教育机构应该为高等教育毕业生在劳动力市场中的低产出负部分责任，因为高等教育机构几乎没有努力去满足经济和社会发展变化着的需要。学校关心的只是吸引尽可能多的学生和尽量让他们中的大多数毕业，而不管成绩如何。用这种方式，学校就能让他们的学费收入最大化，得到更多依据学生人数发放的政府补贴。另一方面，学校没有采取足够的有效措施去训练学生的工作技能，以使学生做好就业准备。

（二）职业培训评价

　　推行 JSDP 之后，职业培训体系改革的最大成绩之一就是，促使职业培训体系迅速扩张。参与受 JSDP 资助的培训的企业和工人数量在持续增长，覆盖范围也同样在扩大。自 2004 年起，参与此类培训的雇员人数超过了 200 万。图 7.4 显示了得到 JSDP 子计划资助的受培训者人数。可以说，不成比例的资助集中在雇主提供的培训，而参与失业者培训和自我导向培训的受益人数很少。在 1997 年的金融危机后，当韩国面临普遍失业的严峻局面，通过 JSDP 主动扩大对失业者的职业培训成为可能。失业率从经济危机前的仅仅 2％猛增到 1998 年的 7％，导致韩国遭受史无前例的高失业率的冲击。为确保已经失业的雇员能够为再就业免费接收培训，那些不符合领取失业补偿金条件的人，在培训期间获得了培训补贴。针对失业者的大量增加的培训帮助增强他们的能力，让他们找到了合适的工作。

　　随着 1999 年经济开始复苏，JSDP 的焦点转移到由雇主提供的在职员工培训上。1994 年，受公司培训的雇员人数达到 152 000 人，但

（%）

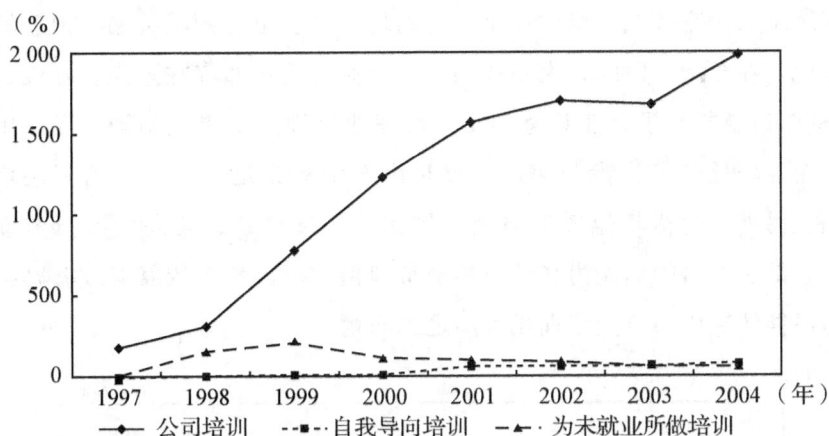

图 7.4　JSDP 下不同类型培训的受训者人数
资料来源：劳工部，就业保险数据库

在 JSDP 实施后，在 2004 年，这个数字增长了 12.9 倍，达到 1 965 000 人。雇主提供型的培训陡然增长是由于推行了鼓励性的培训体制。与过去强制性的培训体制不同，JSDP 允许企业自主决定有关他们所提供的培训的相关事项。

虽然受 JSDP 资助的雇主提供型培训的数量已经得到相当可观的增长，但一些雇主仍然声称培训应由雇主自由决定。在他们看来，JSDP 是对职业培训的一种制度性管理形式，理由是政府把向雇主征收得来的培训费用集中起来，然后利用这笔资金资助企业开展职业培训。然而，如果职业培训投资出现市场失灵，例如，受到投资的培训不是社会所需要的培训时，政府管理就是必要的。一项研究表明，培训补助金能刺激企业投资培训，并最终改善企业业绩（Lee，2004）。这意味着有关职业培训的征税－补贴方案可能是一项能缓解韩国职业培训投资不足的制度安排。

当然，培训机会在企业和工人中分配不均的问题仍有待解决。关于参与职业培训的企业规模，图 7.5 表明了 JSDP 的最大受益者是大型企业。在 2003 年，员工人数超过 1 000 的大型企业的培训参与率高达 97.7%，而员工人数在 50 人以下的中小企业培训参与率仅为 2.9%。如此一来，大企业所缴纳的培训费用的 38.4% 得到抵消，而中小企业则仅仅利用了它们所缴纳费用的 13.6%。

JSDP 包括了几条鼓励中小企业开展职业培训的规定。较小企业

177

应缴纳的费率较低。当中小企业资助培训时它也得到了补贴。但就算如此，在分配补贴时，大企业和中小企业之间仍然存在差距。在设计JSDP时就规定了企业只有切实开展职业培训才能得到培训补贴。中小企业较低的培训参与率，不仅是由于没有充足的经济实力开展培训，另外还包括其他各种原因，例如，人员短缺、较高的人员流动率、缺乏发展规划能力和较小的经济规模，所以仅仅依靠财政激励措施不能解决中小企业培训投资不足的问题。

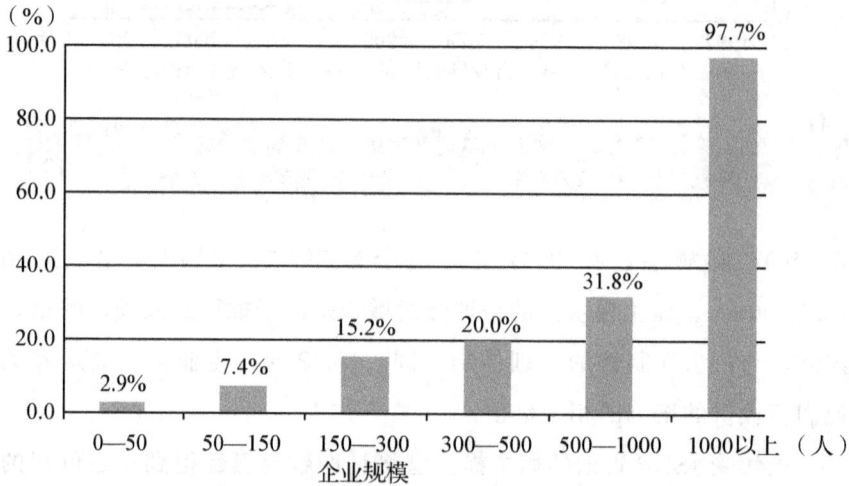

（%）

图 7.5　不同规模的企业的培训参与率
资料来源：劳工部，就业保险数据库

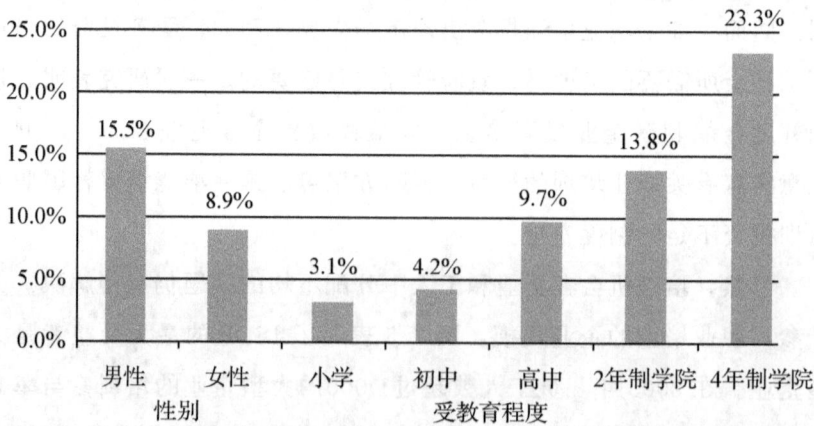

178

图 7.6　不同性别和受教育程度的培训参与率差距（2002 年）
资料来源：劳工部，人力资源发展网，Lee 和 Kim，（2005）

　　培训机会在企业员工中的分配同样存在相当大的差距。如图7.6所示，女性员工参与率仅是男性员工的一半左右。受教育水平较低的员工接受的企业内部培训较少。不同职业间的培训差距也非常明显：生产性工人的培训参与率低于文职性员工、服务性和销售性员工。这表明处于劣势的工人接受培训的机会较少。公司内部培训的高选择性也可以归因于JSDP的制度局限，因为在公司内部，受培训者名单由雇主单独决定，而雇主倾向于选择技术娴熟的工人接受培训。

四、技术形成体系中的挑战

　　1997年金融危机出现后，韩国劳动力市场经历了剧烈变革。金融危机爆发后，增强劳动力市场的灵活性就成为一个流行语。企业为摆脱剩余劳动力而进行的裁员造成了后续的经济混乱。随着1999年后的经济复苏，劳动力剩余现象消失。然而，在最近几年中，新工作岗位大多集中在待遇较低和缺乏稳定性的部门，因而体面的工作岗位仍然短缺。大企业产生新工作岗位的能力减弱，因此大企业就业额占总就业额的比例减少了。相反，非正式工人和非核心业务的外包性人员却在增长。相比于长期投资和创造工作岗位，企业更多的是寻找短期盈利项目。这种短浅的目光导致雇主采取降低成本的管理方法，而不是采用提高产品质量和生产技术的方法。

　　如此一来导致了劳动力市场一个最大的变化，即劳动力市场的不稳定性增大。如表7.4所示，尽管失业率已经恢复到经济危机前的最低水平，但近年来工作的流动性却显著增加。随着工业化时期终身雇用惯例被废除，失业的概率已经高于经济危机前时期，这意味着失业和换工作的几率增大。劳动力市场中的这种动荡很有可能造成工人的不稳定性。当被解雇的工人再次找到工作时，他们的工资水平下降程度十分明显(Cho和Keum，2004)。

　　劳动力市场不稳定性的增长集中在弱势群体中。在工业化阶段，*179*
伴随着经济的高增长，韩国因为相对公平的收入分配得到世界的好评，但是在金融危机爆发后，收入不公平现象开始恶化。这反映出不公平程度的增加与劳动力市场细分密切相关的事实。

表 7.4　劳动力市场状况的月变动趋势(%)									
年份	1996	1997	1998	1999	2000	2001	2002	2003	2004
失业率	2.0	2.6	7.0	6.3	4.1	3.8	3.1	3.4	3.5
劳动力市场状况变化的可能性(每月)	3.3	3.5	5.7	5.8	5.0	5.0	4.4	5.0	4.7
在一年中至少经历一年失业人群的比例	4.8	6.3	17.6	14.5	10.3	9.8	7.7	9.5	9.5

资料来源：经济活动人口调查的月固定样本数据，Lee 和 Yoo，（2007）

非正式就业的快速增长已经成为近几年韩国劳动力市场最显著的发展特征。非正式就业的定义和所涵盖的范围在韩国仍存在争议。然而，不论是与其他 OECD 国家相比，非正式就业占总就业的份额之高，还是经济危机后非正式就业的快速增长，韩国都是相当明显的。根据非正式就业的不均匀性，本章把非正式就业者分为两组：非标准员工和劣势员工。非标准员工可以定义为那些与传统员工明显不同的、工作环境可变化的员工，包括定期合同工、兼职工、劳务派遣工、临时代理工、个体经营者和随叫随到或以日计算的员工、远程员工和在家上班的员工。根据这一定义，在 2005 年，非标准员工占总领薪就业人数的 36.6%。相反，劣势员工的定义是有标准的就业类型，但受法律、企业利益和社会保险体系等保护很少的雇员。劣势员工占所有领薪就业人数的 20.5%。

雇主为了降低劳动力成本和增强经营的灵活性，越来越倚重非正式就业。图 7.7 说明了在就业结构中各类员工成分的发展趋势。首先，非标准员工所占份额的百分比从 2001 年的 26.8% 增长到 2005 年的 36.6%。这主要归因于定期合同工的增长。第二，劣势员工所占份额的急剧下降，这反映了员工就业安排的变化。随着劣势员工转化为定期合同员工，大多数雇主都选择书面的、定期就业合同，而不是口头合同。这在过去被认为是正式就业。第三，虽然截至 2004 年正式员工所占比例在减少，但从那以后该比例已经非常稳定。

人们关于非正式员工所占比例太高以及他们相对于正式员工的较糟糕的收入和工作环境的关注正在增加。图 7.8 呈现了不同员工群体

180

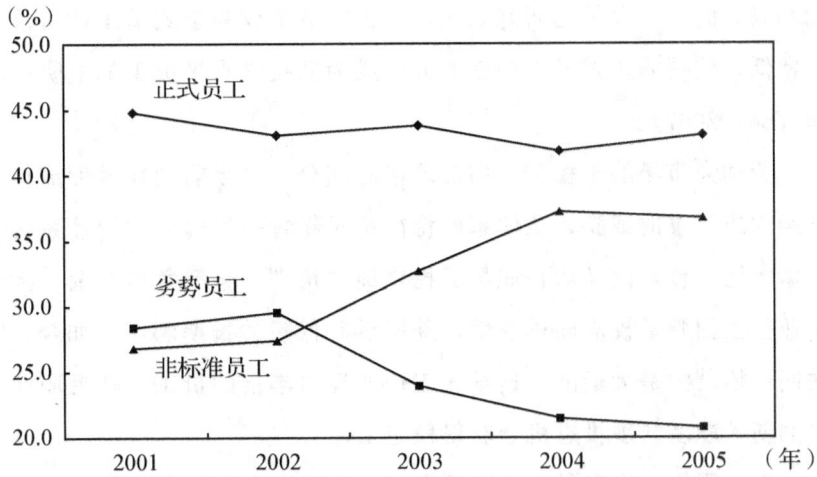

图 7.7　领薪就业布局中各成分的趋势
（资料来源：国家统计局，不同年份人经济活动人口调查的补充调查）

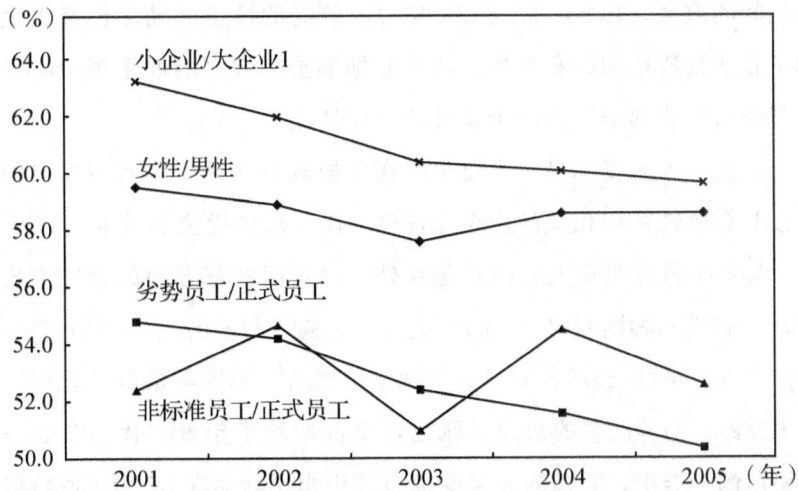

图 7.8　不同员工群体的收入差距趋势
资料来源：国家统计局，经济活动人口调查的补充调查，不同年份
注：图中 1 指的是员工少于 300 人的小企业与员工多于 300 人的大企业之比。

的收入差距趋势。小企业与大企业之间的工资差距明显扩大。2005
年，小企业员工工资水平只是大企业员工工资水平的 59.4％。随着劣
势员工工资水平占正式员工工资水平的比例从 2001 年的 54.7％下降
到 2005 年的 50.4％，劣势员工与正式员工的收入差距已经越来越大。
而非标准员工和正式员工之间的收入差距在扩大和缩小之间变动。
2005 年，非标准员工收入水平占正式员工收入水平的比例保持在

52.6％。此外，大量的研究表明，非正式员工成为正式员工的可能性非常低，使得非正式员工的就业方式成为低技术水平员工的陷阱（Lee和Yoo，2007）。

181　　　劳动力市场的不稳定和内部严格的细分，对当前的技术形成体系已经构成严重的威胁，该体系的特征是对年青一代提供学校体系为主的学术性教育，以及对在职员工提供岗位培训。金融危机之前，大型企业往往招聘学校应届毕业生，并提供有保障的长期聘用。如今，空缺岗位招聘的是大量能迅速投入工作的经验丰富的员工。缺乏职业技能的新入职者几乎没有机会获得稳定工作。

众所周知，当雇员流动率较高时，雇主通常不愿意对他们进行职业培训投资。如果受培训的雇员跳槽到其他企业时，雇主就不能充分收回培训投资成本。这种局面导致了韩国灵活就业趋势和企业内部培训之间的取舍（Chung和Lee，2004）。较高的员工流动率已经大大挫伤了企业投资培训的积极性。拥有非标准员工较多的雇主很少有可能开展任何形式的培训去改善雇员的工作技能。

因此，人力资本投资主要集中在正规教育体系中，而与就业的稳定性和竞争性密切相关的由企业提供的岗位培训投资非常少。

即使把教育的私人支出排除在外，在正规教育方面的公共支出在2004年仍然占韩国GDP的8.2％。这远远高于美国的7.3％和OECD国

182　家的平均水平（6.2％）。不过，仅就学历而言，不同年龄群体之间存在较大差距。高等教育的快速扩张已经深深影响了年青一代。在25—34岁阶段的人群中，95％的人至少拥有高中学历，而在55—64岁阶段的人群中，只有31％的人拥有高中学历（OECD，2004b）。因此，在OECD国家中，韩国教育水平在不同年龄群体中分布最不均匀。

另一方面，就业后的人力资本投资在韩国非常低。截至2004年，成人参与任何形式的终身学习的参与率仅为21.6％，远低于愿意参与终身学习人数所占的比例（58.7％）（National Statistical Office，2004）。与国际标准相比，韩国参与岗位培训的比例非常低。如图7.9所示，2002年，仅有成人总数的12.7％的人参与过任何形式的超过一年的岗位培训。这个数据远低于大多数发达国家的比例。如此低水平的终身学习参与率有可能成为韩国增强技术和组织变革的主要障碍。

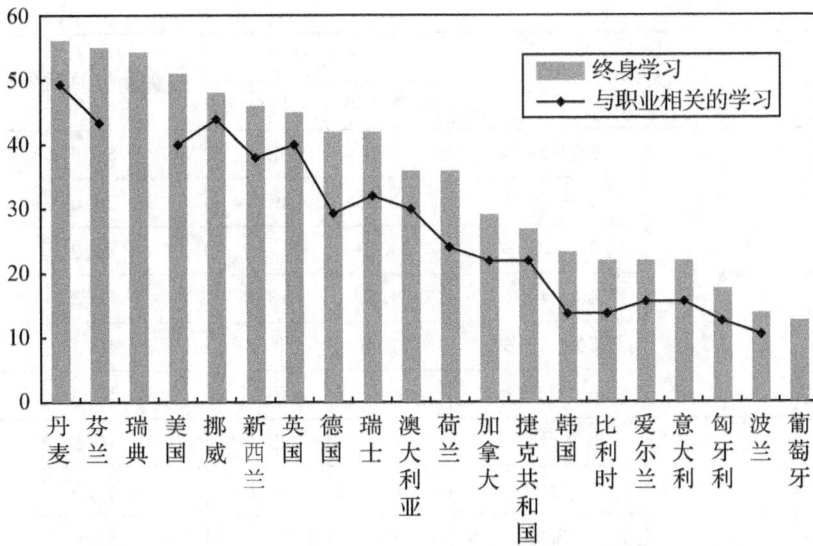

图 7.9 OECD 国家中终身学习参与率
资料来源：OECD，2004 b；韩国国家统计局，（2004）

在员工中，终身学习的参与率同样存在相当大的不均匀。表格 7.5 以个体特征为依据列出了 2004 年终身学习参与率。虽然愿意参与终生学习的人所占的百分比在不同性别间的差异较小，但是男性参与岗位培训的机会实际上是女性的两倍。在不同的年龄组中，20—39 岁年龄段的人参与岗位学习的比例最高。另一方面，年龄超过 40 岁的雇员，参与率大大低于比较年轻的员工。从教育经历看，受教育水平越高，参与率越高。另外，从就业情况看，终身学习参与率相当不平等：在职员工相对于失业者和其他无工作的人而言有更多参与终身学习的机会；长期员工与临时员工或以日计算的员工相比有更多的机会。这样不公平的参与终身学习的机会可能会加剧劳动力市场的条块分割。

183

表 7.5 个人特征和终身学习参与率（2004） *184* 表

（单位：%）

个人特征		参与率		愿意参与的百分比
		终身学习	岗位学习	
总计		21.6	12.7	58.7
性别	男性	23.8	17.6	58.4
	女性	19.5	8.2	58.9

续表

个人特征		参与率		愿意参与的百分比
		终身学习	岗位学习	
年龄	15—19 岁	19.0	6.8	66.6
	20—29 岁	32.5	18.8	80.5
	30—39 岁	29.2	17.6	76.9
	40—49 岁	21.7	13.3	62.3
	50—59 岁	14.4	8.7	46.1
	60 岁以上	7.3	3.0	19.8
教育	小学及以下	5.0	2.6	19.8
	初中	9.1	4.5	43.6
	高中	18.7	10.1	66.6
	2 年制初级学院	35.5	21.7	82.5
	4 年制大学	44.9	28.0	81.5
	研究生院	53.4	38.3	77.0
就业情况	长期员工	44.9	36.2	77.1
	临时员工	18.2	10.7	64.3
	以日计算的员工	7.1	2.6	46.0
	雇主	18.3	10.4	62.7
	个体经营者	14.8	9.2	46.3
	无薪家庭劳动者	9.9	3.3	45.3
	失业者	20.6	6.6	67.8
	无劳动能力者	14.1	1.8	49.5
企业规模（根据雇员数量）	1—4 人	13.7	7.5	49.0
	5—9 人	17.9	10.7	37.5
	10—29 人	28.0	20.0	32.7
	30—99 人	38.5	29.6	27.8
	100—299 人	41.4	34.3	23.3
	300 人以上	54.6	46.3	21.4

资料来源：韩国国家统计局，经济活动人口调查和韩国社会统计调查，（2004）

五、结　论

在韩国工业化阶段，存在一个成功的技术形成体系，可以很好地协调对技术的需求和技术的供给。在那个阶段，政府起着决定性作用，它通过干预教育和职业培训来提供技术基础，通过实施引导性的产业政策来创造技术需求。这个体系完全可以以"政府主导型技术形成体系"为特征。

不过，其后技术形成体系所处的环境状况发生了巨大变化。随着国内经济对世界越来越来开放和政府对经济的干预减少，解除管制规定成为技术形成体系改革最常用的方法。高等教育被授予更多的自主权。职业培训体系越来越注重基于雇主需要的激励措施。无论如何，韩国技术形成体系中仍然存在许多问题。

其中一个问题存在于正规教育领域。虽然最近几年高等教育获得了巨大发展，但是教育体系没能很好地适应技术需求的变化。高等院校的课程太过注重理论，而且学校与企业间的联系太过微弱。技术不匹配和年轻大学毕业生的高失业率标志着高等教育在技术发展中的无效。另一方面，职业培训体系的焦点主要集中在大型企业为正式员工提供培训，它没能为诸如非正式员工和中小企业员工等劣势员工提供平等的培训机会。

韩国目前的技术形成体系面临着几个严峻的挑战。在全球化、技术创新和人口老龄化时代，在个体的整个工作生涯中，广泛而便携式的技术是必要的。考虑到 1997 年金融危机后，劳动力市场的不稳定性和分割局面扩大的情况，有必要增强工人的适应性，以便他们准备好应对劳动力市场中日益增长的风险。然而，教育系统却仍然只偏向于年轻人，而且太过注重理论教育。大部分成年人没有足够的机会参与终身教育和职业培训。另外，在不同年龄的员工群体中，终身学习的分布非常不均衡。

185

为了达成提高技术水平和生产力的目标，未来的策略应致力于在技术形成和劳动力市场间建立制度性联系。这不是指简单恢复原来发展的技术形成模式。在未来，政府既不能通过产业政策引发新的技术需求，也不能运用权力直接干预技术供给。在这种情况下，政府只有通过股东的参与和合作，才能使促进技术形成体系和劳动力市场完美结合的制度性环境变得繁荣。

鉴于高等教育机会的广泛性，大学和劳动力市场间更好地衔接有助于高等教育的改善。通过鼓励大学在质量上而不是在数量上相互竞争可以实现这一目标。增强大学中的职业教育也能使学生和企业能更好地与职业相匹配。

在职业培训领域，需要群策群力去解决的问题是由雇主单方面决定培训这种方式的局限性所导致的市场失灵问题。2001 年发起的培训联盟是集体主义策略的一个典型例子。这是一个包含大型和小中型企业的合作培训模式。这种培训联盟取得成功的关键，不仅在于它是建立在大型企业和中小企业共同利益链上的一种联合培训模式，还在于培训专家做出的贡献——他们积极参与、识别培训需求和开发培训课程。这表明"集体主义"的方法对于改善培训质量和增加弱势群体获得培训的机会是至关重要的。

【参考文献】

1. Ashton, D., Green, F., James, D. and Sung, J. (1999) Education and training for development in East Asia: The political economy of skill formation, *in Newly Industrialized Economies*, London: Routledge.

2. Bank of Korea, *Yearbook of economic statistics*, various years.

3. Cho, J. and Keum, J. (2004) Job instability in the Korean labor market: Estimating the effects of the 1997 financial crisis, *International Labour Review* 143 (4): 373—392.

4. Chung, J. and Lee, B.—H. (2004) Flexibility, turnover and training, *Korea Labor Institute e-labor News* 41.

5. International Labour Organization (1998) World euployment report 1998—1999: *Employability in the global economy, How training matters*, Geneva: ILO.

6. Kim, S. and Lee, J.—H. (2002) *Changing facts of Korean higher education: Market competition and the role of the state*, paper presented at the workshop Upgrading Korean Education in the Age of Knowledge Economy: Context and Issues, sponsored by Korea Development Institute and the World Bank, Seoul: Korea, 14—15 October.

7. Lee，B. —H. (2004) Is levy—grant scheme for employer—provided training effective? The experience of Korean Employment Insurance Scheme，*Seoul Journal of Economics* 2(2).

8. Lee，B. —H. and Kim，J. (2005) *The skill development and training policies in Korea*，paper presented to International Policy Workshop on Vocational Education and Training and Lifelong Learning，1—2 Feb. ，Mexico City：World Bank.

9. Lee，B. —H. and Yoo，B. (2008) *From flexibility to segmentation：Changes in employment patterns in Korea*，in S. Lee and F. Eryaud (eds.)，Globalization，flexibilization and working conditions in Asia and the Pacific，Oxford：Chandos.

10. Ministry of Education and Korean Educational Development Institute (2004) *Brief Statistics on Korean Education*，Seoul：Korea Educational Development Institute.

——. *Survey on Wage Structure*，various years.

11. Ministry of Labor，*Employment insurance database*，various years.

12. Nam，K. (2005) Wage effect of vocational high school education，*Korean Journal of Economic Development* 11(1).

13. National Statistical Office (2004) *Korean social statistics survey*，Seoul：National Statistical Office.

——. (2005) *Household income and expenditure survey*，Seoul：National Statistical Office.

——. *Economically active population survey*，various years，Seoul：National Statistical Office.

——. *Supplementary survey of economically active population survey*，various years，Seoul：National Statistical Office.

14. OECD (2004a) *Thematic review on adult learning：Korea*，Paris：OECD.

——. (2004b) *Education at a glance*，Paris：OECD.

15. Park，S. —J. and Hwang，S. —I. (2005) The evaluation of youth over—education and its impact on the wage system in Korea，*Korean Journal of Labor Economics* 28(3).

16. World Bank (1993) *The East Asian miracle：Economic growth and public policy*，World Bank Policy Research Report，New York：Oxford University Press.

17. Yi，I. and Lee，B. —H. (2005) *Transforming the developmental welfare state in East Asia*，New York：Palgrave Macmillan.

第八章 墨西哥的职业培训体系
——特征与参与者，优势与劣势

阿那夫·阿提加·加西亚

塞尔吉奥·塞拉·罗梅罗

罗伯托·弗洛雷斯·利马

一、引 言

在过去的二十年中，促成墨西哥制造业出口货物量获得最高增长率的转变所依靠的是系统地增强出口企业劳动力的生产能力，这些出口企业大多数是外资企业。在制造业和服务业中，出口企业都极具竞争力。在这两个行业中，其内部竞争力和外部竞争力，都是在生产和分配过程中不断地在技术引进和公司结构变化的基础上形成的。

然而，与这种增长相对应的是，经济活动人口（Economically Active Population，EAP）中大约有 4500 万人在非正式部门工作。此外，正式部门中部分岗位缺乏社会保障和终身雇佣保障。这类工作的不稳定与这类行业的培训的低水平相关。这在很大程度上可以根据实践导向解释为集约利用劳动力。

另一个需要考虑的重要因素就是，绝大部分在类似于半失业状态的非正式部门工作的人口，他们的工作技能不是从正式教育或培训中获得，而是通过慢慢积累工作经验获得的。这种进入和留在非正式部门的机制缺乏在正式部门的当地劳动力市场的解决程序。由于在正式部门中缺乏机会，越来越多的具有技术和专业资格的人流入非正式部门，在这个部门中他们仅仅需要应用一些他们所接受的职业培训（Vocational Training，VT）中的一些初级知识和技能。

此外，由于在当地缺乏就业机会，大量墨西哥工人移民到美国。尽管这会减少墨西哥的劳动力市场压力，但对国家却是一种严重的损失，不仅是优质人力资源的流失，还包括用于培训他们所投入的资金的浪费。

在过去二十年中，墨西哥政府同社会各界成员为建立职业培训体系(Vocational Training System，VTS)做出了重大努力。VTS 有利于增强劳动力，使其成为发展国家竞争优势的关键因素。这些努力已经在墨西哥和其他拉丁美洲国家引发了创新实践活动。

本章首先将对墨西哥职业培训体系进行人口统计学和社会经济环境的简要分析。在接下来的两部分中，着重描述初始 VT 及其与劳动力市场之间的联系。紧接着阐述针对目前大量劳动力的 VTS(继续 VT)，并阐述维持 VTS 长达二十年之久的主要公共项目。在对最近引进的工作技能标准化和证书化的部署进行描述之后，是对 VT 的参与者的简要分析。章节末尾的"最后的反思"部分则对以上内容进行了总结。

二、人口、经济和就业的发展动力

以每年 0.9％的人口增长率计算，到 2007 年，墨西哥总人口预计将达到 1.058 亿(Poder Ejecutivo Federal，2007)。这意味着总人口每年将增加大约 100 万。此外，在过去的几十年中，墨西哥已经经历了一个人口变迁的过程，其结果是人口年龄结构的显著变化，进而使教育需求的规模和结构发生巨变。例如，由于年龄较小的年龄组的萎缩，最近几年来对基础教育的需求已经减少。但据预测，未来十年对中等教育和高等教育的需求将分别增长大约 70％和 50％(Zuñiga，2003)(见图 8.1 教育体系中的不同层次)。

15 岁及以上人口的学习年限数，在 1960 年为 2.6 年，到 2006 年则增长到 8.3 年(Poder Ejecutivo Federal，2007)。受教育程度的结构同样发生了变化：从 1991 年到 2004 年，受过基础教育及以下的工人所占的比例，从 83％跌到 72％；而受过中等教育或高等教育的工人所占比例从 17％增长到 28％(INEGI、ENE，1991 和 2004)。这些趋势不仅反映了入学率的提高和对受更高教育程度的需求的增长，还反映出与此相伴随的变化：正式部门对学校毕业生受教育程度的需求更高。

从 2000 年到 2007 年共有 560 万人成为了 EAP，而正式部门仅仅创造了 200 万个新岗位(在私营部门有社会保障的岗位)。迫于国内工作岗位的匮乏或薪酬较低，2004 年大约有 45 万人移民到美国，这种情况在农村地区尤为严重(STPS 和 COLEF，2004)。

189　　在 2006 年，仅有 35％的就业人口签订了文本合同，享有圣诞休假或圣诞节奖金、带薪休假、医疗保险和正常工作时间(每周在 20—60 小时)等权利。每小时工作的平均薪酬只有 2.9 美元。仅有 23％的个体经营者和雇主拥有一个办公室或建立会计核算，他们每小时工作平均有 3.6 美元的收入。处于结构性工作环境之外的劳动者的就业环境就更加恶劣。由于失业多隐藏在非正式部门，因此官方统计的失业率仅占 EAP 的 3.8％(INEGI，2006：ENOE)。

墨西哥经济已经从依赖国家积极参与的内生型模式转变为基于减少国家干预的积极促进非原油出口和更高程度开放贸易的发展模式。这两个模式的一个共同特征是高而持久的社会不平等。

仅就签订的贸易协定数量看，墨西哥居世界前列。所签订的协议中最重要的就是《北美自由贸易协定》(North American Free Trade Agreement，NAFTA)。墨西哥的出口额从 1985 年(对外贸易刚开放时)的 267 亿美元增长到 1995 年(NAFTA 签订后第二年)的 795 亿美元，2007 年则增长到 2720 亿美元。但是，进口额也增长了，从 1998 年开始，进口额超过出口额，2007 年贸易逆差达 111 亿美元。

NAFTA 签订后，人均 GDP 从 1995 的 3150 美元增长到 2007 年的 7600 美元。但是，国际贸易局限于一小部分行业，进而导致收入增长也集中在这一小部分行业。2006 年，80％的劳动人口(最低收入的家庭)收入仅占总收入的 42.5％，而仅占总人口 10％的最富人群收入占总收入的 42％(INGEI，2006：ENIGH)。此外，在过去的十年中，墨西哥劳动收入占 GNP 的比例一直保持在国际标准最低水平——30％，而利润收入却占 GNP 的大约 60％。

这些数据证实了墨西哥劳动力市场存在的致命性问题，即不稳定的就业、较低的劳动生产率、收入的过度集中和小企业面临的不公平环境。政府仍吸收了银行部门大部分的可用信贷额度。各个银行向国家寻求放贷的竞争不是非常激烈，因此国家有排挤私人投资的倾向，表现在给私人投资的贷款利率非常高，当涉及到消费利率时可以说是惩罚性的利率①。此外，对竞争的监管不力使部分行业和地区产生了垄断，进一步限制了经济活动并使收入集中更为突出。虽然墨西哥99％的企业是微型或中小型的，但它们却占了 GDP 总值的 41％和就业的 64％（Secretaría de Economía，2004）。

190

　　一些研究已表明，只要能培养出足够多的掌握生产技术和专业水平较高的工人，教育可以促进经济增长。此外，高等教育的投资回报率似乎高于中等教育（Inter－American Development Bank，2004）。很明显，墨西哥劳动力受教育程度提高的潜力没有得到充分利用。学校教育的快速发展并没有促进劳动生产率的任何显著性提高。造成这个情况的原因在于，一方面是提供的就业机会不充分和生产部门创新的缺乏；另一方面是教育质量差，并且没有一个与生产部门紧密联系的合适的 VTS 来进行补充，以便提供改善生产效率所需的技术。大约 65％的新开设的企业会在运营的头两年中遭受失败，而造成这个较差记录的原因之一就是缺乏恰当的 VT（Inter－American Development Bank，2004：109）。

　　由于墨西哥教育系统的低效，为了更好地满足生产部门的需求，二十年前，一项重建 VTS 的系统性工作开始启动。下面章节将对这个体系的特征、所取得的进步和所遭遇的挫折以及它和常规教育体系、劳动力市场和高级培训的关系进行分析。

三、初始职业培训体系

　　在墨西哥，融入劳动力市场的培训和改善劳动力绩效的培训，两者有制度上和概念上的区别。前者可以定义为初始 VT，后者则可称为继续 VT。两种形式都包含由成人教育方法论（成人教育法）支持的正式教学和学习计划，包括评价和认证过程。近几年，初始 VT 和继续 VT 之间的传统区别受到越来越多的质疑，理由是两种形式的 VT 都旨在培养劳动者能力，从而改善企业的生产经营情况和提高受训者现在和将来的就业能力。

　　还有另一个主要区别是，初始 VT 没有完全与普通教育或初始教

---

　　① 参见华图司科集团，2004。

育相分离，因为普通教育（即为升学准备教育）和与工作相关的培训之间存在不可避免的交叉。尽管有为年龄较大的学生提供典型 VT 的选择权，但普通教育一直以来企图通过更加开放的选择（用专业术语"双轨制"指称）涵盖其他教育，例如，普通教育中既有为升入高等教育的预备性课程，又有针对具体生产专业的职业教育课程。

191　　　图 8.1 描述了墨西哥教育和培训系统的结构，以及 2007－2008 年学校注册的学生人数。它总共有四个阶段：基础教育阶段（2210 万名学生）、中等教育阶段（380 万名学生）、高等教育阶段（250 万名本科生）和研究生教育阶段（172300 名学生），总计有 2860 万学生被这四个阶段的学校录取。泛泛地说，每 10 个接受基础教育的学生中只有一人能进入高等院校。

　　初始 VT 由公共教育部（Secretary of Public Education，SEP－西班牙语首字母）进行协调，主要关注技术学科，但也包括艺术、军事研究、医学以及教育服务。虽然提供各教育阶段学习机会的私营和独立机构的数量在增长，但这类培训主要由公共教育机构提供。据 SEP 资料显示，2007 年，在中学阶段（高中）为学生提供技术训练、专业资格认证和就业咨询等准备的学校中（学生人数占总数的 24％），60％都是私营或自主经营的机构；而为参加普通中学毕业会考做准备的私营学校（学生人数占总数的 34％）则达到 44％。

　　在中级阶段（高中）会提供一些职业培训选择，大约吸引到 150 万学生（占这个阶段学生总数的 39％）参与培训。其中的一些培训既可以使学生升入较高教育阶段继续学习，又可以使学生直接就业。

192　　　虽然也有为小学毕业生或为大学生提供的培训项目，但大部分对初始 VT 的需求来源于那些已经完成初中学校教育[①]的年轻人。如图 8.1 所示，当年轻人从初中毕业时，他们有以下选择：

　　• 纯粹的 VT 项目，这些培训由公共或私营机构提供，并直接面向劳动力市场。

　　• 继续接受普通教育，这主要通过学习预备性的课程，目标在于升入大学继续学习。

---

　　①　现在，有 93％的年轻人完成初中学习进入高中（联邦行政权力部，2001）。

研究生	可变的		博士学位（R=16.3） 硕士学位（R=119） 专业学位（R=36.9）		ⓛ ⓛ
高等教育	3—5	师范大学c （R=131.7）	普通大学 （R=1501.7）	技术类大学 （R=828.1）	
中等教育	2—3	ⓛ 双轨制	终点		ⓛ
		普通中学毕业会考（R=2344.7）	技术类毕业会考b（R=1148.9）	专业技术类b（R=362.2）	
基础教育	1—3	ⓛ 初中a（R=6139.2）		工作培训 （R=1364.6）	ⓛ
	6	小学（R=14574.2）			ⓛ
教育层次	学习年限	a 包括普通初中、针对工人的初中、远程和技术初中 c学生将成为教师的大学 b 包括具有专业技术背景的学院（CONALEP） R为2007—2008年的入学率（千人） ⓛ代表劳动力市场			

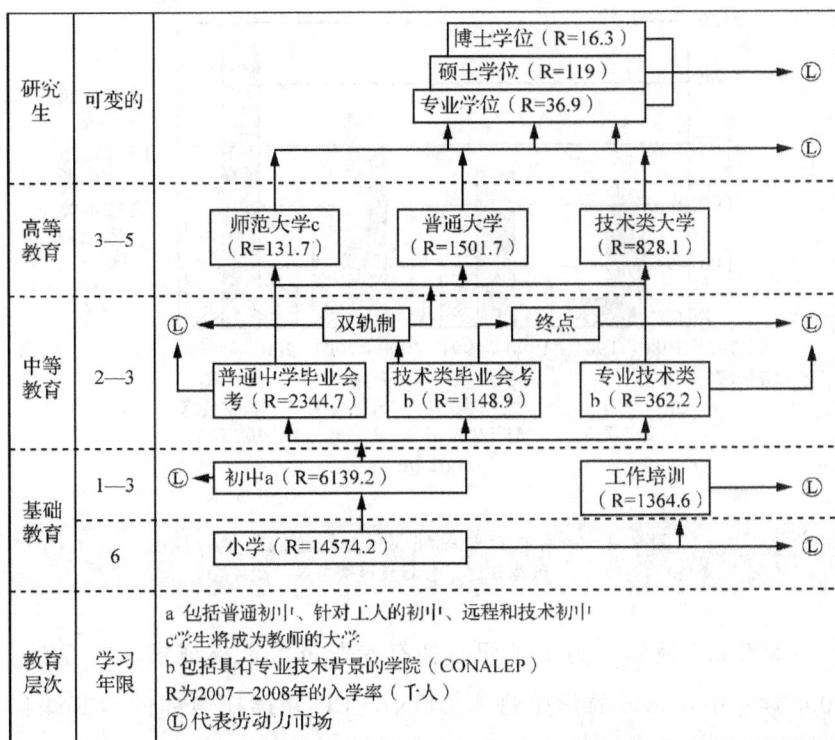

图 8.1　2007—2008 学年的教育和初级职业培训体系。总入学率 28567.5千人
资料来源：基于墨西哥公共教育部的初始信息

- 混合项目。选择这个项目，既可以使学生接受为升入大学学习做准备的预备性课程，同时也能使学生接受符合劳动力市场需要的初级 VT。

在墨西哥，初级 VT，无论是联邦或地方的，各种各样的职业培训机构在国家技术教育委员会（National Technical Education Council，COSNET）的统一领导下，通过国家技术专业学院（National Technical Professional College，CONALEP）和通过国家多科性工业学院（National Polytechnic Institute，IPN）提供的中等项目来运作。

CONALEP 是墨西哥最重要的机构之一。在 2004 年，它的学生占全部入学人数的 20％，所提供的中等 VT 课程占所有学校开设课程总量的 21％。为满足对专门技术人才的需求，它于 1978 年建立了初始 VT。从 1979 年到 2004 年，CONALEP 的数量从 10 个变为 271 个，同时期该类学校注册学生人数从 4 100 人增加到 244 206 人。如今，31 个州和联邦地区都建立了 CONALEP。

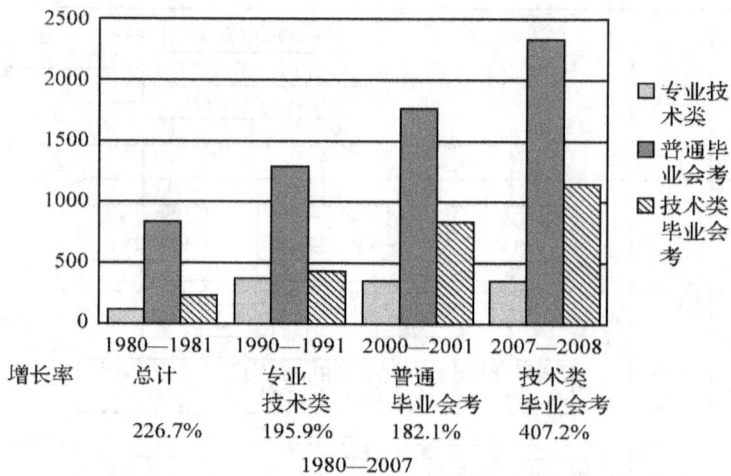

图 8.2　中等教育阶段按项目类型分的入学人数
数据来源：公共教育部信息

　　如表 8.1 所示，为了求职时拥有专业技术资格证书，在 2004—2005 学年中，53％的学生进入 CONALEP 并选择纯粹的 VT 课程。这些数据将 CONALEP 项目从 COSNET 开设的预备性课程中分离出来，尤其排除了工业培训中心提供的课程（其中只有 2.9％的学生选择纯粹的 VT 课程）。CONALEP 是为生产部门培训有技术的年轻劳动力的主力军，在 2004—2005 这一学年中，它所培训的选择纯粹职业培训课的学生占进入制造业和服务业总数的 88％。即使现在开设混合课程后，CONALEP 仍旧保持着主要培训者的地位。

表 8.1　中等职业培训机构：按路径分类的学校和入学率(2004—2005 学年)

机构	学校（数量和百分比）	按职业培训路径分类的入学数（数量和百分比）		
		混合	纯粹 VT	总计
国家技术教育委员会（COSNET）	1 003	898 632　98.1％	17 133　1.9％	915 765　100.0％
工业培训中心	429	551 444　97.1％	16 432　2.9％	567 876　100.0％
农业技术高中	204	154 654　100.0％	—　—	154 654　100.0％
海洋科学与技术学校	32	21 359　100.0％	—　—	21 359　100.0％

续表

机构	学校（数量和百分比）	按职业培训路径分类的入学数（数量和百分比）		
		混合	纯粹 VT	总计
分权化的州立学校	337	167 552 99.6%	701 0.4%	168 253 100.0%
工业技术培训中心（地区）	1	3 623 100.0%	— —	3 623 100.0%
二、国家技术专业学院（CONALEP）	271	114 168 46.8%	130 038 53.2%	244 206 100.0%
三、国家多科性工业学院（IPN）（中等项目）	16	47 162 100.0%	—	47 162 100.0%
总计	1 290	1 059 962 87.8%	147 171 12.2%	1 207 133 100.0%

资料来源：基于 HTTP 地址：http：//cosnet. sep. gob. mx（访问时间 2008 年 7 月 24 日），http：//www. ceti. mx（访问时间 2008 年 7 月 24 日）以及 Rosado Moreno、Daffny，（2004）

在高等教育阶段，VT 主要集中在 IPN 和技术与理工学院（Technological and Polytechnic College，UT）。IPN 是这个国家建立时间最早的机构之一，从 1936 年建立以来一直在提供这类培训。UT 类学院中的部分学校建立于 20 世纪 90 年代初期，主要是为了满足对高技术工人不断增长的需要。UT 类学院对其毕业生颁发大学层次的技师证书或联合职业学位，而且 UT 类学院遍及国家的不同地区，特别是中小城镇。提供资格证书的学院数量从 1993 年的 3 所增加到 2006 年的 61 所，这些学院位于 26 个不同的州。从 1993 年到 2006 年，UT 类学院注册学生人数从 426 人上升到 66 660 人。

通过以工作为中心的学习，实现与生产部门的紧密联系，是这个模式中不可缺少的构成要素。这包括：通过现场观摩使学生熟悉这个地区的企业；实践培训，即通过以项目为中心，将理论运用于实践；持续 12—15 周的公司全职培训，在这种培训中，学生参与旨在改善公司部分运作环节的项目工作；追踪毕业生工作中的表现，从中获得反馈信息并用来改革学校课程。到 2003 年，共计有 60 117 名大学学历的技术人才毕业生，这些毕业生中的 74% 从事的工作与所学的技术相关，70% 的人在毕业后的六个月内找到了工作，并有 1570 人自主

194

创业[①]。

尽管初始 VT 有所扩张和学习质量得到部分改善，但中等、高等教育的供给还是不能满足不断增长的需求，并且学业完成率、教育质量和劳动力市场的导向作用等都需要提高。以下列出的是近十年开始时就已确认的问题：

· 与其他 OECD 国家相比，16—18 岁群体入学率低（46.8%），且地区间的差异显著、联邦地区（墨西哥城区）的入学率接近 80%，而恰帕斯、普埃布拉和瓦哈卡的入学率则少于 44%，在农村和原住民地区则更低。

· 较低的学业完成率（初中教育为 61%，专业技术教育为 49%），其主要原因为缺乏足够的职业指导，学校课程太过僵化和由于家庭经济困难而导致的非自愿辍学。

· 学生所期望的课程与生产部门所要求的课程不一致。

· 由于课程的异质性，限制了不同类型教育间学生的流动。

· 学校间在实验室、工场、图书馆和学术援助中心等方面的预算不平等，即从学校通常的办学条件看，各学校间存在着严重不平衡。

195　　就负责对年轻人提供初始 VT 的机构而言，开设中等教育阶段课程的机构已经做出各种努力，尽量使课程适应劳动力市场的要求，但最大的挑战是必须使该体系能够灵活应对由全球化引起的技术和组织的快速变化。所以目标是建立一个具有高度渗透性的体系，在这个体系中学生可以在一个机构开始学习，可能在参加一段时间的工作后，可以在另一个机构继续学习。这就要求在设计模块时，在学习的难度和价值方面具有可比性，另外，还要有一个通用的证书体系，可以确保知识的积累和识别，这就意味着建立"一个真正的终身学习体系"（Round Table，2005）[②]。

---

① http://cgut.sep.gob.mx/ 访问时间 2008 年 7 月 24 日。

② 作为我们研究活动的一部分，我们组织了一个关于墨西哥职业培训的圆桌会议，称为"墨西哥的职业培训体系"。在此感谢这次圆桌会议的参会者：卢斯·玛丽亚·卡斯特罗·莫索特，全国成人教育（INEA）学术主任莱蒂西亚皮·亚琴察，罗萨·卡尔瓦洛，国际学生委员会主任孔苏埃洛·里卡特，泛美开发银行特别部阿古斯塔·伊瓦拉·阿尔马达，维露拉·肯苏特拉斯。发表在本文中的会议观点均来自于他们。

四、职业培训和劳动力市场

任何 VT 体系的一个基本效果是必须和劳动力市场相关。由墨西哥政府、国际组织、学术委员会和私人咨询者所做的那些有影响力的评估已经证明了教育和职业培训对就业和收入的正面作用[①]。

CONALEP 类学院大部分的学生，来自社会经济背景相对较低的家庭，他们的成绩在高中入学考试通过成绩中位于较低位。不过，对过去十年中从 CONALEP 毕业学生所作的评估发现，顺利完成中等技术教育学校课程确实培养了学生就业能力，减少了找工作和提高收入所花的时间[②]。CONALEP 毕业生中个体经营者所占的比例（9.8%）高于对照组（7.5%）的比例。对此现象，一个较有说服力的解释是 CONALEP 毕业生一般受雇于服务业。因此一些 CONALEP 毕业生可以通过自己经营进入服务业（Lopez-Acevedo，2002a：14）。接近70%的已就业毕业生持续报告称，CONALEP 的培训或者专业化对他们当前所从事的工作是有用的，并且他们的收入高于对照组的收入（Lopez-Acevedo，2002a：15—16）。这表明对于寻求永久工作的低收入者而言，CONALEP 是个很好的选择。

在 1980—2007 年间，15—24 岁年龄的人群平均在校受教育年限从 6.0 年增加到 9.7 年。然而，墨西哥经济却没能够创造足够的工作岗位来充分利用由这种教育系统提供的人力资源。正如其他发展中国家一样，在墨西哥不管受教育程度如何，人们同样面临着工作岗位短缺和工资低的局面。这使得雇主可以提出更多的要求。结果是，越来越多具有较高学历的工人正在取代学历较低工人的位子，而这些工作曾经只有学历不高的工人才会从事。就业环境对于学历较低的人而言正在恶化。马库（Marque，2006）总结到，受教育程度不足可以解释这种现象，而其他社会经济因素同样起着作用。

世界银行名为"墨西哥经济和教育改革后收入不平等"的研究报告

196

---

① 雷文，吕布和谭（1992）；劳动和社会福利部（1995 和 1997）；国际咨询专业（1998）；经济学家合作伙伴小组（2002）；洛佩兹－阿塞韦（2002 年 b 卷）；分析咨询（2003 和 2004）；世界银行（2000 和 2004）。

② 洛佩兹－阿塞韦（2002 年 b 卷）。

（2000）显示，墨西哥收入不平等加剧最有可能的原因是由于贸易自由化而引起的以技术为基础的科学技术的快速变化。这份报告同时发现，墨西哥正处于高等教育投资回报率不断增长的时期，并且制造业和其他出口部门在招聘时，在技术构成方面更加青睐掌握高技术的工人，特别是那些参与激烈国际竞争的产业更是如此。过去几年，经济缺乏持续增长，资本密集型科技的引入和行业垄断壁垒的存在，同样促成了收入的不平等。

最近一份来自国家高等教育协会的研究报告（ANUIES，2003）总结到，从1990年到2000年间，专业人才的供给超过需求135 000人。然而，地区间仍存在显著差距：例如，在墨西哥城的大都会区域，专业技术人才的供给占总供给的25％，同时需求占总需求的12％。而国家的南部和东南部地区，专业技术人才则供不应求。这种地区不均衡可以用教育机构集中于墨西哥城城区来解释，虽然地方教育供给在扩大，但在可利用资源和教育质量上仍存在巨大的不平衡。

在过去的三十年中，正式部门工作机会缺乏的情况导致了非正式部门的快速扩张和多样化发展。非正式部门包括各种不同的活动内容，覆盖城市和农村，涉及高技术和不同类型的组织形式。尽管对非正式部门没有一致的定义，但是许多研究和统计分析方法将非正式部门的活动定义为那些没有会计审核和劳动行政部门注册的活动。在墨西哥，从事非正式部门活动[①]的人占活动人口的百分比很大。在非正式部门，他们遭受失业、收入低下且不稳定的问题，所从事的工作与所接受的正式教育很少沾边或完全没有关系。尽管是这样的境况，非正式部门还是吸收了相当大比例的人力资源进入劳动力市场。

表8.2中显示，在微型企业工作的人中，只有1/3完成了高中教育或高等教育；46％完成了小学教育或初中教育，达到最基本的受教育水平；大约1/5没有接受过教育或未能完成小学教育。雇主和合伙人的受教育水平最高，而个体经营者和雇员则位于最低水平（有薪酬或无薪酬）。这些人中的87％在微型企业工作。

---

① 从事非正式活动的人口百分比变化非常大（处于经常活动人口的1/3至1/2之间），这取决于所使用的测量方法。

表 8.2 按就业和教育水平分类的墨西哥就业状况 *

197

（单位:%）

就业状况	教育水平						
	总计	未进过学校的	小学未完成	小学毕业	初中	高中	高等教育	不详**
总计	100.0	4.8	14.7	18.8	26.8	20.4	13.4	1.1
雇主	100.0	2.3	9.0	14.7	19.7	25.3	28.9	0.1
个体经营	100.0	6.3	18.6	19.7	24.0	18.4	13.0	0.0
合伙人	100.0	1.8	7.5	14.9	26.8	23.8	24.4	0.8
有酬工人	100.0	3.0	7.1	19.4	37.5	20.4	6.9	5.4
无酬工人	100.0	2.4	12.6	17.2	32.5	26.8	8.0	0.5

资料来源：墨西哥国家统计协会，关于墨西哥企业的国家调查，墨西哥，（2002）

注释：* 为基于 1998 年数据，** 为教育水平不清楚。

1/3 的微型企业主认为员工确实需要培训，特别是制造业和服务业。而在商业部门，这个指标跌到了 17%。7/10 的雇主认为培训对员工很重要。毫无疑问，VT 对正式部门和非正式部门都是必要的。非正式部门利用了那些正式部门没能雇佣的人力资源。非正式部门的受教育年限较低。尽管如此，在基础、中等和高等教育程度和培训体系中获得的初始职业技能，在非正式部门中得到了应用，尽管缺乏任何正式方案，但在非正式部门通过高度集中的在岗培训，可以发展员工的新技能。特别是，企业和技术能力的全新组合也由此产生。

198

尽管如今的初始 VT 课程已经更加面向劳动力市场的需求，但是变化多样且继续变动的正式和非正式活动已经超出 VT 体系应对职业需求的能力。需要做的是，根据不同人群的特征以及具体就业问题来设计目标更加明确的职业培训课程，例如，将人群划分为年轻人、单身母亲、长期失业者、未充分就业者、年龄较大的找工作者、农民和土著民等。

尽管一般来讲教育对收入有积极影响，但是墨西哥 VT 的投资收益还是不尽如人意。这不可简单归因于 VT 体系对于科技和组织变化的反应总是慢半拍，它还是经济发展不充分的结果。生产的发展和扩张是增加工作岗位供给的必要前提，也能培养出技术更加熟练的劳动力，这样才能形成 VT 的"良性循环"。

五、继续职业培训

(一)公司内部的继续培训

为改善就业能力、提高生产效率、促进就业稳定性、改善已就业者和失业者的工作质量，继续培训确实是必要的。继续培训受联邦劳动法的约束，该劳动法既规定了员工接受培训的权利，又规定了雇主提供培训的义务(STPS、LFT，1990：条款 153-A 至 153-X)。管理和促进这类培训开展是劳动和社会福利部(Secretary of Labour and Welfare，STPS)的责任。

根据法律，所有企业必须建立一个由人数相同的员工和雇主代表组成的联合培训委员会(CMCA)。这个委员会主要负责监督培训项目执行的情况和提出改进建议。法律同时为建立由劳动和社会福利部领导的国家就业和培训服务机构(National Employment and Training Service，SNECA)提供了依据。这个机构在培训领域的主要职责是监督 CMCA 的筹建和运作情况(STPS、LFT，1990：条款 S37 至 S39)。

199

培训政策复杂的指导原则和官僚化的管理，无益于改善工人的表现和提高生产率。从一开始，企业的注意力就主要集中在遵守法律规定上，而不是评估企业所提供培训的相关性和质量。

因此，SNECA 在促进、记录和跟进由公司组织的培训措施时遇到了巨大的困难。尽管登记在册的继续培训机构的数量在增长，但是所涉及员工的数量少、所提供的培训水平低，特别是在微型和小型企业中更加突出。抛开法律框架不谈，墨西哥劳动力培训中仍然存在巨大差距。仅有少数企业遵守法律规定去培训员工，这些企业通常是那些能为最好员工提供工作条件、员工有较高受教育水平的公司[1]。2001 年，排除正规教育，只有 1/5 的员工称参加过培训学习[2]。在

---

① 根据劳动和社会福利部公布的数据，2005 年企业登记了 1980 个培训项目，使 2.7 百万员工受益，发放 6.4 百万个工作技能证书。

② 这种培训课程包括在公共、私立和社会培训中心或在工作场地的教学，将正规学校项目中那部分的所有课程排除在外。

2000 年，仅有 12.7％的制造业企业为员工提供培训，而且其中不同规模的企业之间存在巨大差异：只有 9％的微型企业提供培训，而开展培训的大型、中型和小型企业各自占企业总数的百分比为 90.5％、84％和 59.2％[①]。

企业培训员工兴趣缺乏的因素可以解释为员工流动率较高，特别是在微型和小型企业中，还有就是培训文化的缺乏。在石油、化工、橡胶和塑料制造部门，以及在原材料金属、机械和工具制造、电子和一些食品生产行业中培训率较高。培训活动往往和新机器、新设备的引入，以及工作组织形式的变化相关。在所有安排了员工进行培训的机构中，大约 74％引进了新机械。技术研发的费用同样和培训息息相关：安排员工培训的机构中有 30％也投资了技术研发，没有技术研发投资的企业仅有 4％的提供了培训（CIECON，2001：7）。在科技变化水平较低的企业中，最近一次培训实施的时间可以追溯到五年前。相比之下，在创新性较强的电子产品行业和金融服务部门中，超过 90％的员工在过去的五年之中至少接受过一次培训（CIECON，2001：3）。

正规培训被限制于具备高技术标准的制造业部门和某些专业化服务行业。在另外一些产业中，包括正式和非正式机构，最多有一些非正式的在岗培训，但这种非正式培训不包括任何培训课程或任何形式的效果评估。

在过去的二十年中，培训取得了一定的进步，这种进步体现为推广了这样的理念——如果要改善质量、提高生产率、增强竞争力以及创造工作岗位和保住工作，那么投资培训是必要的。培训开展的最大动力就是为帮助失业者再就业、以及帮助微、小和中型企业提高竞争力而实行的积极劳动力市场政策。

200

(二)劳动力市场项目中的继续培训

通过劳动和社会福利部，各种措施的实施，积极的劳动力市场政策得以贯彻，同时由就业、培训和生产部制定了该政策。劳动力市场

---

① 墨西哥国家统计协会－劳动和社会福利部(2001)，关于就业、工资、制造业技术培训的国家调查，2000 年数据。

所取得的进步可以归因于这样的事实：政策和相关机构中的全体人员二十年来保持了较大的稳定性，地方政府参与程度不断提高，以及从国际组织获得了技术和资金援助。这些国际组织包括国际劳工组织(ILO)、联合国发展计划署(UNDP)、世界银行(WB)以及泛美发展银行(IADB)。国际组织的参与确实影响了培训项目的设计和执行，同时也为国际组织学习墨西哥经验提供了机会。其中一些很好的实践经验已经成为其他拉丁美洲国家开展类似项目的基础。

表8.3总结了主要的项目和举措。由于失业者培训拨款项目(Grant Programme for the Training of Unemployed Persons，PROBECAT)、整体质量和现代化项目(Integral Quality and Modernization Program，CIMO)在这次转型中扮演着重要角色，因此我们接下来将详细描述它们的主要特征。

1. 失业者培训拨款项目(PROBECAT)[①]

作为对那些资格不符合就业要求的失业者提供1—3个月培训的紧急项目，PROBECAT在1984年开始推行。通过一个拨款体系对受训者在整体受训期间发放最低工资补贴和交通补贴，使该项项目更具吸引力。

由这个项目推动的VT建立在以提高失业者就业能力为主要目标的短期课程基础上。效果评估研究表明，那些受训者的就业能力确实有所提高，尤其是在那些与公司事先协定聘用那些完成培训的受训者的案例中，培训效果更明显(劳动和社会福利部，1995和1997)。

201
表

表8.3　积极劳动力市场政策和职业培训
（1978—2005年间主要措施实施的时间表）

年份 (年)	事件
1978	联邦劳动法的改革和国家就业与培训服务机构的创立。 随着国家技术专业学院(CONALEP)的建立，中等层次的职业教育供给扩大。

[①]　在过去几年，该项目的名称已经改变。从2001—2005年，被称为"在岗培训体系"(SICA)；2005年后称为"becate"。但是为简单起见，我们这里用的是它起初的名称。

续表

年份 (年)	事件
1984	失业者培训资助项目(PROBECAT)启动。 墨西哥政府向世界银行申请援助去开展"1985—1988 年职业培训供给和需求的研究"。 宣布实施 1984—1988 年国家培训和提高生产率项目,强调职业培训和生产率对于维持、改善和提高就业的重要性。
1987	部分受世界银行资助的 1987—1992 年劳动者培训项目(Labour Training Project,PCMO)开始。该项目有两个主要组成部分:在 PROBECAT 模块的基础上协助培训失业者,通过产业劳动者培训项目(Industrial Labour Training Programme,CIMO)协助培训在职员工。
1990	发起 1990—1994 年国家培训和提高生产率项目,在该项项目中生产率被认为是社会现代化和发展策略中的核心要素。
1992	公布提升生产率和质量的国家协议,这项协议包括了将工资增长与生产率和质量变化挂钩的提议。 启动 1992—1997 年劳动力市场现代化项目(PMMT),与劳动者培训项目(PCMO)相似,该项目部分受世界银行资助,但可利用资源更多。
1995	实施同时受政府和世界银行资助的 1995—2003 年技术教育现代化项目(Technical Education Modernization Project,PMTYC),其目标是发展工作技能标准和证书认证体系、促进职业培训和技术教育的转型,除此之外,还建立一个基于工作标准和根据标准与认证委员会(Work Skills Standardization and Certification Council,CONOCER)提供的具体形式之上的模型。
1996	1995—2000 年就业、培训和保护员工权利项目实施,其目的是通过推广和改善方法促进劳动力市场准入、提升质量和竞争的文化。
1997	部分受泛美发展银行(IADB)资助的 1997—2001 年劳动力市场现代化计划(Labour Market Modernization Programme,PMML)得以确定,该项计划内容类似于劳动力市场现代化项目(PMMT),同时也包括致力于劳资关系现代化的内容。
2000	公共教育部公布第 286 号协议,这项协议开启了工作经验转化为技术学分的可能性(先期学习的认证)。
2002	部分受泛美发展银行资助的多阶段培训和就业帮助项目(Multi-phase Trainging and Employment Assistance Programme,PMACE)进入实作。该项目主要包括三个部分:①就业帮助;②协助培训;③发展机构和政策评估项目。
2005	又一个与工作技能模式相关的项目开始推行:基于工作技能的培训项目(2005—2007 年为第一阶段)。该项目部分受泛美发展银行资助,又名为技术教育现代化项目 2(PMETYC-2)。

资料来源:原始文件

202

图 8.3 显示，PROBECAT 得到显著发展。不过，在 2001—2006 年福克斯政府期间，由于预算缩减以及选拔标准、资助类型和课程持续期等方面的变化，加上新试点项目的试行使得受训者数量减少。

在项目进行的整个过程中，课程质量都存在着问题。此外，在部分地区存在着来自某些要求资助的政治群体的压力；在项目实施过程中，实际执行者流动率太高以及项目未能充分关注到目标人群。尽管存在这些问题，但是失业者培训资助项目仍然是一个基于 VT 的激活劳动力市场政策的成功典范。

（千人）

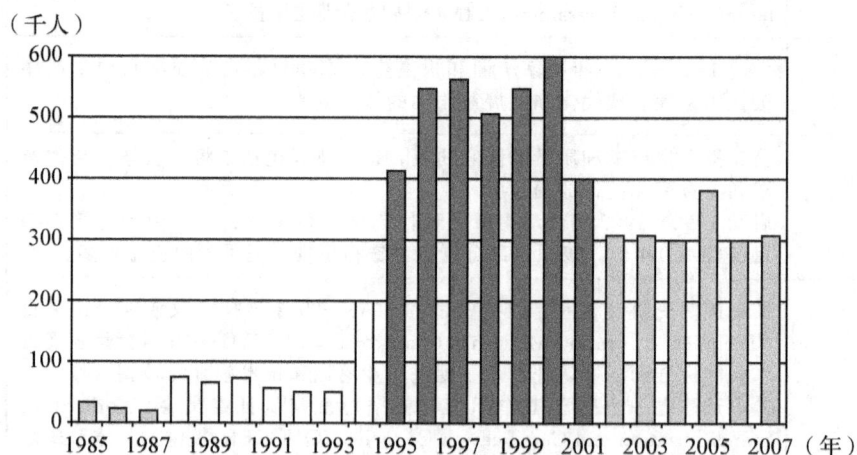

图 8.3　失业者培训资助的受益者
资料来源：基于墨西哥劳动和社会福利部的信息

2. 整体质量和现代化项目(CIMO)

CIMO 实施之初，是一项旨在对在职人员培训给予协助，同时帮助微型、小型和中型企业发展改善质量和生产率体系的实验性项目。CIMO 的目标是通过增强企业的竞争力来创造和维持工作岗位。这项项目不仅为企业提供技术和资金支持，还将有着共同利益的企业集中起来共同改善质量和生产率。该项目建立在企业合作共同分担项目实施费用①的基础上。这项项目被设计为鼓励企业参与培训和提供技术援助、增强分权决策和通过自我诊断来确认地区生产部门培训需求和供给情况，帮助建立供给和需求间的联系。

③

①　最初，70%的企业培训费用由项目提供。到 2006 年，对微型企业这一数据下降到了 60%，小型企业为 55%，大型企业为 50%。

2001 年，CIMO 更名为培训支持项目（Training Support Programme，PAC）。这种变化结束了对咨询服务机构的资助，并将重心转移到对培训提供援助上。尤其是，更名后的项目更注重于多种能力的发展、对决策的参与度、持续培训的发展和基于工作技能标准的培训方案的制定。

图 8.4 显示了 CIMO 的三个阶段：第一阶段为 1988—1993 年，在这期间，培训受益者数量增长到 922 00 人；第二阶段为 1994—2000 年，在这阶段，受益者数量从 150 200 人激增到 733 900；第三阶段为 2001—2006 年，这阶段重新调整了项目，受益者人数由于培训合格标准的变化而下降。尤其是现在受训者必须是在正式部门工作的，这意味着参与培训的企业必须在财政管理机构登记并且员工必须在社会保障体系内。

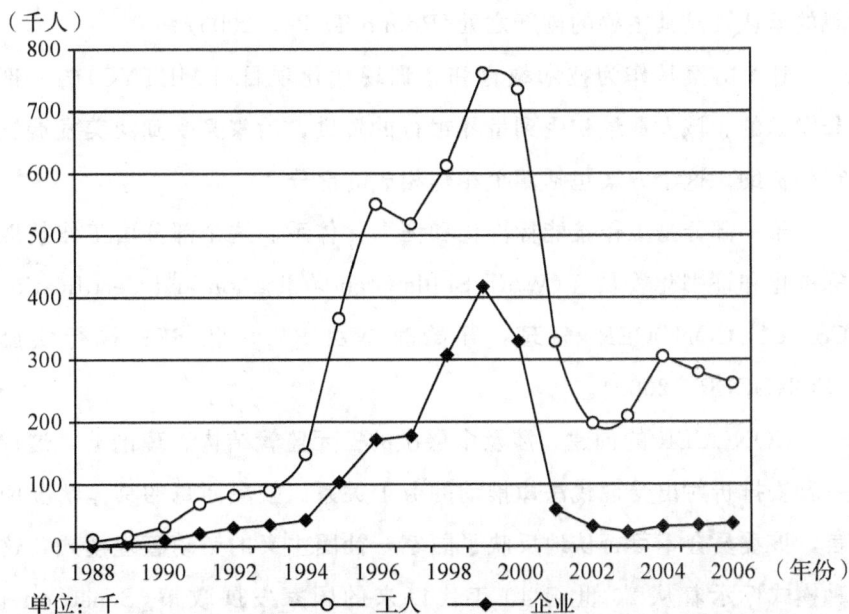

（千人）

图 8.4 整体质量和现代化项目（CIMO）的受益者
资料来源：劳动和社会福利部的信息

总的说来，继续 VT 的框架在近几十年中发生了变化，培训从基于监管和控制并注重遵从联邦劳动法规程的惩罚性模式转向基于需求的模式，以鼓励企业、工会和不同工作环境的人都参与到继续培训中。政府的角色也随之发生变化，从原来的工人权利的担保者和保护人，以及培训政策的制定者，转变为致力于使不同社会参与者达成一致的政府。

六、工作技能的标准化和证书化

在过去的几十年中，由于机构不同和官僚主义的惰性，初始职业培训和在岗培训在发展过程中是相互分离的。不过在最近几年中，通过设计和执行工作技能的标准化和证书化体系，墨西哥在建立一个综合的 VT 体系方面已经取得了一定成就。近几年，通过更新课程内容、教育方法和培训方式，通过采用考核标准和对知识、能力、态度和价值观的认证，以及在教育、VT 和劳动力市场间建立衔接等一系列措施，工作技能标准化和证书化体系对墨西哥 VT 体系的现代化起到重要作用。对不管用何种方式学习获得的知识、能力、态度和价值观的承认，是其主要的创新之处（Round Table，2005）。

这个方案是作为技术教育和培训现代化项目（PMETYC）的一部分发起的。该方案最初受到世界银行的资助，后来又受到泛美发展银行的资助。这个方案包括四个相辅相成的部分。

第一部分是工作技能标准化和证书化体系。这个部分由工作技能标准化和证书化委员会（Work Skills Standardization and Certification Council，CONOCER）管理，开始时是由 STPS 和 SEP 执行实施（CONOCER，2000）。

CONOCER 的创建，涉及多层次的三元监管结构。理论上，这样一种安排折射出受现代法律推动的劳工关系。就墨西哥的具体情况而言，该委员会不可否认地反映了国家—社团主义的劳动管理模式，这种模式标示着从 20 世纪 40 年代以来的国家发展政策（Bensusán，2000）。

在其他原因中，2001—2006 年间，福克斯政府缺乏参与的兴趣，以及该体系在劳动力市场中的不佳表现，可以解释为什么从 2003 年的中期到 2006 年初期，CONOCER 暂时中止运作。不过，现在委员会通过公共教育部作为一个国家专有运营的实体有了新的法律地位。在过去，CONOCER 与政府的联系并不紧密，这使得它有一个独立机构的形象，因此，使它在不同社会成员中的行为被赋予合法性。

　　该项目的第二部分是培训供给的转变，其目标是以基于需求的培训方式，替代现在基于供给的培训方式。由于基于需求的培训方式更加注重最终学习结果，因此这种培训方式的课程，更加适应生产部门的要求。人们期望这样的方式能相对灵活，并能为个人在就业生涯中教育和工作之间的转换提供帮助。

　　在这部分中，促成教育供给调整的手段是推行基于工作技能的教育和培训，特别是在技术性高中学校和2000年以后建立的科技和理工大学中推行。公共教育部是负责推行和发展基于工作技能的教育和培训的政府部门。

　　第三部分被称为培训和工作技能认证激励，其专注于为企业和工人制定支持方案，包括资金援助、确认培训需求、发展和增强培训提供者。政府在这个策略中的主要作用是"搭桥"，以促进培训和提供其他与提高竞争优势相关的服务，特别是在微、小、中型企业中发挥作用。这部分的目标是通过促进工作技能标准化和证书化，来加强为失业者和就业者提供的培训市场。这部分由劳动和社会福利部通过PROBECAT、PAC(以前的CIMO)以及诸如多重技术项目的新项目实施。

　　被称为信息、评估、学习和研究的第四部分，其目标是建立一个关于劳动力市场行为的知识库和评估项目实施效果。这一部分由STPS、SEP和CONOCER自己执行。

　　在世界银行决定不再继续支持该项目的第二部分后，通过与泛美发展银行两年多的协商，泛美发展银行成为新的国际资助机构，之后技术教育和培训现代化项目(PMETYC)的第二版在2005年开始实施。这样，基于工作技能的人力资源培训项目(PROFORHCOM)正式形成，该项目的初始运行阶段为2005—2007年。

　　该项目强化了PMETYC第一版本的目标，并促进了图8.2中所提及的第286号协议的执行。这份重要协议构成了一种联结劳动力市场和教育体系的方式，这种结合的目的在于建立"灵活且可信的对校外知识、技能和经验的认可方式和证书认证过程"，同时"采用有效措施促进包括所有人在内的不同工作类型之间的交换，以及正式教育与非正式教育之间的相互过渡"。

206　　　　尽管专门针对工作技能认证的培训已经越来越多地开展起来，但主要问题在于这种认证基本不能满足企业的需求。创立它仅仅是因为推行这种模式的设计方案的需要。因此，证书和市场之间没有真正的联系。这就产生了一种状况："……七年后，我们发现——这正是世界银行提出的批评——只有少数人获得专业合格证。且问题在于大部分受资助的资格证书与生产部门的需求不相关，而是来自教育部门的新方案的结果。正如康苏埃洛·里卡特所说，拥有专业资格证书的人们心中留有疑问，为什么他们被授予资格认证证书？或者直接发问，'谁想要证书？'或'谁在要求必须具有资格证书？'。"（Round Table。2005）

　　　　似乎有一些英国国家职业资格模式的缺陷也被复制到墨西哥（Grugulis，2003）。面对这样的批评，可以反驳道：我们的目标是建立一个临界点，用以验证模式（有效性），应对个人工作技能负面评价的临界点，认可他们在职场生涯中积累起来的经验（Round Table，2005）。

　　　　尽管这个模式具有它的优点，但该模式同样存在观念上的局限。根据已有的经验，也许最中肯的批评就是由 CONOCER 第一任执行秘书所提出的："我认为大家不应该陷入简化论，并且认为基于技术的模式就是最好的模式。我们正在简单地用证书制度和人力资源认证来衡量人们一生所运用和积累人力资本的能力。"（Round Table，2005）

　　　　在公共政策的舞台上，PMETYC 的设计和执行，毫无疑问是墨西哥改革 VT 体系，以及增强培训与劳动力市场间联系的最重要的成就。因此，CONOCER 活动的暂时中止造成了培训与社会联系的断裂，导致工作技能标准化和证书化制度中的协同配合出现缺口，进而引发大量问题。即使最近 CONOCER 以类似的方法继续运作，并重新命名、重做项目和定义目标人群，但是最大的挑战是去克服存在于社会参与者、企业和劳动部门、培训机构、认证组织、评估中心和独立评估者之间不可避免的分离。

　　　　需要克服的另一个重要挑战是由 CONOCER 的法律地位变化引起的质疑。该委员会的合法性以前是通过非政府组织的地位获得，而现在受到了质疑。同时，该委员会面临着一些由以下需要引起的操作上的巨大挑战：

- 超过 600 条技术工作技能标准（NTCL）的运用（例如，在劳动力市场中验证）。
- 更新 NTCL 标准。
- 重启认证机构、评估中心和独立评估者的运转。
- 调整评估和认证费用，其中部分费用太高。
- 发放待定的工作技能证书。

207

七、职业培训：接触和谈判的场所

VT 聚集了许多参与者，然而 VT 机构的社会构建并不容易，同样它的完善也不容易。初始 VT 的社会参与者不同于继续 VT 的参与者。尽管事实如此，但近几年，教育和劳动相关部门已经推行 PMETYC，并建立了工作技能模式，然而各种政策、项目之间、活动以及参与者之间的相互作用大多流于形式。虽然今天的初始 VT 中许多学生就是明天继续培训的参与者，并且所有参与者都赞同学习单元应该灵活分布在一个人一生的工作生涯中，但开展培训的机构遵循不同的制度逻辑且不进行相互合作。

正如初始 VT 体系部分描述的那样，有许多公立和私立的机构提供 VT 课程，包括在高中或中等教育阶段唯一的 VT 或混合课程。不同学校、不同地区的学生的社会经济背景是不同的。即使校方几乎不和学生、教师或其他学校联系，也能发现教师中存在的巨大差异。虽然关于与劳动力市场的联系大家谈论很多，但企业、工会和劳动行政部门的实际联系却十分微弱。

为了解社会成员对继续 VT 的参与，有必要回顾一下法律框架的一些特征。联邦劳动法的改革起始于 20 世纪 70 年代末，通过提升工人接受培训的权利和为企业提供培训的义务奠定了法律基础。法律框架的实施使得所涉及的商业人士、工会或工人和政府等主要参与者能够得到法律需求的满足。至少正式一点来说，在墨西哥，劳工关系是涉及三方且受法律保护的，因为政府为了保护工人的利益扮演着监督者的角色。因此培训的新法律条款要求政府去确保企业履行它们的义务(De Ibarrola，1993：3)。

　　然而，法律体系一直缺乏雇主和工会所负担的承诺。一方面，雇主认为该法律框架只是一套强制性的程序，而不是鼓励企业投资于人力资源开发的一系列激励措施；另一方面，工会和工人也仅将其视为程序上的义务去履行，认为生产率和收入没有关系。就政府而言，由于监督网络太过复杂，随即导致腐败。因此，在培训中法律规定也没有切切实实地得到履行。

　　不过，这个法律体系仍然存在许多有利的方面：第一，组建了由雇主、员工和工会代表构成的培训委员会。第二，州政府对遵守法律起着担保者的角色。也就是说，三方协同在公司内部的岗位培训中得到很好应用。三方协同的方案存在了数年，但是在 20 世纪 90 年代初，新颖的四方模式开始形成。

　　第一方面是关注点的转变，策略的重心转向使主要参与者(雇主和员工)相信培训是提高企业竞争力和改善员工生活质量的重要工具。第二方面是合并了新的参与者，换句话说，就是将培训、评估和证书认证、技术学院、完整的中等层次教育机构和中介机构，以及这些参与者之间的关系都囊括进来(Mertens，1997：29)。第三方面就是历届政府为增强培训市场活力都推行了不同的政策、项目和措施，培训市场也从基于供给的模式转向基于需求的模式。

　　当1978 年墨西哥法律开始明确监管培训时，社会环境中新出现的特征与先前特征明显不同。新环境以 20 世纪 80 年代初墨西哥经济开放性增强为标志，并在《北美自由贸易协议》框架中更加受到重视。第四方就形成于这样的大环境之中。在跨国企业增加的情况下，特别是美国跨国公司在墨西哥开设的子公司，这些公司先是开始融入美国市场，然后是加拿大和全球其余市场。这种发展的基础是根据"更好的工作表现体系"所要求的增强劳动力的资格与工作内容一致。其中包括了扎实的技术培训，这种培训基本集中在提高劳动力以完成企业目标的能力，以及改善工作生活环境质量。虽然政策执行和结果不同，但是大家都接纳了这些概念和实践(Arteaga García，1999)。

　　在这个已发生变化的环境中，有三个要素值得强调。第一个是创建了与培训相关的法律体系；第二个是创建了就业、培训和证书认证协调组织(Employment，Training and Qualification Coordination U-nit，UCECA)，该组织不仅监管制度变迁的过程，同时是历届政府有关就业和培训政策中的核心；第三个要素是，超越法律层面，建立了在企业层面的双向组织机构，还建立了联合培训委员会和国家培训委员会(National Training Committees，CNCA)，这两个委员会的建立使劳动和社会福利部法令的执行成为可能。虽然这三个要素形成于过去三十年中，在由不同政府部门相继管理的不同途径中，但三个要素尤其是前两个可以在社会成员中发展信赖关系，以及为培训政策的发展创建可能的重要参考点。

八、最后的反思

墨西哥 VT 体系发展的外部动力可以归结为诸如在多维度的全球化，其内部动力是这个体系在国家中的生产、教育、社会和经济组织的发展中起着决定性作用。

VT 体系面临着人口的、经济的和制度发展趋势所带来的巨大挑战。如今，由于教育体系的扩张，尽管在农村地区还存在教育力度不够的现象，并且强化了贫困的恶性循环，但识字和基础教育已经不被优先考虑。人口结构的变化反映出对中等教育和职业教育的需求不断增长，以及经济全球化，都要求在教育和劳动部门中建立相互作用、更深、效率更高的组织系统。学生和教师、雇主和雇员之间的互动方式也需要变革，以迎接 21 世纪的挑战。

过去在劳动力市场中，人们面临初始和继续 VT 之间连贯性缺乏的局面。尽管政策中心发生了变化，接受公共资金和国际信用资助的培训项目得到显著扩张，但只有少数公司有类似于大型公司的长期培训规划，且大型公司的培训只有外国资本才能负担得起。小型企业支付不起培训费用，并且面临着很高的员工流动率，这挫伤了雇主发展员工人力资本的积极性。因此，在岗培训成为提高职业能力的最普遍方式。虽然这种十分灵活的培训方式能够帮助企业在非正式企业间的激烈竞争中生存，但这种方式在面对外部竞争和全球化中所需知识、能力和态度时存在局限。

对像墨西哥这样的国家的 VT 变化进行分析调查时会发现存在巨

210

大的差异性和社会迟滞，通常会引起在有助于为全体社会成员创造公平机会方面，教育和培训机会谁更有效的问题。教育和培训，尤其是VT，是否有助于缩小社会成员中最低和最高两极的差异（Dahrendorf，1990：65）？

从一个更加广泛的层面看，很明显，最近发生在墨西哥 VT 体系中的改革只是发生在拉丁美洲更为波澜壮阔进程中的一小部分。在这个地区不同的国家中，政府承担着顶层设计和协调的责任，而免去了许多执行的责任（De Ibarrola，1997：7）。不过，其中每个国家的政治体制都保持着自己的独特性，其中一些独特性来源于近代史。

以墨西哥为例，由于改变 VT 体系的需要所促成的不同社会成员相互作用所产生的结果之一就是：谈判和寻求共识已经成为过去二十年中制定就业和 VT 政策的基础。不过，随着共享性政策的设计实施，在 1987—2002 年之间缺乏连贯性的问题似乎已经被解决。根据前 CONOCER 的执行秘书所说："对话这种阶段已经不合时宜，也就是说，先前结构中已经被设计好的聚焦点已经逐渐转向更加注重需求、分权和地方化，一个鼓励更多私营企业的参与、提倡政府逐渐退出、在某种程度上为市民社会发展让出更大的空间……的舞台已经搭建出来又已经被摧毁了。"（Round Table，2005）不过，现在新一届政府为了重建这个体系正在努力恢复不同成员间的相互协作。我们最后的反思是尝试恢复这种相互协作，它对于设计和实施有关教育、VT和广义上属于社会财富资源的知识等方面的公共政策是极其重要的，对于像墨西哥一样希望提升生活条件的国家，尽管经济总体发展取得了巨大成就，但受制于严重的不平等和数以百万计的人们缺乏机会的国家，这种相互协作也是极其重要的。

211　【参考文献】

1. Analítica Consultores(2003)*Evaluación de impacto del Sistema de Capacitación para el Trabajo (SICAT)*, STPS.
   ——. (2004)*Evaluatión del impacto del Programa de Apoyo a la Capacitación (PAC)*, STPS.
2. Arteaga García, A. (1999)*Cambios en la organizatión de la producción*, Memoria del V Seminario del Investiga-ción Laboral：Perspectivas del mercado de trabajo en México, STPS.

3. Asociación National de Universidades e Instituciones de Educación Superior (ANUIES) (2003) *Mercado laboral de profesionistas en México*: *Desagregación regional y estatal de la información*, Diagnóstico 1990—2000. México, ANUIES.

4. Bensusán Areus, G. (2000)*El modelo mexicano de regulación laboral*, FLACSO, UAM, Friedrich Ebert Stiftung y Plaza y Valdés Editores, México.

5. Centro de Investigación en Economia Laboral y Gestión del Conocimiento (CIECON)(2001) *Training demand and its implications in the development of the normalization and certification systems of vocational qualifications*, Executive Summary.

6. Consejo de Normalización y Certificación de Competencia Laboral (CONOCER) (2000) *Reglas Generales de los Sistemas Normalizado y de Certificación de Competencia Laboral*, México.

7. Consultoría Internacional Especializada(1998) *Estudio de evaluación de la modalidad mixta del Probecat*, STPS.

8. Dahrendorf, R. (1990) *El conflicto social moderno*, *Ensayo sobre la política de la libertad*, Madrid: Biblioteca Mondadori.

9. De Ibarrola, M. (1999)Las transformaciones de las políticas de formación profesional de América Latina en la segunda mitad del Siglo XX, *Vers de noveaux modes de régulation de la formation professionnelle? Evolution des politiques et des roles des acteurs*, Colloque de 1'Association d'economie politique, Québec, 12 and 13 November.

10. Flores Lima, R. (2003)Evolución de las políticas activas de mercado de trabajo en México, *Diagnóstico de las políticas de mercado laboral nacionales*, *programas*, *inversionss y mecanismos institucionales del mercado laboral en México*, *Honduras*, *El Salvador*, *Nicaragua y Panamá*, Inter—American Development Bank.

11. Grugulis, I. (2003)The contribution of national vocational qualifications to the growth of skills in the UK, *British Journal of Industrial Relations*, 41(3): 457—475.

12. Grupo de Economistas Asociados (2002) *Estudio de evaluación del Sistema de Capacitación para el Trabajo(SICAT)* 2001—2002, STPS.

13. Grupo Huatusco(2004)Por qué no crecemos? Huatusco, Mexico.

14. Instituto Nacional de Estadística, Geoerafía e Informática (INEGI)(2006) *Encuesta Nacionat de Ingresos y Gastos de los Hogares* (ENIGH)2000—2005, Aguascalientes.

——. *Encuesta nacional de empleo*, *salarios, tecnología y capacitación en el sector manufacturero(ENESTYC)*2001, Aguascalientes.

——. *Encuesta nacional de micro negocios(ENAMIN)*2002, Aguascalientes.

——. *Encuesta nacional de empleo(ENE)*1991 and 2004, Aguascalientes.

——. *Encuesta nacional de ocupación y empleo(ENOE)*.

15. Inter—American Development Bank(2004)*Good uses look for*.

16. López—Acevedo, G. (2002a)*A reassessment of technical education in Mexico*, The World Bank.

212

——. (2002b)*A duration analysis of CONALEP*, The World Bank.

17. Márquez jiménez, A. (2006)*Vinculo entre formación profesional y mercado de trabajo: problemas y alternativas para el futuro.*

18. Mertens, L. (1997) Sistemas de competencia laboral: Surgimiento y modelos, Formación basada en competencia laboral: Situación actual y perspectivas, in *POL—FORM—OIT—CINTERFOR*, Montevideo: CONOCER.

19. Poder Ejecutivo Federal (2001)*Programa nacional de educacion* 2001—2006, Mexico, 159 and 164—168.

——. (2007) *VI Informe de gobierno*, *Anexo Estadistico*, México.

20. Revenga, A. and Riboud y Hong Tan, M. (1992) The impact of Mexico's re-training program on employment and wages, *Working Papers Human Resources Operations*, wps 1013, Washington, DC: The World Bank.

21. Rosado Moreno, D. (2004) Avatares y logros en la Reforma del bachillerato tecnológico, *Coloquio Tendencias y experriencias de reforma*, Mexico.

22. Round table *El Sistema de Formación Vocacional en México*, 26 August 2005. Casa del Tiempo, Universidad Autónoma Metropolitana.

23. Secretaría de Economía (2004)*Pequenas y Medianas Empresas en México*.

24. Secretaría del Trabajo y Previsión Social (STPS) (1990) *Ley Federal del Trabajo*, México.

——. (1995)*Capacitación y empleo: evaluación del Programa de Becas de Capacitación para Desempleados*, México.

——. (1997) *Evaluación de las modalidades de autoempleo e iniciativas locales de empleo del PROBECAT*, México.

25. Secretaría del Trabajo y Previsión Social(STPS) and Colegio de la Frontera Norte (COLEF)(2004)*Encuesta nacional de migración a la frontera norte*.

213   26. World Bank(2000)Mexico earnings inequality after Mexico's economic and educational reforms', *Report* 19945—ME.

——. (2004) *How well do SME programs work? Evaluating Mexico' SME programs using Panel firm data.*

27. Zuniga Herrera, E. (2003)Population World Day(UNFPA), pess conference.

第九章　摩洛哥的职业培训
——*劳动力市场的社会问题和经济问题*

布拉姆·波达贝特 & 曼迪·拉赫洛

一、引　言

　　1956 年摩洛哥取得独立时，民众大多目不识丁。1960 年，男性文盲比例达 78％，10 岁以上女性文盲比例高达 96％。政府当务之急就是普及由国民运动成员领导的学校教育。教育成为社会现代化和国家发展的工具。教育政策包括额外附加目标，比如，针对高级公务员"摩洛哥化"，即为社会部门的发展提供支持（教育部门、卫生部门等），和"阿拉伯化"。

　　尤其是技术教育和职业教育并没有在全国人口中得到普及。1974 年，政府起初打算通过创建职业培训和工作办公室（Office de la for-mation professionnelle et de la promotion du travail，OFPPT）来新建发展职业培训（Vocational Training，VT），1984 年进行声势浩大的改革。OFPPT 原本作为政府主要职业培训政策的制定机构，改革寻求改善职业培训体系和劳动力市场需求之间的关系，从而使得培训更加有效。因此，摩洛哥在职业培训方面的经验，比本书谈到的其他国家的经验更具时效性。

　　1984 年的改革是摩洛哥职业培训体系中最重要的一次改革，包括以下三个主要目标：（a）通过扩招发展职业培训体系，将其作为发展人力资源和鼓励社会成员流动的手段；（b）改善培训与劳动力市场日益变化的需求之间的关系；（c）帮助职业培训的毕业生就业，提升社会商业价值。事实上，这次改革是在相当特殊的情况下引进的，即一年之后完善结构调整项目[①]。伴随着公共部门削减岗位，大学毕业生失业现象更为严重，作为可促进年轻人进入生产系统（主要是私人企业）的社会经济

---

　　①　IN/IF 支持下，1953 年摩洛哥政府开始实施这个项目。为了减少政府不断增加的财政赤字，摩洛哥通过限制公务员新进岗位以大幅度减少政府工资支出。

发展方式的职业培训，也就应运而生。这种培训给企业提供了技术熟练的劳动力，以提高企业的绩效和竞争力。此外，1985 年教育改革前，这项改革得以完善。1985 年教育改革旨在为所有学龄儿童提供上学机会、降低辍学率，让更多学生转而进行职业培训不同阶段的学习。

1984—2003 年，公共培训中心完成课程学习的人数，平均每年以3.5％的比例增加，1988—2003 年，在私人培训中心完成课程的人数，平均每年以 6.5％的比例增加，职业培训改革的诸多目标一一实现。至于改善培训与就业之间联系的第二个目标并未达到。改革近二十年后，摩洛哥职业培训体系不断通过了市场检验，如专门针对持有职业资格证书却长期失业的人群，这种情况影响了整个国家的教育制度。因此，2002 年根据培训水平调查，职业培训的毕业生失业率在 18％到 35.6％，整个国家失业率约 11.6％（Direction de la Statistique、Royaume du Maroc，2003）。而且，即使职业培训的毕业生找到工作，同样面临就业环境不稳定，如工资低和加班加点。

为了克服这些不足，政府采取新策，将商业环境作为技能获取的首选项，从而可以在培训过程中通过产业为主的计划，使用以技术为主的全新教学方法，授权专业人员在培训过程中发展全新培训形式。这项政策的其他部分通过国际合作得到发展，尤其与法国和加拿大的合作。

新培训政策旨在为职业培训毕业生就业问题提供帮助。沿用至今的策略本质上是通过对年轻人提供帮助和建议、资助和免税来促进就业。然而，这项策略资助的项目数量却远低于预期值。原因很多，其中包括摩洛哥私人企业不受欢迎，职业培训毕业生首要目标仍是高薪酬的职业，尤其是在公共事业。

城市地区持续高失业率，尤其是年轻人和职业培训毕业生，这说明了改善培训制度和劳动力市场需求之间联系的目标（比如，1984 年改革和以后改革的目标）并未成功，任重而道远。

216　　以下章节，第一部分阐述摩洛哥教育体制的确定及整个经济和人口背景方面；第二部分阐述摩洛哥的近期发展和国家教育体系的进展情况；第三部分阐述初级职业培训；第四部分罗列全新的职业培训政策；第五部分阐述职业培训毕业生面临的劳动力市场情况；最后一部

分将根据先前分析得出结论。

二、摩洛哥教育体制的确定及经济和人口背景

取得独立以来，摩洛哥教育制度发展一直不顺，这主要是由于强大政治意愿的普及，并将其作为个人和集体发展的工具，以及政治和意识形态上的考量和偏见。诸多原因导致了目前摩洛哥学校里的种种不足，人口、经济、财政的客观原始数据又加剧了这种不足。

尽管这些内容看似无关，但须牢记今天摩洛哥职业制度得益于 20 世纪 80 年代开始的人口"下滑"，2004 年全国人口普查也证实了这个数据。然而，教育制度因公共财政资金不足受到损害，而这恰恰是因为国民收入增长进程的异常缓慢（长时期的）和变化多端（短时期的）。

见表 9.1，以现在摩洛哥通行的迪拉姆计算的话（Moroccan dirhams, MAD[①]）（2000—2003 年增长 5.7%），1990—2003 年每年 GDP 平均增长 5.3%。扣除物价增长因素，同期 GDP 增长每年在 2.5%—2.8%之间波动，略高于同期平均人口增长 1 个百分点。同时，1990—2003 年，政府预算按现行的 MAD 计算每年增长 5.9%，略高于国民财富增长按现行的 MAD 计算（平均每年增长 5.3%）。2003 年政府预算占 GDP 的比例由 21.9%上涨到 23.4%。

国家教育部总预算（小学和中学资金及运作成本）同期相应增长，从 1990 年的 92 亿迪拉姆上涨到 2003 年的 233 亿迪拉姆。这种增长源于不同部门的政治影响力（工资需求影响最大程度的增长），而非其付出的努力。

表 9.1　摩洛哥受教育的人口和宏观经济指数（财务数据以十亿迪拉姆为单位） *217*

人口（千）	1990 年	1995 年	2000 年	2001 年	2002 年	2001 年
	24 180	26 390	29 170	29 630	30 090	30 560 *
国家教育部预算（a）	9.17	13.01	18.41	19.59	21.62	23.28
高等教育预算（b）	2.05	2.67	3.60	4.19	4.27	4.26
总教育预算（a）＋（b）	11.22	15.68	22.01	23.78	25.89	27.54
政府预算	46.62	63.80	87.73	83.47	95.37	97.80

---

① 当前汇率大约是 8.5 迪拉姆（MAD）等于 1 美元。

续表

人口（千）	1990 年	1995 年	2000 年	2001 年	2002 年	2001 年
	24 180	26 390	29 170	29 630	30 090	30 560 *
名义 GDP	212.82	281.7	354.21	383.19	397.78	418.66
实际 GDP(1980＝100)	108.12	113.20	134.90	143.40	147.97	155.73
政府预算/GDP(%)	21.9	22.7	24.8	21.8	24.0	23.4
教育预算/政府预算(%)	24.1	24.6	25.1	28.5	27.1	28.2
教育预算/GDP(%)	5.3	5.6	6.2	6.2	6.5	6.6

资料来源：数据来自财政部、国家教育部和数据指南

注释：＊可看出人口下降，2004 年 9 月人口普查的总人口数为 2 990 万，比 2003 年人口规划的少近 70 万。

平均每年 7.4% 的增长，高于同期国民财富增长 2 个百分点。此阶段高等教育预算总量（包含所有的中学后教育）也稳定上升（每年增加 5.8%）。两项预算摆在一起可看出，在 1990—2003 年这 13 年期间，教育财政支出平均每年增幅为 7.2%。2000—2003 年三年增长势头尤为突出，平均每年增长率高达 7.8%（单就国民教育预算平均每年增长 8.1%，高等教育预算每年增长 5.8%）。

教育财政支出强劲增长（高于政府预算增长，政府预算增长又高于国民财富增长）使得政府预算中教育支出份额也呈增长趋势，从 1990 年占政府预算的 24.1% 增长到 2003 年的 28.2%。国家教育部（小学教育和中学教育）预算占了整个增长额的很大比重，从 1990 年占政府预算的 19.7% 增长到 2003 年的 23.38%，同期高等教育研究的财政支出比率一直保持在政府预算的 4.5%。

218 　摩洛哥每年教育公共财政支出占整个国家财富的近 6.6%，比 1990 年增长 1.3 倍。在经济和文化方面，摩洛哥最接近阿拉伯国家平均水平。

三、教育体系的近期发展和特点

(一)当前的体系结构

摩洛哥从学前教育到高等教育的整个教育体系包括以下四个阶段：

1. 学前教育

学前教育机构包括两种：一是回教学校（宗教性质），招收范围最广，提供全新传统式教育；二是幼儿园，使用现代教学方法。回教学校（以 M'sid 最为出名）在摩洛哥社会存在时间最久，幼儿园最近才兴起。

2. 基础教育

基础教育分为两个阶段：第一阶段，为期六年的初级教育；第二阶段，为期三年的大专教育（与中学相对应）。第一阶段从孩子六岁开始。没有进入第二阶段的学生可以选择职业培训（专业化水平）。

3. 中学教育

这个阶段接收完成基础教育最后一年的学生。这一阶段学生可选择普通教育或技术教育（与摩洛哥体系中的职业培训不同）。中学教育为期三年，毕业可获得中学毕业证书（全国会考），凭此证书可以进入大学、专科技术院校或专科职业培训院校继续学习。

4. 高等教育（大学和高等专业学院）

具有高中文凭的学生可在大学、高等教育机构、小学教师培训中心、地区教育中心和师范院校接受高等教育。

表 9.2 显示了摩洛哥教育体系中的各组成部分，包括培训体系（参见第二部分职业培训体系的深入描述），及 2003—2004 年各种层次的学生人数。

219

表 9.2　2003—2004 年期间学生或实习生人数

层次	学生人数（人）	女生所占百分比（%）
基础教育，第一阶段（1—6 年级）	4 070 182	46.5
基础教育，第二阶段（7—9 年级）	1 161 390	44.3
中学教育（1—3 年级）	603 397	46.9
预备项目	3 208	31.8
高级技术资格（BTS）	1 747	35.5
普通高校（包括大学附中）	277 442	45.9
高等学府（公立）	11 600	47.7
教师培训	7 980	53.9
职业培训		

层次	学生人数(人)	女生所占百分比(%)
专业培训	34 511	46
资格培训	51 570	34
技术员	52 948	46
专业技术员	23 966	41
总计	163 955	40

资料来源：数据来自数据指南和职业培训秘书处

注释：职业培训数字不包括实习培训项目中的年轻人（2004 年的人数为 23 422 人）和参加 OFPPT 组织的夜大课程的学生（2002—2003 年的人数为 23 065 人）。

(二)教育体系的近期发展与特点

过去十五年，摩洛哥教育体系历经多次重大制度性改革，涉及教育层次和制度管理等各个方面。其中一个转折点就是"国民教育或培训纲领"，这个纲领由摩洛哥国王哈桑二世于去世前[1]几年促成的国家委员会（COSEF[2]）制定。该纲领设定了若干目标及具体行动时间，主要包括以下几项：

- 2000—2010 年十年间把接受教育或培训作为国家当务之急，国家承诺投入大量资金以实现这个目标。教育公共财政支出将每年上涨 5 个百分点。

- 从 2006—2007 年开始，所有 4—16 岁的儿童必须上学。

- 在成年人口中逐渐消除文盲。

- 对培训项目进行改善和改革，使其更适应劳动力市场需求。

- 增强教育体系内外部的有效性。

评估教育制度内部有效性[3]的首要标准之一，就是能否让数目众多的学龄儿童就读，尤其基础教育阶段（孩子年龄在 4 到 16 岁之间）的孩子。国家的基本目标就是，充分发挥其有效性，在基础教育阶

---

① 哈桑二世于 1999 年 7 月 23 日去世。

② Commission Speciale pour l'Education et la Formation（教育培训特别部门），它大约有三十名成员，其中三分之一来自私立培训部门。它起草了国家教育改革的路径地图，2000 年秋获得通过，作为摩洛哥教育培训体系改革的参考文件。

③ 第五部分将讨论外部效应（教育培训制度的外部表现）。

段，保证百分之百入学率。教育制度是否行之有效的第二个标准就是其保留率，也就是让学生一直在校就读直到年满 16 岁。

过去十五年，在摩洛哥进入教育各个阶段的学生，尤其在学前教育和中学教育方面，入学有了较大改善。学前教育主要由私立机构承办，专门招收 4 到 5 岁儿童，净入学率(Net Enrollment Rate，NER①)从 1990 年的 40.5% 上升到 2004 年的 50%，足足上涨 10 个百分点。城区三分之二的孩子接受学前教育，尤其是城区女童入学率显著提高；农村地区只有三分之一的孩子接受学前教育，男童、女童入学率迥异(53.4% 的男童，17.5% 的女童)。

1990－1991 年和 2003－20004 年期间，中小学阶段入学率指数大幅提升。在这期间，小学阶段净入学率(NER)从 52.4% 上升到 92%，高中阶段净入学率(NER)从 6.1% 上升到 14.9%，专科阶段净入学率(NER)从 17.5% 上升到 32%。(见表 9.3)

摩洛哥教育体系中的私立学校也功不可没。2002 年各层次私立学校学生总人数是 1993 年的一倍，在此期间年增长率保持 6%。各层次学生的统计分析表明：小学阶段 81% 的学生选择私立学校，高中阶段 11%，专科阶段 8%。小学阶段私立学校增长也相当惊人(平均年增长 8%)，大学阶段更为迅猛(平均年增长 17%)。另一方面，中学阶段学生人数保持稳定，2000 年到 2003 年甚至出现轻微下滑趋势。然而，私立学校的宏伟目标(到 2010 年初高中阶段将招收 20% 的学生)很难轻易达到，时至今日，私立学校各层次学生入学率只占 5%。

表 9.3　教育水平净入学率(仅限公立学校)

(单位:%)

年份	学前教育	基础教育		中学教育
		第一阶段 (初级)	第二阶段 (大专)	
1990—1991	40.5	52.4 (50.2)	17.5 (17.5)	6.1 (6.0)

221

① NER 代表适龄儿童在一定教育阶段入学的数量，表示为该年龄段儿童入学人数占总人数的百分比。

续表

年份	学前教育	基础教育		中学教育
		第一阶段 （初级）	第二阶段 （大专）	
1994—1995	40.1	63.4	22.5	8.7
1999—2000	55.2	79.0	26.6	11.2
2000—2001	53.4	84.5	28.2	12.3
2001—2002	55.5	89.9	29.4	13.1
2002—2003	51.7	86.2	30.0	13.8
2003—2004	50.0	92.0 (86.1)	32.0 (31.0)	14.9 (14.3)

资料来源：数据来自国家教育部

基于联合国教科文组织（UNESCO）提供的国际比较数据就可看出，除了学前教育阶段，摩洛哥入学率在马格里布和阿拉伯世界国家——与同等发展水平国家相比排名依旧靠后。（见表9.4）这也说明了摩洛哥持续的低效益，与其投入资金并无关联。

表9.4 阿拉伯国家目标群体的净入学率

（单位：%）

	学前 教育	小学			中学（包括小学 的第二阶段）			高中 （毛入学率）		
	2002 年	1990 年	1996 年	2002 年	1990 年	1996 年	2002 年	1990 年	1996 年	2002 年
阿尔及利亚	4.0	89	94	95	—	56	62	11.6	12.0	15.0
埃及	12.0	—	93	90	—	67	81	15.8	20.2	U/A
约旦	29.0	93	96	91	—	52	80	21.7	—	31.0
摩洛哥	53.0	55	74	88	—	—	30	10.6	11.1	11.0
叙利亚	10.0	99	91	98	—	48	39	18.2	15.7	U/A
突尼斯	20.0	95	98	97	—	43	68	8.5	13.7	23.0

资料来源：1990；Jarousse 和 Mingat（1992）；1996 年世界教育报告，联合国教科文组织；2000 年全球全民教育监测报告，联合国教科文组织。

222 从保留率上看[1]，1991—1992 年期间和 2002—2003 年期间，各教育阶段得到不同程度的发展。事实上，初中教育第一阶段保留率从

---

① 保留率是指完成学业的毕业生人数占入学学生人数的百分比。

61％ 略为上升至 64％，第二阶段保留率则从 78％降到 72％。有趣的
是，高中教育保留率稳步上升（从 65％上升到 86％）。初中教育第二
阶段学生入学率增长高于毕业率。这也许反映了摩洛哥农村地区的真
实情况。偏远地区兴建学校，学生入学率稳定上升。然而，专科并不
如此，也就是初中教育的第二阶段。农村地区覆盖范围只是一部分，
学生必须长途跋涉才能到达最近的专科学校。读书不便使得农村孩子
辍学，其中女童居多。

四、职业培训

(一)现行的初级职业培训体系的结构

摩洛哥初级职业培训体系包括四个层次（参见图 9.1）：

· 专业化：无限制，通过入学考试，针对完成基础教育的七年级
或八年级学生，年龄在 15 岁到 25 岁之间。毕业可获职业培训证书。

· 资格化：无限制，通过入学考试，针对完成基础教育的九年级
学生或中学阶段的一年级或二年级学生，年龄在 15 岁到 25 岁之间。
毕业可获职业资格证书。

· 技术化：无限制，通过入学考试，针对完成中学教育的三年级
学生，年龄在 25 岁以下。毕业可获技师文凭。

· 专业技术化：无限制，通过入学考试，针对完成中学教育、年
龄 23 岁以下的学生。于 1993 年首创，毕业可获专业技师文凭。

年龄限制也是入学关卡，许多学生因年龄无法进行初级培训。尤
其想重返学校提高或改变技能的工人而言，问题同样存在。不受限制
的机会少之又少。比如，职业培训的提供者可延长想要参加培训人员
的年龄限制，尤其是残疾人士、30 岁以上的技术人员、具有资格证书
或专业水平、或年龄 26 岁的专业技术人员。同时，缴纳培训税的公
司员工可以参加培训课程的学习获得文凭，通过职业培训和工作推广
办公室（OFPPT）提供的夜大课程的学习也可获文凭。2002－2003 年，
23 065 名员工参加了夜大课程的学习。表 9.2 显示了 VT 各层次水平
的培训员工人数。

值得注意的是，纺织和服装工业学院（ESITH）是唯一提供职业培

223

训的大学机构，包括本科和研究生阶段。自从与行业部门委员会共同经营以来，ESITH 受益匪浅。在纺织业和服装业中，ESITH 独一无二；其他产业没有类似学校。然而，目前其他产业也开始着手类似实验（参看建立产业为主的职业培训中心）。

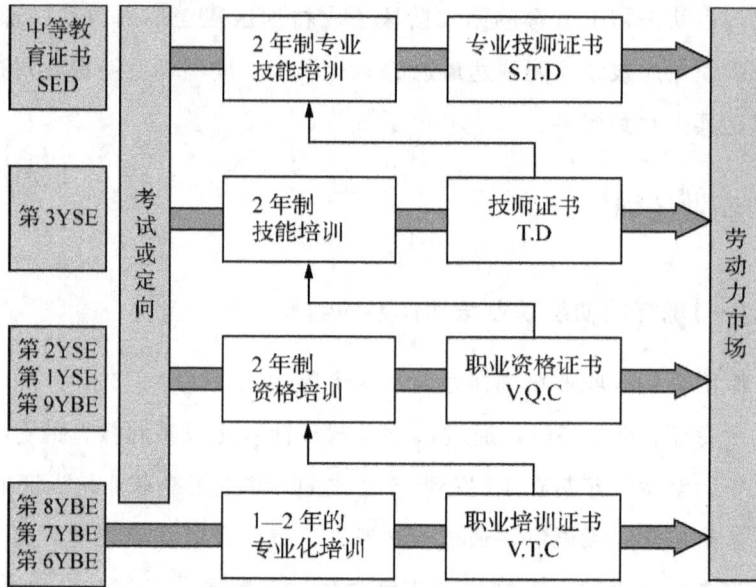

中等教育证书 SED	考试或定向	2 年制专业技能培训	专业技师证书 S.T.D	劳动力市场
第 3YSE		2 年制技能培训	技师证书 T.D	
第 2YSE 第 1YSE 第 9YBE		2 年制资格培训	职业资格证书 V.Q.C	
第 8YBE 第 7YBE 第 6YBE		1—2 年的专业化培训	职业培训证书 V.T.C	

图 9.1　摩洛哥的职业培训结构

资料来源：职业培训秘书处，2004

注释：YBE＝年基础教育；YSE＝年中等教育；SED＝中等教育证书。

224　　　此外，摩洛哥职业培训与技术教育有所区别，后者包括理科和工科学院。高职高专院校（尤其是工程学院）和高等技术学院（EST）构成的网络让学生获得大学的技能文凭（DUT），高等技术职业院校让学生获得高等技师资格（BTS）。然而，获得 DUT 文凭和 BTS 证书的毕业生人数不多，只占 2003 年职业培训体系中获得专业技师证书的三分之一；三种文凭都需要完成为期两年的中学后学习。

　　　初级职业培训包括以下三种形式：（a）学校为主的培训，多数为培训机构提供；（b）合作培训；（c）学徒制培训。摩洛哥最近才引入合作培训和学徒制培训。后者由 2000 年 6 月 1 日的法律规定，工作场所培训时间不能低于 80%，须由公司和学徒或其监护人签订合同。尤其学徒合同包括学徒在培训阶段必须准备的行业细则或资格。合同还可能包括岗位培训阶段，以及学徒为提供培训的公司工作的时间。公司按照与学徒或其监护人签订的合约每月支付津贴，津贴低于该岗位最低工资。培训阶段也可修改津贴的具体数额。

合作培训于 1996 年 10 月的法律颁布，要求培训至少有一半时间在工作场所，至少三分之一时间在职业培训中心（参见培训新模式及其细节）。表 9.5 显示了 2003—2004 年期间各培训形式所占的比例。

表 9.5　2003—2004 年各培训的受训员工数目

	专业	资格	技师	专门技师	总计
校本	34 511	46 745	46 652	20 850	148 785
私人企业(%)	(47.4%)	(28.2%)	(55.5%)	(45.0%)	(43.6%)
合作培训	—	4 825	6 296	3 116	17 237
实习生培训					23 422
总计					186 417

资料来源：职业培训秘书处，(2004)

1986 年到 1987 年以来，摩洛哥开始实施各层次之间的转学，旨在受训者直接进入更高级别的职业培训学习，完成初级项目。然而，几乎没人享此优待。比如，2001 年完成课程学习，培训水平介于专业和技师之间，只有 1.4%（公立职业培训学校 2.4% 的毕业生）的学生能够转学。而且，大部分（56%）转学学生都是从资格等级转到技师等级。转学必须满足以下条件：申请者的年龄以及达到低级和高级的课程要求、不同培训层次为个人提供的配额。此外，职业培训毕业生想转而学习技师或普通培训几乎不可能。比如，大学并不认可专业技师证书。

(二)1984 年改革后职业培训体系的发展状况

1984 年，摩洛哥职业培训制度经历了一次重大改革，旨在在职业培训毕业生失业率和高辍学率日益增长的背景下，使职业培训成为社会经济发展的真正工具。它改革的主要目标之一就是通过培训大量年轻人，开发人力资源和推动社会进步。更深层次的目标就是使得职业培训制度适应日益变革的劳动力市场需求，改善职业培训毕业生的就业前景。

改革第一年（1984 年）培训人数显著提升，较前一年上涨了 66%。

之后公立学校和私立学校保持稳定增长(参见图9.2)。1984年到2003年期间,公立职业培训中心(学校为主和合作教育)毕业人数平均每年以3.5％增长。在政府当局的推动下,私立培训学校的增长更为迅猛。1988年到2003年期间,私立培训机构的毕业生人数平均每年以6.5％的速度增长。而且,私立培训机构的数量从1992年的584家增加到2003年的1650家,平均每年净增长约100家。如果继续保持这种势头,私立培训机构的数量很快将超过公立学校,这种情况恰恰是政府希望看到的,因为这将可以将培训成本转嫁给个人①。

如果加上学徒制培训和夜大课程学习的人数,2002年各种形式职业培训毕业生总数达81 000,一年增长11％。政府意欲进一步促进增长,它在2002年10月定下的目标就是在2005—2007年期间培训400 000年轻人。这种速度的增长提出公立培训体系的资源分配问题,如果培训学生人数增加而资源没有相应增加,培训质量一定深受影响。

从培训层次来看,20世纪90年代中期资格和技师水平的毕业生人数开始停止增长,而专业和专业技师水平毕业生人数则持续走高。专业技师增长尤为迅猛:就在开始实施的2003年,毕业生人数平均年增长26.2％。同期,专业水平的毕业生人数年平均增长4.8％,资格水平只有1.9％,技师仅1.1％。政府一度打算废除专业水平,因为这不仅得益于学生入学率上升,还因劳动力市场几乎没有给予高资格水平任何优待。专业技师因大学毕业生难于就业而获益,它不仅吸引大批年轻人完成中等学业,还在公立项目中占据重要位置。

各层次培训学生的能力并不能反映年轻人的需求水平,但对于筹划职业培训计划各层次却相当重要,尤其在政府直接控制的公立培训中心。尽管存在先前提到的年龄限制以及职业培训毕业生面临的高风险失业,职业培训总需求量还是相当惊人。然而与在何种程度上满足这种需求的培训水平存在巨大落差。例如,2003年,年轻人的培训需求超出公立培训机构所能培训人数容量的4.5倍。然而,这个比例也因不同层次而有所不同:专业技师8.4倍,技师7.9倍,资格水平

---

① 公立学校培训全额补贴,私立学校学生必须缴纳学费。

3.3 倍，专业水平仅仅 1.1 倍。最后，毕业率出奇地高。每 100 名进入以学校为主或职业培训合作培训项目的学生中，80 名可获得毕业证书（Secrétariat d'État chargé de la formation professionnelle，2004）。

226 表

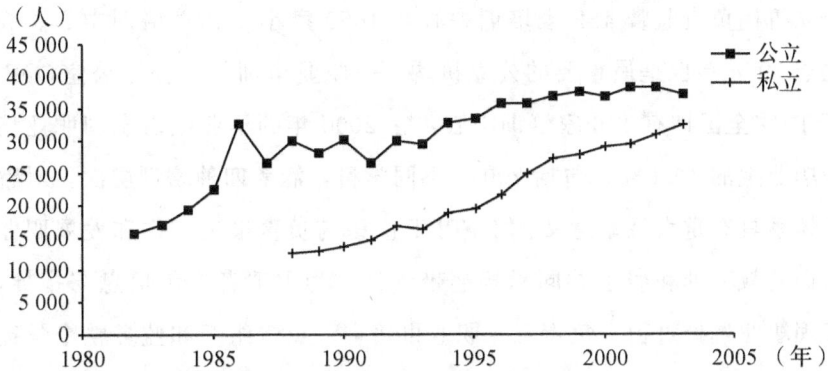

图 9.2　公立学校和私立学校职业培训毕业生数目变化
资料来源：数据来自职业培训秘书处
注释：只包括学校为主的培训和合作教育。

说到高级阶段的培训，自从纺织和服装工业学院（ESITH）成立以来，它已经培训了 240 多名工程师。2004 年至 2005 年，ESITH 专门针对中学毕业生新办了为期三年的职业证书项目。当 2004 年至 2005 年的最后一届毕业生顺利毕业后，该项目得以中止。

男女生进入职业培训学习的情况略有不同。在 1990—2003 年所有完成学业的学员中，46％为女生。私立学校中 62％的毕业生是女生，公立学校毕业生中女生只占 35.1％。

正如之前提到的，社会对于职业培训，至少是公立学校承办职业培训的需求相当高。然而，也应牢记一点，公立培训中心完全由政府资助并对所有学员免费。另一方面，选择私立学校培训的年轻人，必须支付学费（如贷款、奖学金），无法享受公立机构待遇。然而，政府采取措施，通过财政资助鼓励私立培训学校以降低其培训成本。举措主要包括：私立培训学校成立前五年减免企业所得税，免去培训所需的资本货物的增值税。最后一项也适用于年轻人因在私人中心①培训而从银行贷款的情况。

---

　① 考虑到选择职业培训年轻人失业的可能性和真实的社会背景，银行不愿意贷款给学生培训。

(三)职业培训体系中的参与者

摩洛哥初级培训制度的特点就是参与者人数众多。2003年14所公立机构负责监督482家培训中心和1650家小型私立培训中心。成立于1974年也是最重要的公立机构——职业培训与工作办公室(OFPPT)在全国拥有196家培训中心,它2000年的毕业生占全国职业培训毕业生的40.6%,包括200个不同学科,涵盖四种培训层次,对整个体系具有重大战略意义:"OFPPT应该与负责推进工作和发展职业培训的教育部和雇主共同承担连带责任,为申请者提供信息与指导,管理职业选择过程,负责工人职业再培训。负责组织和监督整个学徒制度。[①]"除了在初级培训方面的卓越作用以外,OFPPT在继续培训中也举足轻重,它专门收缴从企业工资总额中扣除的职业培训税。最近,OFPPT更是加大管理权限——授权负责先前在旅游部管辖下的14家机构。

2003年,其他公立机构培训毕业生只占总数的12.8%。它们仅在其权限领域提供培训,如公共管理、旅游、渔业、卫生、手工业、农业等。

私立培训学校紧随其后,2003年输出毕业生占总数的46.6%。私立培训机构由数量庞大的小型培训机构组成,它们各自拥有独立决策权。平均每家私立培训机构培训的学员人数为40人,相比OFPPT的400人和其他公立机构的270人。此外,尽管私立培训项目涵盖120个专业,但多为无须大量投资的专业,如计算机科学、行政管理、管理和商科,这些专业培训学员占55.3%,美容美发课程只占培训的22.1%。

国家秘书处是职业培训体系的最高机构,负责协调和监督公立和私立培训机构、监管职业培训的立法、制定规章制度、规划和评估学业、职业培训的国际化合作、私立培训机构的职业培训发展。它也负责监督政府关于职业培训政策的进程,起草各个部门的发展战略以及如何贯彻与评估。

228

---

① 1974年5月24日的达依尔法律确立了OFPPT。

　　至于职业培训的规化和协调，1984 年改革后，摩洛哥成立了国家、地方和培训中心机构，其中包括在培训中心的国家机构（the Commissions nationale et provinciales de FP，国家职业培训委员会和省级职业培训委员会）和进修管理机构（the Conseils de perfectionnement，职业发展委员会）。国家委员会由专门负责职业培训的部长领导，包括与职业培训相关的各方，即培训机构、雇主和工会。委员会为职业培训制定基本框架。然而，这个委员会直到 1998 年才成立。省级委员会由"省督（walis）"（负责摩洛哥 16 个地区的长官）主持，省长们负责 61 个辖区和省份，并和当地职业培训机构协调。最后，职业发展委员会由私立培训部门的雇主领导，并且（从理论上）必须使职业培训项目适应劳动力市场的需求。

（四）职业培训税收与继续培训

　　1974 年开始试行职业培训税收（VTL）（1974 年 5 月 22 日的第 2－73－633 号法令），这样可以使职业培训与工作办公室（OFPPT）获益。VTL 包括每月对私人企业和公共事业的强制性征税，它扣除占每月总工资总额的 1.6%，包括补偿金、奖金、现金及员工实物福利。征税专门向雇主征收。摩洛哥的一项重要政策，就是通过职业培训税收（VTL）征收的所有资金并不全部用来资助继续培训，加拿大魁北克在这一点上也不谋而合。事实上，大部分税金直接用于 OFPPT 的营运预算，用以资助初级培训而非继续培训。因此，2002 年，摩洛哥对颁布的 VTL 法令作出修正，将税金固定份额（20%，或近 1 亿 5 000 万迪拉姆）用于继续培训。2003 年这个比例增至 22%（约 1 亿 7 500 万迪拉姆），2004 年到 24%（约 1 亿 9 000 万迪拉姆），2007 年预计达到 30%（约 3 亿迪拉姆）。总体而言，继续培训虽然对工人和企业益处多多，但摩洛哥却仍然落后。

　　公立机构促进继续培训主要基于两种机构：产业间合作或咨询协会（the Groupements interprofessionnels d 'aide au conseil，GIAC）和特殊培训合同制度（the Systeme des contrats speciaux de formation，CSF）。每个行业都有各自的 GIAC，负责增强本行业继续培训的意识，提升继续培训的地位，提供技术和资金支持以明确培训需求。

　　GIACs 通过与政府协议获得资金。1995 年 10 月到 2003 年 11 月，这些协议生效后为 1 000 多家企业赢获总额超过 1 920 万迪拉姆（MAD）的资金，75％的这些企业为职员不足 200 人的中小型企业（SMFs）（职业培训秘书处，2003）。大部分 CSFs 由政府、企业代表和员工代表共同管理，为私人企业提供财政支持以发展和执行继续培训计划。所有企业必须上缴职业培训税收，只有按时足额缴纳税收才能获得支持。CSFs 的资金主要来自 OFPPT 委员会预算。2002 年，只有 16％的私人企业[①]正式员工获益于继续培训；政府目标是到 2007 年将有 25％的私人企业员工可以参加继续培训（Secrétariat d'État chargé de la formation professionnelle，2004）。简而言之，职业培训还百业待举，尤其是 VTL 的资源使用方面。目前看来，征税主要用于初级职业培训而不是继续培训。

230 五、职业培训体系的新举措

　　从过去几年实施的重大项目可以看出，摩洛哥职业培训立法者的意愿是希望通过关注雇主需求与适应大量的工作变化，以改善培训制度的外在表现。因此，支持这些项目的核心理念就是，私人企业是通过全新培训模式获取技能的最佳场所。因而，他们努力通过发展产业为主的培训计划和使用技术为主的全新教学方法，使得培训更加专业化。重新定位摩洛哥职业培训政策，在外国专家和财力帮助下开始筹划，这些财力支援使得国际合作框架得以施行。

（一）培训的全新模式

1. 合作培训

　　合作培训由法律（1996 年 11 月 7 日通过的 36.96 法律）所规定，即要求在工作场所的培训时间至少一半以上，职业培训中心培训时间至少三分之一。如此一来，学生可以在工厂接受大量培训，与各种实际工作情况相接触，从而与企业具体的需求相契合。在这种情况下，

---

　　① 正规部门是由在 the Caisse nationale de la securitd sociale（national social security fund，全国社会保障基金）注册的雇员组成的公司。

圆满完成合作培训项目的学生更容易与职业对接。合作培训分为：资格层次、技师层次和专业技师层次。相反，学徒制培训（下文所描述的）主要针对专业化层次。

合作培训项目的时间两到三年不等。培训项目开始前，公司与申请人或其监护人必须签订合同，合同规定双方权利义务。培训过程的内容与操作由公司与培训机构共同协商确定，于说明书中专门罗列。每位受训者都有公司的专门导师和培训中心的培训咨询顾问负责监督培训。公司负责受训者半程的评价。如需参加合作培训项目，申请者必须年满 15 岁才能在职业培训中心注册学习，方才能签订合同。

为了鼓励企业参与这种形式的培训，培训中心负责支付受训者的意外事故和医疗险，支付给受训者的津贴免征职业培训税和个人所得税。此外，政府还负责公司培训导师酬劳，完成三年培训项目后公司必须重新招募"自己的"培训员工。 *231*

第一个合作培训实验项目始于 1993 年，1996 年到 1997 年（36.95 号法令通过之后）在全国普及，最初招募近千名学员。2004 年到 2005 年学员人数增至 16 240 人，公立培训机构学员有望在 2007 年到 2008 年达到 21 000 人。然而，尽管合作培训发展迅速，它依旧无法成为首选培训形式。事实上，虽然合作培训先于学徒制培训出现，但后者却更受欢迎。2003 年学徒制占培训体系（培训学员人数）的份额从 12.5% 上涨到 2007 年的 18%，相比较之下，合作培训只占可怜的 7.6% 和 7.4%。圆满完成学徒制培训的学生很容易找到工作，这也就解释了其发展迅猛的原因，这与合作培训的不景气正好相反。然而，这种发展趋势是否继续，还需拭目以待。

2. 学徒制职业培训

最初引入这种培训是为了促进年轻人就业，复兴日益萎缩的手工业，满足农村地区年轻人的培训需求。此外，学徒制培训还被视为促进年轻人融入社会和劳动力市场的手段之一，尤其是这些年轻人年纪轻轻就离开学校，因年龄或受教育程度无法进入以学校为主的职业培训或合作培训。这就要求通过推行中小型企业（SMEs）的经济结构，以发展并规范原先非正式的培训形式。国家教育培训宪章推荐实习职业培训，并将其作为促进年轻人就业和增加中小型企业对技术工人的供给。

工作场所培训时间至少占总培训时间的 80%，培训中心普通培训和技术培训至少占剩余时间的 10%。与合作项目的学员（工场培训时间只占 50% 到 67%）相比，学徒培训的学员在工场培训时间多了许多。学徒制培训时间一到两年不等，视不同行业与资格认定而定。学徒制学员也可获得文凭（专业水平和资格水平）或技能的资格证书。众多行业纷纷引入学徒培训，包括农业、制造业、服务业、建筑业、纺织服装业和酒店饮食业。相比其他培训形式，选择学徒培训的申请人必须满足年龄和教育程度的要求。申请人年龄必须在 15 岁到 26 岁之间（农业和渔业可延长到 30 岁）。如果培训项目颁发毕业证书或对读写运算能力有最低要求的资格培训，申请者还必须具备同等学历。正式培训前各方必须签订合同，包括与公司和培训中心（合作培训也一样）。合同规定了各方权利和义务。

232

与合作培训一样，为了鼓励企业充分参与，学徒培训对企业也实行相同的激励机制。此外，公司一旦和学徒双方达成一致，公司导师还要求学徒继续为其工作一段时间。

学徒制培训发展迅速，1999 年到 2004 年，学徒数目从 4 323 人猛增至 32 900 人。自 1997 年第一个学徒培训项目开展以来，完成培训的学徒总人数达到 40 300 人，涉及不同培训领域，2004 年到 2005 年农业的培训学生占 37%，工艺美术（包括制造业或服务业）学徒占 36%。然而，正如之前提到的，专业水平和资格水平可以提供学徒培训（无毕业证书）。因此，学徒培训制度主要针对小学教育程度的年轻人（参见表 9.1 定位的与专业化水平相关的各个水平）。

（二）产业职业培训发展规划

过去几年开展了两项不同产业项目，其中一项针对大幅度"增长"的产业；另一项旨在建立以产业为基础的培训中心。

1. 经济高速发展产业的职业培训发展

政府和摩洛哥雇主们就三个重要经济产业（旅游业、纺织服装业、信息和通讯技术 ICTs）的升级与发展签署协议。协议为三大产业设置以下目标（Secrétariat d'État chargé de la formation professionnelle,

2005)：

• 到 2010 年将接待 1 000 万游客。

• 到 2010 年将生产价值 450 亿迪拉姆（MAD）的纺织品，其中出口 350 亿迪拉姆（MAD）的纺织品。

• 到 2008 年信息和通讯技术（ICTs）行业将获利 300 亿迪拉姆（MAD），其中出口三分之一。

该计划制定实现①目标，其中包括某些产业开发升级具有培训需求。初级培训设立的目标如下：

• 到 2010 年为旅游业培训 72 000 年轻人，其中 18 000 人通过学徒制培训。

• 2002 年到 2010 年为纺织业培训 75 000 年轻人，其中 30 000 人通过学徒制培训。

• 到 2008 年为信息和通讯技术培训 63 000 名技术人员和专业技术人员。

达到这些目标需新建 16 家培训中心，扩大 15 家培训中心，并进一步重建目前的 12 家培训中心。

2. 建立以产业为主的职业培训中心

与法国②合作的新实验包括建立以产业为主并能满足行业协会需求的培训中心。这个政策寻求与专业培训建立契约关系，赋予培训中心更多自主权以充分满足雇主需求。各行业公司纷纷参与其中，共同决定培训需求，开发培训课程与管理培训中心。1998 年五个产业开始实验：道路运输、机械工程、建筑、农业综合企业和塑料加工业。以产业为主的培训中心只提供专业技师的培训。

（三）技能为主的方法

目前职业培训开始倾向于一种全新的教学方法，即以技能为主的方法（SBA）。因此摩洛哥开始与加拿大③合作，兴建大规模项目。目

① 这个项目获得欧洲地中海合作项目（MEDA II）5000 万欧元的拨款。
② 试验经费最初得益于法国开发署授予摩洛哥政府的总计 1 亿 1 000 万迪拉姆（MAD）的信用额度，目前双方正在协商第二笔信用额度。
③ 加拿大国际发展署批准了 1 000 万加币的财政援助。

标是通过设计可以为当前劳动力市场工人提供所需技能，从而加强职业培训制度和经济运行之间的联系。对于推动这个项目的职业培训秘书处(State Secretariat for VT)而言："技能为主的方法(SBA)为需要组织和实施的物质资源和教学资源提供基础(教学策略、评估方法、基础设施、人力资源和设备)，完成培训项目的学员一旦进入劳动力市场，可以熟练上岗并完成分配任务。"

234

2003年开始启动五个相关培训体系，并开展为期四年的实验，它们各自负责培训一个行业：(1)纺织服装行业；(2)旅游酒店业和饮食行业；(3)服务行业(尤其是信息和通信技术行业)；(4)机械行业，冶金业和电力行业；(5)农业。

第二阶段也是为期四年，在对第一阶段评估完善后，将此方法推广到整个职业培训体系。

六、教育培训体系的外部表现

2002年摩洛哥拥有1 070万劳动力，有超过年龄15岁及以上人口总数一半的参与率。农村地区参与率(58.5%)远高于城市地区(45.4%)，男性参与率(77.3%)远高于女性(24.9%)。此外，摩洛哥劳动力的重要特点是，没有受过正规教育的工人占绝大多数。事实上，大约三分之二(67.6%)工人从没上过学或没有完成小学教育，其中包括90%的农村工人，50%的城市工人；此外，也包括70.9%的女性工人和66.5%的男性工人。劳动力教育水平低与近一半成年人(15岁及以上)的文盲率有一定关系。

20世纪80年代初期，摩洛哥失业率[1]大幅上升。1971年到1994年失业率增加一倍，从8.8%上升到16%。2002年失业率只有11.6%，与1994年相比，降低了近4个百分点。长期以来，摩洛哥就业市场日益恶化，它对城区影响尤其严重，城区失业率常年保持在

---

[1] 摩洛哥使用就业和失业的标准概念。因此就业人口包括所有参与各种生产服务的人员，只工作一小时打短工的人员和有工作但长期旷工的人员都算有工作。这概念过于广泛，涵盖临时工、兼职工，所有不正规或无报酬的工作(2003年数据指南)。失业的四个标准：(1)调查时间内正是工作的年龄段；(2)没有工作；(3)正在找工作；(4)具备工作能力(同上)。

20％(2002 年 18.3％)以上，而农村地区失业率在 2002 年达到最低水平 3.9％①。事实上，城区就业压力很大。1960 年到 2001 年，城区人口增加了 381％，而农村人口只增加了 56％。农村和城市的就业结构上也存在差异，农村地区大多不支付薪酬，这个数字占总就业率的 52.6％(84.1％的女性工人)，而城区这个数字只占 5.5 ％(5.1 ％的女性工人)。

恶劣的就业市场情况，严重影响具备高学历或培训过的劳动力。2002 年高中教育和大学教育的毕业生失业率(32.2 ％)是没有受过教育或没有完成小学教育在业人口的 6 倍(5.6 ％)。正如表 9.6 所示，受过教育的工人趋向长期失业的风险更大。2002 年高中毕业生和大学毕业生的平均失业时间是 45.2 个月。更有甚者，其中 80.9％的人连第一份工作都没有找到。

235

表 9.6　2002 年高学历人员的失业率

资格水平	失业率％
未受过教育	5.6
初中毕业证书	20.7
职业专业证书	35.6
职业资格证书	28.4
高中毕业证书	34.0
技术员证书和中级经理证书	18.0
高等教育证书	32.2
总数	11.6

资料来源：摩洛哥王国数据指南，(2003)

统计年鉴(the Direction de la statistique)2006 年最新头三个月的统计数据表明，三十五年整体失业率首次开始低于 10％。然而，受过教育的工人失业率(18.6％)仍高于没有受过教育的工人(5.1％)。

摩洛哥教育体系的反常现象与很多因素有关，包括劳动力迅速增长，尤其是受过教育的劳动力。莱恩、哈奇姆和米兰达(Lane、Ha-

---

① 说到这个低比例，必须牢记超过 80％的农村工人就业于基础工作(主要是农业和林业)，且超过 90％的工作都是非正式的。

kim 和 Miranda，1999)把这种状况归咎于制造业职业结构的改变，以及低薪酬出口产业的发展。尤帕德哈(Upadhyay，1994)指出，发展中国家的政府教育补贴扩大了高等教育的需求，减少了对生产设备的投入，这意味着相对于劳动力市场需求"过剩"的教育现象的出现。

236

1983 年实施结构调整项目后，公立学校招生明显下滑，这被视为摩洛哥大学毕业生失业率增加的"催化剂"。大学毕业生的失业率在上升，政府于 1983 年后被迫采取措施，其中包括削减招收新公务员人数来降低工资。1976 年，政府部门新雇佣 50 000 公务员；现在每年雇佣公务员人数在 11 000 到 13 000 之间。波达贝特(Boudarbat，2004)发现，尽管减少公务员岗位，公务员这个铁饭碗尤其深受高等教育大学毕业生追捧，原因在于公立单位和私立单位工资悬殊。作者还指出，同一份工作，公立和私立单位工资薪酬差异高达 42.5％。阿金娜和艾尔·阿娜欧伊(Agenor、El Aynaoui，2003)也指出，非工资补偿如工作环境和养老金也算在其中的话，差异高达 150％到 200％。因此大学毕业生宁愿待业等待公务员岗位，也不愿屈就私人企业，这也就不足为奇。众所周知的哈里斯一托达罗(Harris 和 Todaro)模型早在 1970 年就预测到了这种现象。

值得注意的是，摩洛哥失业人口没有失业保险或低收入补助金的项目。因此，这些与发达国家公共项目有关的不利影响，在摩洛哥并不存在。

至于职业培训毕业生，职业培训秘书处发布的数据表明劳动力市场境况堪忧。2001 年只有 37.3％在业人口的职业培训毕业生在受训项目结束九个月后找到工作。就业困难影响了所有培训阶段的毕业生，而拥有专业技师资格证书的学生稍占优势。2001 年受训项目结束九个月后找到工作的学生，相比于技师水平的 38.2％，资格水平的为34.9％、专业水平为 37.6 ％，总体是 44.3％。

久而久之，职业培训毕业生的劳动力市场境况亟待改善，很多人将其归咎于长期失业状况带来的诸多后果，如技能贬值，这就意味着投入培训的人力和物力资源被大量浪费。因此，举例来说，2000 年取得证书的年轻人四年后的失业率是 40.7％。然而，来自于职业培训秘书处的数据并没有显示通过正式的培训(学校为主的培训、合作培训或学徒培训)的职业培训毕业生的就业状况。不过看似完成学徒培训的学生境况稍微好些，结束培训后工艺美术行业的毕业生有 80％很快找到工作(Secrétariat d'État chargé de la formation professionnelle，2005)。

另一份关于劳动力就业调查的资料来源，证实了职业培训毕业生在劳动力市场境况黯淡(见表 9.6)。摩洛哥职业培训制度，原本打算通过减少普通教育体系的压力和提供熟练劳动力给雇主来刺激经济，从而缓解劳动力市场失衡状况，现在看来适得其反。

237

对于需求方而言，应该注意到非正规产业的优势所在。非正规产业占 GDP 的 50％到 75％。在人力资本方面并没有太大投资，这也许在相当大的程度上解释了没受过培训的在业人口失业率反而很低(不足 6％)。而且，人力资本固有的特性对这个产业的薪酬确定、就业、受过教育和培训的员工的升职机会几乎没有产生影响。

职业培训毕业生就业情况不稳定也影响薪酬。2000 年对完成培训学生的跟踪调查数据表明，2004 年近 12％的学生每月薪酬不足 1000迪拉姆(MAD)(23％具有专业资格水平)，44％在 1000—2000 迪拉姆(MAD)之间，仅 15％超过 3000 迪拉姆(数据来自 Secrétariat d'État chargé de la formation professionnelle)。这些薪酬与支付给没有任何资格和经验的工人的最低工资(大约每月 1900 迪拉姆)相比还要低。又一次证实了非正规产业的优势，政府难以控制薪酬，工人难以保证雇主严格遵行最低工资法。这也表明政府制定的最低工资也许高于摩洛哥劳动力市场现实的平均工资。

七、结　论

职业培训体系的地位一方面取决于普通教育体系的表现；另一方面取决于劳动力市场。培训学生生源的教育体制持续受到许多批评，其中最重要的一项就是课程内容。劳动力市场受到低投资率和 GDP变化的影响，就业机会进展缓慢。鉴于以上不和谐因素，职业培训制度的评估往往难以进行。

1984 年改革经验以及之后引入并强化的学徒培训制度都让培训学员人数得到大幅度增加，为这个体系如何管理提供了一个明显的例子，雄心勃勃的量化目标设置最终沦落为政治宣言，达到目标所需的资源并未出现。此外，为了弥补培训方与劳动力市场需求之间的比例失当，尤其是因学徒制培训和以产业为主的计划而引入的全新举措，对现行以学校为主的培训制度并没有产生多大影响，而它恰恰受不匹配的问题影响最为严重。这些举措本意是创建具备额外资源的子系统，最终却以削减学校为主培训的学生数量而告终。因此，尽管学徒制培训取得进展，以学校为主的专业水平培训的年轻人数目却持续走高。此外，在产业为主的计划下开始兴建培训中心，不再调整现行的基础架构。

此外，社会参与者，即雇主和工会，在策划初级培训体系方面几乎没有起实质性作用，体系的主要改革都由政府引导。最近的改革无疑增加了体系中雇主的作用（如通过引入学徒制培训和合作培训），然而，他们的贡献是理论多于实际。工会的作用无足轻重。

总体而言，摩洛哥教育和培训制度面临的最大问题就是无法满足劳动力市场的需求。随着时间推移，尽管做出诸多改善，状况似乎仍未改变。高失业率使得政府和年轻人自身对人力资本的投入面临严重失败无法得到预期回报的风险，反过来导致个人在一个资源有限的国家由政府动员尽可能多的物质和人力资源的净亏损。

多年以来培训制度和劳动力市场需求之间的失调一直存在，没有迹象表明在短期或中期问题可以解决。在很多方面，职业培训制度的发展仍然处在初创阶段，迄今为止，国外经验也尚无定论。国际合作（尤其与欧洲）为整个制度注入大量资金，但也被迫参照外来模式。其结果就是，摩洛哥致力于模仿捐助国当前流行的模式，甚至有时配置国外专家的情况，事实上需要根植于本国实际和世代能力积累。很多发达国家的例子最终表明，正如本章所讨论，一个国家必须发展适合自身经济和现实的制度。除了普通教育或初级培训制度，毫无疑问，没有什么模式全世界可以通用。为什么摩洛哥不能形成适合自身现实的体制？让这个体制完全不同于提供帮助的发达国家的体制。此外，长期和系统地求助于外国专家（包括世界银行提供的）也可能传递了一种错误信息，那就是当地参与者无力规划和管理一个有效的国民教育培训系统。

为了达到以下目标，第一，寻求培训部门和劳动力市场需求之间的平衡；第二，职业培训毕业生的就业前景，摩洛哥应积级投资在改进培训质量的方案上，并调整培训的供给以适应经济实际的发展。任何改进培训质量的举措必须包括培训方、受训方，还须考虑课程、培训内容和设施。培训方应当具备相应资质，不断与科技变化相适应。受训方应从学习成绩和他们被推荐的相关标准的基本要求挑选。此外，职业培训的招生应具竞争性才能消除人们把职业培训视为辍学生第二选择的错误观念，从而吸引来自普通教育成绩优秀的候选者。另一方面，培训方案的设计应能使受训者获得专门的职业技能和普通的技能，从而满足工作的不断扩大和持续改变。总的来说，新经济要求在发展这些培训项目中雇主应起到主导地位。此外，缺乏合适的培训工具和设施也无法达到以上目标，还需在有形资本进行投资，以确保每位受训者都能接受到满意的培训。

最后，职业培训制度应具备弹性才能及时适应当地劳动力市场现状的供给。例如，失业率研究数据用以确认各领域是否供大于求，如此一来可以调整职业培训制度加以平衡。目前政府实施"培训之上"为基础的政策将会被适应满足劳动力市场需求的更有效的政策所取代。

行之有效的职业培训制度发展条件包括以下几点：（a）能满足所有学龄人口就学并提供高质量基础教育的普通教育制度；（b）繁荣的经济环境，其发展以熟练劳动力为基础而不是非正规工作的增多，将最终使未受教育和培训的工人从中受益。给所有孩子提供基础教育，这需要更多的资源分配到基础教育部门（甚至损害到高等教育，由于大学毕业生过高的失业率，对高等教育回报社会的作用受到轻微的限制）。这将有助于改善各种层次人口的教育水平，反过来也会相应刺激经济发展，减少非正规工作的比例。

【参考文献】

1. Agenor, P. R. and El Aynaoui, K. (2003) *Labor market policies and unemployment in Morocco: A quantitative analysis*, Policy Research Working Paper Series 3091, The World Bank.
2. Boudarbat, B. (2004)*Employment sector choice in a developing labour market*, Centre of Labour and Empirical Economics Research, University of British Co-

lumbia.

241　3. Direction de la Statistique, Royaume du Maroc (2003) *Activite, emploi et chômage* 2002, *Rapport de synthese*.

4. Harris, J. R. and Todaro, M. P. (1970) Migration, unemployment and development: A two — sector analysis, *The American Economic Review* 60 (1): 126—142.

5. Jarousse, J. P. and Mingat, A. (1992) *Evalution globale de la politique educative marocaine*, rapport sectoriel pour la Banque Mondiale.

6. Lane, J., Hakim, G. and Miranda, J. (1999) Labour market analysis and public policy: The case of Morocco, *The World Bank Economic Review* 13 (3): 561—578.

7. Secretariat d'État charge de la formation professionnelle, Maroc (2005) *Formation professionnelle: Bilan au titre de* 2003—2004 *et plan d'action* 2005—2007.
　　——. (2004) *Rapport d'activité*, 2003.
　　——. (2003) *Rapport d'activité*, 2002.

8. Upadhyay, M. P. (1994) Accumulation of human capital in LDCs in the presence of unemployment, *Economica* 61(243): 355—378.

第十章　英国的职业教育与培训[①]

海伦·瑞恩博德

一、引　言

相对于其他资本主义经济模式而言，英国自由市场经济模式的显著特征是其解除了对于劳动力市场的限制。在英国，职业培训被看成是雇主特权的竞技场。然而，这个政策领域已经在保守党（1979—1997 年）和工党（1997 年至今）连续的政权更迭中经历了许多重大的改变。了解这些制度变化的历程以及其不断分裂是了解分析英国职业教育与培训的基础。职业教育与培训体系（VET）的不断变化必须与就业结构相适应。例如，伴随着第二产业中熟练手工劳动力的下降，制造业就业人员数量也在下降。那些工资相对较高、需要较高的资质水平的职业和工资较低、进行程序性工作、需要较低资质水平的工作的就业机会会增加。这就促使了"沙漏经济"现象（Nolan 和 Slater，2003：78）的产生。最后，尽管那些拥有职业资质的年轻人不断地进入劳动力市场，但仍然无法满足雇主们对技能的需求。阿什顿等人 2001 年的技能调查指出，"资格供应需求整体超出一个合适的边缘"。

虽然这个章节在讲职业教育培训（Vocational Education and Training，VET），但需要强调的是：目前在政策性评论和在制度中使用术语时，人们更愿意用"学习与技能"，而不是"职业教育与培训"。有时我们很少关注学习与培训之间的区别。相对于培训而言，学习有"包含教育和训练，不论正规还是非正规的教育形式"的含义，培训则强调"学习行为的正式性、正规性，如在他人指导下的课程或结构性的教学安排"（2005：211）。前者强调学习是一种个人在多重复杂背景下积极参与的活动，例如，在工作场所的学习可以提高员工的

---

① 文中所指的英国是一个整体，但是一些分析和统计中所引用的文本中仅指大不列颠（英格兰、威尔士和苏格兰，但不包括北爱尔兰）或英国。

243 工作能力、水平。史塔斯和赖特则将职业学习定义为"那些明确指向或旨在引领正式认定结果的经验和活动……作为职业的，无论这种结果是建立在已获得的职业资格认证的基础上……还是没有获得正式的职业资格认证证书，在他或她目前的职业领域发展个人的能力显然与预期成果相关"（2004：2）。在这方面，比如像普通教育证书（General Certificate of Education，GCE）高级（GCE"A"）这样的教育资格证书只认证学历层次和传统大学学历，而像那些专业技能的资格认证则被排除在外。相比之下，培训则强调知识的转化。

同时，我们应该关注英国职业教育与培训的三个显著特征。第一个显著特征是年龄分层原则。瑞夫指出，在教育发展、权利、政策性讨论以及这些方面的研究，事实上都是基于年龄分层的原则进行的（1997：138）。例如，"16 岁后的教育与培训"是十分常见的。第二个特征是，国家职业资格认证的框架（National Vocational Qualifications，NVQs）是一个伞形结构框架，可以对所有的职业进行资格认证。与其他国家的职业资格认证系统不同，英国的国家职业资格认证（NVQs）不仅对课程进行了详尽的说明，而且还是一种对职业标准能力进行评定的方法，即通过工作场所表现的能力，靠近行业的水平。这意味着申请者可以通过参加正规的职业培训进行评定认证，也可通过其在工作岗位的具体表现进行评定认证。英国的职业资格认证分为5 个等级，一为初级，五为最高级，三为中级，相当于学徒（参见2003 和 2007 年 Grugulis 的评论）。第三个特征是自 20 世纪 90 年代后期以来，教育与培训政策已逐步移交给苏格兰国民议会、威尔士和北爱尔兰自己管理（2002—2007 年被暂停）。虽然苏格兰早于英国的教育体系具有特殊性，但其教育体系的确立是基于多种社会现象而不是基于单一的英国标准。现在在英国有四个不同的地区教育系统，而且各自有各自的发展动力①。

一直以来职业教育与培训被认为是年轻人进入劳动力市场进行的与职业相关的培训。换句话说，职业教育与培训是在 16 岁义务教育阶段之后进行的教育。也就是说，与英国在学校系统内提供职业教育

---

① 对这些差异更详细的讨论见 Cuddy 和 Leney2005 年的著作。

的职业教育与训练(VET)相比，英国的职业培训最初涉及的是年轻人在进入劳动力市场中是否被雇佣，以及政府是否有专项资助培训项目这样的问题。因此，在英国，那种传统的进行职业培训的学徒制模式被看作是一种劳资关系的一部分而不是单纯的教育关系(Ryan，1999：41)。尤其是19世纪80年代以来，培训机构的不断发展使员工成为职业培训的主体，但由于政策的不完善，国家对雇主参与员工培训的影响较小。除了涉及公共资金资助的培训以及在那些国家可以通过控制资源进行干预的领域外，这类培训对于年轻或年长工人是同样适用的。

虽然关于职业教育与培训的政策性讨论是以对年轻员工的培训为 *244* 讨论依据的，但有关职业学习的作用及其在学校课程中地位的问题，也引起了广泛的讨论。这个讨论包括在义务教育阶段及16岁后教育的课程中，设置与工作相关的技术类的课程(Huddleston，2000)。在传统意义上，人们假设16岁后的教育是只有少数精英进入大学进行的专业教育，但现在在理论和实践上，学生的入学比例都在不断加大(例如，参见 Tioagson 和 Spours，2003)。汤姆林森团队(Besley，2004)提出对14—19门课程和资格建立统一框架的建议，以便提高参与度和教育成果以及加强核心课程与职业路径。与汤姆林森团队的建议相适应的是从2008年起出台和实施的一系列改革措施(参见 The Guardian/Department for Education and Skills，2007)。

政策制定者认为，技能和职业资格对于提高生产效率、活跃劳动力市场以及促进社会包容有很大帮助。然而，英国有大量的技术工人，其中39%的工人低技能，相比之下德国是13%、美国是9%(HM Treasury 等人，2004：7)。这也反映了在16岁义务教育阶段之后的教育参与率。2004年，在由30个国家组成的经济合作与发展组织(Organisation for Economic Co-operation and Development，OECD)有关17岁学生参与教育比例的排名中，英国排第27名(HM Treasury 等人，2004：7)。鉴于这种现状，工党政府承诺，通过确保为所有达到19岁的公民提供良好的技能以及获得就业机会的更好的教育，来增加劳动力市场中技能劳动力的数量(HM Treasury 等人，2004：7)。最近，《里奇评论》(Leitch Review，2006)研究了英国的"历史技能赤字",指出虽然英国员工的基础技能在 90 年代中期得到了很大提高,但仍然没能达到国际标准,这也阻碍了生产力水平、经济发展和社会公平。这个评论认为,即使是现在制定的提高技能水平的目标实现了,2020 年时英国的技能基础水平仍然将落后于其他对比国家(2006:3)。为了解决里奇评论结果中的问题,2008 年 4 月,英国成立了教育与技能委员会。该委员会的职责是协调政策与就业、技能之间的关系,并且将评估 2020 年技能发展目标的进程。该委员会重组了一些机构,并提议撤销资助机构,即学习与技能委员会,同时还将它对年轻人的职责转移到地方政府。同时,它为成年工人建立了一个新的技能基金资助机构。政府正在提议将学生离校的年限延长至 18 岁并为学徒制提供保证①。总的来说,有三个主要的措施将会帮助促进技能与资格水平:增加年轻人接受教育、培训和高等教育的参与度;增加职业数量以及雇主对课程的影响力;提供充足的资源改善职工的职业资格水平。

245　　　在公共政策辩论中,参与教育被认为是一种在参与培训与对技能内涵的理解也有所下降的二者中进行取舍。在这一章节中将会具体分析参与教育与培训的一些细节问题。正如基拉格拉斯(Grugulis 等人,2004)指出的,资格证书代表政策制定者的技能替代品,就好像是高技能水平者的武器装备和证明一样。他们认为:"拥有技能,或者说拥有技能的代表权,而不是将此技能的优先权用于政策制定、学术争论与分析。"(2004:5,重点在原文)艾洛特(Eraut,2004)指出,在教育背景中获得的知识并不容易转移应用到工作场所。这种知识从更全面的形式来看,同工作场所整合的显性和隐性的知识和技能有质的不同。知识在正规教育与工作场所之间的转换过程本身就需要广泛的学习(2004)。其结果是获得的资格水平与雇主需求无法达成一致(Ashton 等人,2002)。同时,制造业就业的下降使一些雇主曾经满意的新技能,特别是服务行业被描述成了"个人特征、态度、性格特征和倾向性"(Grugulis 等人,2004:6),而不是可以通过培训计划获得的技术技能。

---

　　① 这些建议可参见提高期望(Raising Expectations)的咨询文件、促进系统提供、联合 DCSF /DIUS 商议,2008。

本章的目的是审视自 20 世纪 80 年代以来的职业培训系统的演变。本章将会分为六部分来分析。第一部分考察劳动力市场的年轻人的参与，以及有关教育和培训及其成果的模式。第二部分分析职业教育与培训政策，政府参与者与各种利益相关者本质上在国家和行业中的制度结构关系。这部分探讨了这些结构支持协调的程度和激励雇主投资培训的机制。第三部分探讨员工在企业中参与继续教育的机制。第四部分集中讨论公共部门，特别是 NHS 组织，该组织在技能战略白皮书中认为应该"以身作则"（DfEs 等，2003）。这个结论将评估工党政府是否继续采用保守党政府的新自由主义模式，还是在社会机构和国家中扮演重要角色。

二、职业教育与培训的参与者

在历史上，英国实行双轨制教育制度，大部分年轻人在很小的时候就离开学校，只有很少的年轻人有资格进行继续学习（虽然在英格兰、威尔士和北爱尔兰这种教育模式比苏格兰更明显）。由此可见，*246* 在这一年龄阶段，只有相对较少的学生能够接受高等教育。在 20 世纪 80 年代末，16 岁义务教育阶段之后，只有 50％的学生能够继续进行全日制的教育（Keep，1994：301）。到了 17 岁，这个比例占 35％，到了 18 岁占 20％。2003 年，三分之二的英国 16 岁学生在全日制学校、六年制学校和继续教育学院接受教育。40％的学生在学术性学校读书，33％的学业参加全日制职业教育[①]。同样，15％的 18 岁青年仍然接受全日制教育，18％的青年在接受其他形式的教育或培训。英国职业教育与培训体系的特点如方框 10.1 所示。

这个体制结构说明职业学习是复合的，包括了中学、六年制学 *247* 校[②]、继续教育学院[③]、高等教育机构、志愿机构、社区机构、私人机构以及像学习专线这样的由雇主提供的通过信息技术进行沟通交流

---

① 访问时间 2005 年 11 月 8 号，http：//www.dfes.gov.uk/trends
② 在英格兰、威尔士和北爱尔兰，六年制学校是为 16—19 岁学生获得先进学历资格（如 A 等级）而开设的教育机构。
③ 继续教育（FE）院校为超过 16 岁的学生提供教育和培训，提供通识（学术）和专业（高职）课程，以及基本的成人技能的准备。

的机构。Stasz 和 Wright 认为，有时学校和学院反映了公共资金提供的两个方面，对于其他资金提供者的规定很少：对老师的要求、对提供培训的要求以及学生来源的要求都没有什么规定(2004：17)。同时，这种区别是由受教育者的年龄所决定的，比如：14—16 岁与16—19 岁的测量评价是不同的。对于年轻人接受教育与培训的机制的支持应该重新考虑(HM Treasury 等人，2004)。利用教育维持费已经在众多观点中占主导地位(Maguire 和 Thompson，2006)。

246 方框

受教育者

接受义务教育(16 岁的)或义务教育阶段之后的以及培训机构，包括学校、大学预科班、职前培训，以及全日制或业余的培训。

资金来源

1. 14—16 岁仍处于义务教育阶段的资金来源于当地有保障的经费支出。

2. 16—19 岁的学费和一些经费(如工资和津贴)大部分来源于学习与技术委员会。

服务性提供

教室内设备；合作教室与学习的工作场地，依据学习培训计划而定。

提供服务的机构

学校、第六学院、继续教育学院、工作单位、个人培训机构。

预期的结果

为继续教育和培训或工作做准备；为将来的从业资格做准备。

方框 10.1　英国 14—19 岁职业教育政策的主要特点
Stasz 和 Wright(2004：8—9)

(一)职业教育：义务教育阶段的学习

1988 年的教育法令中指出，公立学校应当实行国民教育课程即核心课程，包括数学、英语以及信息科学。英格兰、威尔士、北爱尔兰的 16 岁青少年学生要接受由一些学科组成的中学综合证书考试(General Certificate of Secondary Education，GCSE)。在苏格兰，学生接受等级考试(Cuddy 和 Leney，2005：23)。但是对于职业学习的地位以及倡导在学校课程中开设职业教育仍然存在异议（Huddleston，2000），职业教育的发展道路仍然处于不断变化的状态。自 2004 年起，学生们被要求进行与工作有关的学习，以获取短期工作经历、就业教育和企业所需的技能。"青年学徒"，一个针对 14—16 岁青少年的计划被同时引入(Cuddy 和 Leney，2005：27－28)。在汤姆林森团队(Besley，2004)关于 14—19 岁教育改革建议书之后，"14—19 岁教育与技能"(DfEs，2005)政府白皮书指出，要建立一种新的毕业证书制度，即从 2008 年起，引入包括实践技能和知识水平在内的三个等级评定(见图 10.1)。这些提议也同时致力于提高职业教育的地位和将其纳入高等教育，为期两年、以职业为导向的"基础"学历也在开发中。

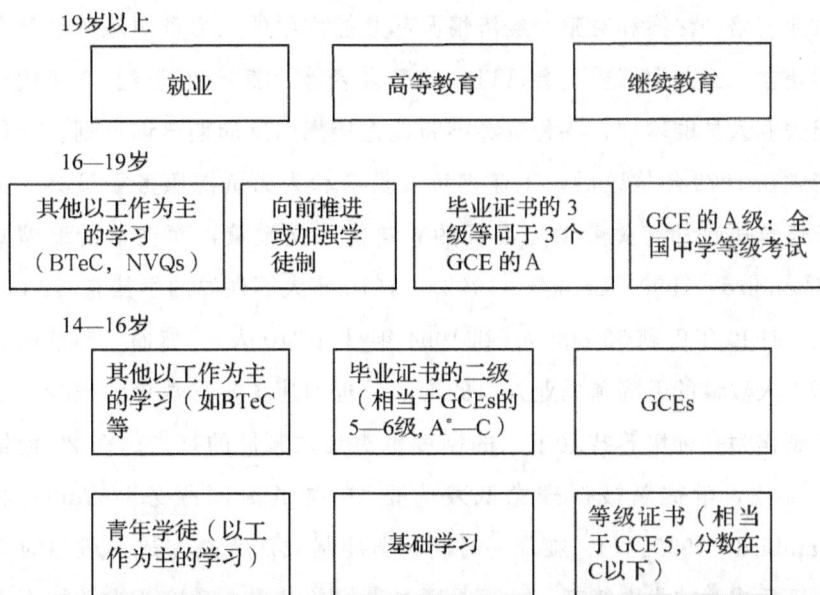

19岁以上

| 就业 | 高等教育 | 继续教育 |

16—19岁

| 其他以工作为主的学习（BTeC, NVQs） | 向前推进或加强学徒制 | 毕业证书的3级等同于3个GCE的A | GCE 的 A 级：全国中学等级考试 |

14—16岁

| 其他以工作为主的学习（如BTeC等） | 毕业证书的二级（相当于GCEs的5—6级, A*—C） | | GCEs |

| 青年学徒（以工作为主的学习） | 基础学习 | | 等级证书（相当于GCE 5，分数在C以下） |

图 10.1　14—19 岁学生的课程设置

(摘自 The Guardian/DfES 14—19 Reforms，2007 年 3 月 6 日)

注释：从 2008 年 9 月开始实施，14 种职业的毕业证书将在 5 年内颁发，在 2013 年将在全国范围内实施。现存的资格认证，如 NVQs 和 Btec 至少在 2013 年之前将会继续有效。根据教育与技术部的调查：将现有的职业资格变为毕业证书的一部分，这种毕业证书合作者们认为这种制度满足了雇主和高等教育的需要。

(二)16 岁之后的教育与培训

战后有一个传统，即过早离开学校之后和从事体力劳动的工人，很少或基本没接受过培训。学徒制是传统的培训方式，但只有少数学徒能够成为熟练的手工业者。职业培训是由一些并列的组织形式构成的，如职业学校、以工厂为主的正规培训，甚至工程行业中非正规的培训和工作经验，这直到 20 世纪 60 年代工业训练委员会(ITBs)成立后才得以消除。出现这种现象的原因在于将学徒当成"廉价劳动力"的观念被广泛认同，以至于这些年轻学徒在一定程度上代替了成年劳动力(Ryan，1999：42—43)。

　　1964 年工业培训法案要求工业训练委员会为经济各部门建立部门机构，通过征税促进雇主对培训的支持，促使其达到必需的标准。该委员会在建立培训计划的同时，还建立了可共享的培训设施(Senker，1992)。这一措施促进了培训数量和质量的提高。但是，随着 1973 年就业与培训法案和对整个经济情况起监控作用的人力资源服务委员会的建立，工业训练委员会(ITBs)在日渐衰落。随着 20 世纪 70 年代年轻失业人员的增加，各种资源不断地直接指向反周期培训计划。当保守党在 1979 年执政后，工业训练委员会和人力资源服务委员会，由于违背执政党有关劳动力市场的新自由主义政策，而被不断地缩减(Rainbird，1990；Senker，1992)。1970 年大不列颠的学徒有218 000人，1990 年仅剩 53 600 人(到 1994 年只有 310 人)。然而，制造业雇佣工人数量的下降和失业人口的增加，也加速了学徒数量的减少。学徒制作为一种培养技术工人的制度也遭到政策性的打击。在 20 世纪 80 年代，学徒制被保守党诋毁为是"单纯的时间服务"(Ainley 和 Rainbird，1999：1)。在那一时期，学徒制被认为是完成一段短时间训练后成为技术熟练者，而不是通过考核的结果。政府认为学徒人数的减少是由于青年培训计划(Young Training Scheme，YTS)吸收了众多青年造成的。该计划组织是在 20 世纪 80 年代作为专为青年失业者进入劳动力市场计划而建立的。然而，该计划由于较低的培训质量而被批评。该计划通过私人机构的培训代理的形式获益，并且接受过该计划培训且拥有合格资格证的人员的能力低于那些通过学徒制学得技术的人员的能力，导致马斯登和赖安(Marsden 和 Ryan，1989)认为青年培训计划在削弱学徒制的同时，没有提供同等质量的替代品。

　　在 20 世纪 90 年代，一些因素促使了学徒制作为一种职业学习模式重新建立。首先，雇主对于不合格毕业生需求的下降。这反映了16—17岁青年进入劳动力市场的人数由1984年或1985年的608 000人下降到1992或1993年的276 000人(Maguire，1999：163)。第二，对于培训者的低补贴以及政府培训项目的低质量导致这个培训计划与"廉价劳动力市场、社会工程和失业统计的审改"相关联(Fuller和Unwin，1999：153)。现代学徒制在1994年被引入，在1995年扩展到超过50个工业部门(Maguire，1999：165)，通过社区工作者和在社区中的活动使学徒制的地位得以提高。学徒制要求学员是雇员并获得资格等级认证3级，然而YTS的认证标准是2级水平(Fuller和Unwin，1999)。每种学徒计划都是被严格设置制定的，并且有相应的部门负责实施。相反，YTS则经常是由代理者经营，并且常和雇主相分离(Fuller和Unwin，1999：154)。学徒常常是雇员而不是要接受培训的年轻人，而且这些人通常想通过学徒制的学习获得更高的工资待遇。除了对部门培训设定标准外，YTS与工作组织并没有正式的联系。而且在英国的分散的劳资谈判体系中，它也没有与工作组织和工资正式的联系，因为通常情况下这些是由公司自己决定的。现代学徒制度在一些有学徒制传统的部门(如建筑业、工程业、制造工程业、电气安装业)以及像健康医疗、社会保健这些没有该传统的行业建立。

250

政府的目的是让所有年轻人在学校进行继续学习。这种继续学习可以在大学或者是工作场所进行，以便增加达到初等技术水平的人数。该初级水平相当于国家资格框架(National Qualifications Framework)(HM Treasury等人，2004：43)的2级水平，该水平也相当于拥有5个GCSEs的A＊—C分数(见图10.1)[1]。青少年在16岁之后会在中学六年级或在继续教育学院接受2年的继续教育，在这些教育机构获得的资格主要是普通教育资格的高级形式或高级水平，同时学生获得这种资格之后可进入大学进行继续学习。或者说，这些学生可以进入劳动力市场并可以接受或不接受学徒制的培训。在教育机构，培训者倾向于理论传授或职业技能培训，或者是将两者相结合(参见Cuddy和Leney，2005：23)。

———————————

[1] 在GCSE考试中通过五个A＊—C等级是这些公共考试的最低要求，通常在16岁完成。近年来，它已经不仅对个人还有学校和其教学人员投入了相当的教育和政治意义作为评估的基准。

六年制学校为 16—18 岁的学生提供通识教育，然而继续教育学院通过全日制或业余时间为年轻人提供学术和职业技术课程，在一些时候也提供可进入高等教育的课程和学位课程（Cuddy 和 Leney，2005：26）。2003 年，16—19 岁青年的活动分配见表 10.1。

表 10.1　2003 年 16—19 岁青年的活动模式

活动	总计	全日制学生	接受培训或其他形式的教育	雇佣	剩余 *
16—19 岁的人数（千人）	1 185	1 065	349	290	181
所占百分比（%）	100	56	19	15	10

来源：统计的第一个版本 31/2003，引用自 HM Treasury 等，（2004：4
备注：剩余 *：没接收教育、雇佣或培训。

这一时期有一个问题就是它难以建立一个年轻人可以遵循的有关"培训或其他教育"的课程类型。那些正在进行工作但没有接受过学徒制培训的 16 —17 岁青年，可以不接受再教育。除此之外，在 2002 年由 DfES 组织的一次调查中发现，只有 56% 的英国雇主为年轻工人提供正式认可的技能培训。

政府旨在全面地以工作实践为依托，为年轻人走入职场做准备，特别是通过学徒制、使用公共补贴和学徒训练计划实现这一目标。这有两个水平层次：基础学徒（FA）和高级学徒（AA）。基础学徒（FA）至少需要培训 12 个月并达到 2 级资格水平，然而高级学徒（AA）至少需要培训 24 个月并达到 3 级资格水平。学徒制的不同授课内容和等级评定是由行业技能委员会（Sector Skills Councils，见下）决定的。这包括以工作为主的培训和教育，其中包括以在工作单位表现为主的全国范围统一的评估（National Qualifications，NVQs），以及获得关键技能和技术证书，这些都是在继续教育学院所需的基础知识技能。赖安等人指出，培训计划的内容和资格被认为是在同一水平不同的实践领域（Ryan 等人，2006：38）。部门内部的培训标准化是由技术发展机构决定的，同时职业资格认证是由资格与课程局设定的（Ryan 等人，2006：38）。学徒是员工并且要参加为期一天的脱产学习，在英国，自从 2004 年 5 月起，学徒制已废除对 25 岁以上人员的公共资助（Cuddy 和 Leney，2005：31）。

区分"学徒制"和一般意义上的"学徒制"是很重要的。"学徒制"更倾向于由政府制订计划,该计划包括对青年人进行以工作为主的学习并且由教育和技能部提供资金支持。而一般意义上的"学徒制"更强调获得工艺技术技能,并且最终由国家资格框架进行 3—5 等级的技能评估。这包括"以工作为主的学习、失业培训和技术教育,无论有没有政府财政支持"。(Ryan 等人,2006:5)赖安(Ryan,2006)等人认为,只有当该计划促使达到 3 级资格水平时,才意味着一般意义上的"学徒制"的建立。在这方面,高级学徒制(AAs)可以看作吸引公众资金流入学徒训练某些领域的一种手段,而 FAs 则主要是由于历史上少有培训传统行业而发展起来的。他们指出,接受高级学徒制(AAs)的年轻人人数从 2000 年的约 140 000 人下降到 2005 年 100 000 人。而同一时期接受基础学徒制的年轻人人数从 70 000 人增加到 150 000 人(Ryan 等人,2006:37)。因此,由政府财政支持的高级学徒制越来越导向学徒的两个层次的较低水平,甚至一些 AA 方案并没有什么教育内容。此外,这些统计数据没有把 DfES 的资助考虑在内,也迎合了学徒制的一般定义(Ryan 等人,2006:5),同时也说明它是一个具有悠久历史的机构。

另一个值得关注的问题是,包括雇主为雇员提供的培训和在某种特定情况下这种培训是否能够获得从业资格。许多通过学徒计划筹集资金的承包商是专业培训机构而不是雇主。这样做的后果是,很难评估广大的雇主在学徒培训中的角色作用(Ryan 等人,2006:4),同时由于数据收集的方式、建立学徒计划和注册学生确切数目的因素影响也使雇主的作用很难被评估。古迪和利尼(Cuddy 和 Leney)统计了约 80 个行业中的 60 种学徒培训方案(2005:31)。统计青少年开始接受学徒培训要比统计完成学徒培训简单得多。事实上,学习与技能委员会已经对培训方案的质量和培训机构的质量表示关注,类似的问题是,20 世纪 80 年代的青年培训计划及其声誉不佳。在 2003 年 6 月,在进行学徒培训的青年中只有 40% 的人完成了该培训计划并拿到了资格认证证书(HM Treasury 等,2004:50)。学习与技能委员会通过减少由成人学习督导团(标准机构)认定的不合格的培训者来达到提高培训质量的目标,培训者的数量由 2003 年 7 月的 56% 下降到 2005 年的

17％（HM Treasury 等人，2004：50）。

(三)参与高等教育

在大不列颠，提升 16—19 岁这一阶段的教育参与度，体现在参与高等教育的比例，从 1990 年或 1991 年的 19％增长到 2001 年或 2002 年的 35％。[①] 高等教育的扩招发展是基于提升资格水平，对增加员工一生的收入方面有积极影响（Purcell 和 Elias，2004）。除了受教育水平的明显提高外，还必须做一些额外的说明。首先，虽然来自于体力劳动阶层的年轻人参与的比例从 1991 年的 11％增加到了 2001 年的 19％，但同时非体力劳动阶层也从 35％增加到了 50％[②]。换句话说，这种教育参与的分化仍然持续着。

(四)资格水平和劳动力市场的成果

雇员在劳动力市场中的参与模式及其就业状况是基于他们的资格水平。表 10.2 表明了失业的女性和男性的资格水平低于在职人员的资格水平。

253

表 10.2　全体劳动者的受教育水平

（单位：％）

人数	小于等级 2	资格等级 等级 2	等级 3	大于等级 3	总计
所有在职女性	35	23	13	29	100
所有失业女性	53	21	12	13	100
所有女性	43	21	12	23	100
所有在职男性	30	24	18	28	100
所有失业男性	49	20	14	14	100
所有男性	35	23	17	17	100
所有在职人数	39	22	15	15	100

资料来源：Tomlinson 等人，（2005：42）

备注：该资料来源于 2001 年 3 月至 2004 年 5 月的劳动力调查和英国家庭事务委员会调查，2001—2001。

[①]　http：//www.dfes.gov.uk/trends，访问时间：2005 年 11 月 8 日。

[②]　http：//www.dfes.gov.uk/trends，访问时间：2005 年 11 月 8 日。

从整体经济的角度看，表10.2表明当资格等级水平为3级或3级以上时，每小时的平均工资水平与性别并没有明显区别，但是这一规律并不适用于2级水平及以下。这种现象也许可以这样解释：年轻工人往往持有2级资格证，而同时拥有较低资格证的年长工人则可以通过工作年限获得加薪。基拉格拉斯认为，与其他资格认证相比，NVQs中处于1级和2级资格水平的工人不能够获得额外更多的薪资，因为这种资格培养评定的目标是工人在达到最低水平时就结束培训（2007：64）。男女工资水平的差距随着年龄增长而不断增大，并且会影响到分娩妇女在护理小孩时在劳动力市场的参与模式，这种现象尤其表现为职业中断和业余工作等形式。在2005年，19—21岁女性每小时的平均薪资水平比男性低2%，然而这种差距在40—49岁年龄组中扩大到20%（妇女工作委员会Women and Work Commission，2006：51）。即使那些拥有大学文凭的女性在分娩时很少会有人离开劳动力市场，但这种工资差距在毕业之后不久就会表现出来。在一项以毕业生毕业七年为背景的工资调查中，珀塞尔和伊莱亚斯指出，毕业后第一年女性的薪资水平比男性低11%，然而毕业第七年时两者差距已达到18%（2004：9）。奥尔森和华尔比（2004）认为，虽然学历水平和技术水平会导致收入差距，但导致工资差距最重要的原因是，男女工作模式的差异、女性兼职工作、职业分割以及直接或间接的歧视影响。

表 10.3 男性与女性小时工资水平与资格水平

（单位：美元）

资格等级水平	平均每小时工资	
	女性	男性
2级以下	5.80	7.50
2级	5.40	7.10
3级	6.80	9.00
3级以上	9.80	12.40

资料来源：汤姆林森等人，摘自图4.3。Tomlinson等人，（2005：45）

在英国，缺乏劳资谈判以及没有建立与工资结构相关联的资格水平结构，被认为是造成男女工资差异的重要原因（Rubery 和 Grimshaw，2003）。凯斯勒（Kessler，2006）认为，在一个分散的劳资谈判制度背景下，一方面由于劳动力市场的驱动，工作将分为不同的等级层次，而且个人工资将由外部和内部比较决定；另一方面，将由其他评价机制如工作评价决定。凯斯勒认为主要有三个原因影响工资体系：第一，个人基本情况，如年龄、资历和经验、资格水平、能力、行为举止、态度和知识；第二，个体；第三，公司业绩（Kessler，2006：320-322）。因此，初级职业培训和继续教育培训工资待遇的关系相当复杂。

三、国家和教育机构在职业教育中越来越集中化的趋势

在本部分中将分析政策变化的背景。首先将简要介绍战后初期的发展（见表 10.2），然后将会对保守党（1979—1997 年）和工党（1997年—现在）的政策进行详细分析。

（一）保守党执政背景下的培训

保守党执政时期（1979—1997 年）废除了自 20 世纪 60 年代以来的三方培训模式。法律要求雇主按照工资支出的一定比例投资培训的制度被废除，同时基于社会合作关系和培训设计和交付的管控原则也被废除。总结这些发展，奇普和瑞恩博德评价说：

255
在 1981 年，英国拥有一个基于由国家三方制定政策的培训系统和法定工业训练委员会（Industrial Training Boards，ITBs）。而今，该系统中的主要部门已经被废除或被彻底改变。在某些情况下，该机构代替了早期的三方系统，但随后其本身就被取代或彻底修改（2003：392）。

工业训练委员会（ITBs）的分解造成的后果是：鼓励雇主参与培训的金融机制不复存在。

部门和国家培训与劳动力市场计划被废除，取而代之的是脆弱的、雇主为主的机构在行业与企业委员会（Training and Enterprise Councils，TECs）协调在地方一级的失业人员的管理方案。后者由雇主代表控制管理（参见 Keep 和 Rainbird 2003 中对其发展的详细评价）。另外，过去法律常常削弱工会组织的权利、减少社会保护、削

256
弱个体的正当权利、加强雇主特权和减少工会权力（Dickens 和 Hall，

2003：127）。事实上，这意味着尽管在 20 世纪 80 年代，工会把培训作为一个谈判问题，并对它越来越感兴趣（Rainbird 和 Vincent，1996），但它们的地位被削弱，并整体限制了通过自愿措施可达到的培训目标。

255 表

1945—1964 年：自由主义与唯意志论

　当局负责学校和继续教育学院，雇主负责其员工的培训。

1964—1973 年：国家干预与三方培训

　在 1964 年，工业培训法令建立了工业训练委员会(ITBs)，并且 ITBs 有向雇主征收培训税的权利。ITBs 代表雇主协会，他们关注工会和教育机构，他们负责提供一种为其部门开发培训课程的论坛，培训开发基金也已达到所需要求。这种征税机制对于在部门中培训开销的再分配有重要作用。

1973—1981 年：加强政府管理与削弱部门管理

　1973 年就业与培训计划中征税制度的出台削弱了 ITBs 的权利。对于那些可以证明自己为员工提供培训的公司可以实行免税政策。在政府的推动下，成立了人力资源服务委员会（Manpower Services Commission)并主管 ITBs 的开销和劳动力市场计划活动。

方框 10.2　1945—1980 年战后的培训(Rainbird，1990)

随着 1981 年和 1988 年工业训练委员会(ITBs)的废除，雇主不再需要出于管理目的对培训做记录了。因此，对于公司培训的准确数据就很难得到。瑞恩等人指出，由于缺乏有关大型雇主进行培训的资料，在 20 世纪 90 年代初，雇主的人力和技能实践调查报告对此进行了粗略的统计（Ryan 等人，2006：7，38）。国家雇主技能调查（National Employers Skills Survey，NESS）发现，在 2 004 个技能机构中，有 39% 的机构有包含培训等级、培训形式等明确的培训计划，有 31% 的机构有培训预算（Institute for Employment Research/IFF Research，2004：20）。来自 NESS 的数据指出，在英格兰，雇主每年大约对培训直接或间接投入 4.5 亿英镑，但英国特许人事发展协会引用政府和英国工业联合会协会（Confederation of British Industry，CBI)

的数据是 35 亿英镑(keep,2005：214)。同时，如何对不同类型员工培训进行资金分配也是一个难题。信息主要来源于劳动力调查，而不是依赖雇主自己的数据。劳动力调查显示，约 14％的工人在刚进入工作岗位的头 4 周内接受了以工作为主的教育和培训，同时 16—19 岁间的青少年接受该教育培训的人数是年龄较长者(50—64 岁)的 2 倍①。公共部门的情况也类似。无论是国家卫生服务还是地方政府对培训进行的投资和根据性别、职业等级进行的分配都还没有定论。②

(二)工党政府：持续改变培训问题

与保守党认为培训是雇主和雇员的责任的观点相反，1997 年工党执政后，他们认为政府和雇主、雇员、工会都是系统中的利益相关者(DfEE,1988)。这一认识对终身学习有重大意义，所以许多措施是关于公共资助的培训资金而不是由雇主投资培训代替。除个别例外，法律要求培训的领域主要有健康和安全领域。尽管如此，关于自愿的争论和反对法定权利范围的争论仍在持续。在 2005 年或 2006 年，里奇委员会制定方案，规定政府负责教育和培训对象，包括雇员必须接受教育和特定职业所需持有的资格证(Education Guardian 2006 年 10 月 10 日,2006：9)。正如政策制定与工业的关系一样，在英国培训系统中，政策制定与社会合作组织间的关系也不明确。政府政策只是对该概念给予了修辞性的解释，而没有形成一个可以和欧洲其他国家可比较的概念(Tailby 和 Winchester,2000：365)。

工党基本上延续了保守党在公司培训方面的政策，但在各州的具体政策制定方面仍有较大改变。学习绿皮书(The Learning Age green paper,DfEE,1988)中指出，政府同样和雇主、雇员对培训有重要作用。虽然工党更关注用基于社会伙伴关系的方法来处理问题，它依赖、鼓励和促进而不是采用社会伙伴继续职业培训参与立法的方式(Keep 和 Rainbird,2003)。尽管缺乏正式制度，工会和雇主代表在以非正式的方式参与政策制定的过程中，例如，联合英国工业联合会或英国工会联盟

① http://www.dfes.gov.uk/trends，访问时间：2005 年 11 月 8 日。
② 问题的回答正式提交议会贝弗利·休斯(参考 109604)和约翰·德纳姆(参考文献 109605)的工会代表。(联合 2000，附录 3)。

委托财政大臣就生产力做报告（HM Treasury，2002）。

技能的构成很受关注，并且政府委托的一系列调查报告表明，对青年人有训练和技能提高的需要。然而，采取的方法主要集中在劳动力市场上供应的技能，而不是为了增加雇主利用和发展劳动力技能的措施。特别是，政府鼓励增加义务教育（16岁）后年轻人在校学习的比例和高等教育的参与率，而且也出台了鼓励来自贫困家庭背景下成人和年轻人参与教育的措施。

一系列的政府部门和不同层次的机构已经对青年人的职业教育与培训政策的制定和传达做出了努力。这些总结在方框10.3中。

（三）社会参与者的作用是什么？

新的工党改革的主要特征之一是职业教育与培训政策的高度集中化，这是基于学习和技能法令下的（2000）作为非部门公共机构（Non-Departmental Public Body，NDPB）学习与技能委员会（Learning and Skills Council，LSC）的成立而出现的。2001年4月，国家学习与技能委员会（LSC）成立，除了为大学①提供资金外，其责任主要是为16岁后的学习提供资金。自2001年以来，学习与技能这一新系统取代了行业与企业委员会（TECs）和继续教育基金委员会，该系统负责继续教育学院的资金筹措。预算约85亿英镑的国家学习与技能委员会（LSC）是欧洲最大的半官方机构。此外，该成员的任命由国家教育部长任命（Keep，2004：6）。换句话说，他们不是一个作为有代表性的作用的组织，而是以个人为单位运作的。国家学习与技能委员会（LSC）的组织关系（在英格兰和威尔士的47个地方）是社会伙伴关系：雇主已分配到40个席位，但分配给工会成员的席位却得不到保证。

259

258 表

> **国家层次**
>
> 负责社会和生产力的共享：
>
> 贸易和工业部（Department of Trade and Industry，DTI）通过区域发展机构和支持中小企业服务。

---

① 参见学习技能委员会2000年11月9日：战略优先——国家秘书通过教育和就业向技能委员会递送文本。

教育与技能部（Department for Education and Skills，DfES）和学习与技能委员会、资格与课程机构、行业技能发展机构和大学工业专业（在线学习服务）一起投资教育、学习与技巧。

工作和养老金部（Deprtment of Work and Pensions，DWP）通过使用管理服务为失业者创造就业机会。

英国财政部发布生产率措施。

副首相的办公室（Office of the Deputy Prime Minister，ODPM）负责区域与城市的更新与再生。

上述机构没有共享策略支持常见的目标。

英国国家学习与技能委员会（LSC）对制定劳动力发展的国家战略具有法定责任。

区域层次

九区域发展机构（Regional Development Agencies，RDAs）将为关于发展"区域就业和技能的行动计划"的框架提供一个地区性的总体规划。

当地层次

有47个地方性学习与技能委员会为小企业服务和为就业服务。地方当局（地方政府）也对员工发展感兴趣。

部门层次

行业技能委员会和行业技能发展署提供一个部门性意见或建议，并且该意见或建议会影响培训需求。

　＊在2007年，由部长负责DTI和DfES的重组。由商业、企业和管理改革部（Business，Enterprise and Regulatory Reform，BERR）接手DTI的工作、经济表现和就业；由创新部门、大学与技能部（Department for Innovation，Universities and Skills，DIUS）组织负责DTI中的科学创新和技能以及DfES中的高等教育和继续教育；由儿童、学校和家庭组织（Department for Children，Schools and Families，DCSF）负责关于儿童的教育和福利政策。

　＊＊对英格兰、威尔士、北爱尔兰和苏格兰在职业教育和技能的整体政策方面，各地区框架的分析、资金提供者、区域设置、检验评定的规定、资格核准见Cuddy和Leney（2005：20—21）。

方框10.3　按政府层次划分的英国职业教育政策"＊＊
（Stasz和Wright，2004：18—19）

此外，学习与技能委员会(LSC)采取的做法是自上而下。LSC 设置国家框架并由当地的学习与技能委员会自行分配其主要的资金。在这个国家的框架内，怎样能使资源在他们服务的区域内最好地被用来提高参与率、成就、学习和技能水平，它通过一系列的组织，包括小企业服务、国家培训组织、学习与技能发展代理、区域发展机构、区域工业大学办公室，其他相关的区域办事处、职业服务处、就业服务和教育机构来实现其资源的最大利用。这些工作组织对国家、地区、部门和地方进行重点评估。它负责建立机制，确保国家组织和雇主能够在一个单一的国家水平上与 LSC 建立关系，并统筹资金协议、付款、审计、监测和管理信息，以便提供全国性的组织安排。这种高度集中的后果就是，其中一些责任关系是委托给其他部门进行的，"英语国家现在发现自己被困在一个长期干预的圈中，以支持/巩固早期阶段干预"(Keep，2004：9)。这是因为国家确定的对象"相互处于隔离的状况，而且要自己对该系统内的其他部门负责，但同时又缺乏制裁措施，并且国家没有持有任何有效管理的关键的行动组织——雇主"(Keep，2004：12)。

中央集权和委托责任的缺失都以部门水平安排为特征。自 2002 年以来，73 个国家培训机构已逐步由 25 个部门技能委员会(Sector Skills Councils，SSCs)所取代，并且预计到 2004 年将被全部取代。SSCs 通过行业技能发展部门得到政府的支持，解决他们的许可证问题，协调他们的工作和对他们的性能监控。SSCs 将会收集劳动力市场信息、识别能力、生产率差距和更新国家职业标准。由于政府资助的培训与职业教育有关，SSCs 与高等院校、培训机构、大学和规划机构结合以确保他们了解部门的需要(DfES 等，2003：52)。尽管雇主和其他组织拥有行业技能委员会的席位，但他们对中央确定的目标和策略只能做小范围的修改。

260

一个显著的转变是，英国已经认识到要解决雇主技能需求问题的要求（Performance and Innovation Unit，2001；HM Treasury，2002）。虽然二十一世纪技能白皮书——《实现我们的潜力：个人、雇主、国家》(DfES 等，2003)中确定部门层级后，对协同行动的需要的一个关键特征是利用协调培训市场的方法，它不特指任何法律要求雇主来加强使用这种方法。SSCs 同样期望打破"雇主自愿协同行动"
(2003：53)。该行动是政府的意图，每个 SSC 应发展该部门领域的
"部门技能协议"(2003：54)，虽然不清楚谁是这样一个协议的当事人
(Rainbird，2003)。这些协议可能涉及促进"技术协同，包括实习或操
作技能许可证、技能通行证、部门培训院校、自愿训练课、合作培训
计划或通过供应链的活动"(DfES 等，2003：55)。

　　虽然行业技能委员会有协调的作用，但它们主要关注提高技能的
需求信息和适应公共供给以满足需求。其作用是鼓励自愿行为，该机
制不采取奖励或制裁来支持集体行动或培训投资。相反，两个部门保
留了 1964 年工业培训法案中的征税规定(建造业训练委员会和建造业
工程师训练委员会)。白皮书指出，地方政府的行业双方(雇主与贸易
工会)同意，这将帮助他们建立技能培训法定框架，并利用现有的力
量创造一个新的 IBT。

　　然而，一些法定规定要求对培训和能力评估作出规范要求(因此，
间接地涉及培训本身)。某些领域的工作要求培训，特别是在关系到
健康、安全和处理危险物质的工作，即管理对健康具有危害的物质
(Care of Substances Hazardous to Health，COSHH)。个人社会保健
部门要求工人获得国家职业资格认证的证书(National Vocational
Qualifications，NVQs)，虽然它强调的是权限认证的重要性，而不是
参与一个特定的培训计划。在这一领域，现在引导和进行基础训练是
法定要求(引自 2000 年护理标准法)。这样做的目的是，到 2005 年，
所有的医疗工作者应该分别登记并进行有目标的能力评估，使雇主可
以证明他们有称职的员工。在保健领域，这包括在老年人保健领域拥
有 2 级国家职业资格等级和 3 级儿童护理资格等级。除护理部门外，
NVQs 还主要负责确定是否需要接受政府资助来确定培训计划。

　　法定要求和在社会保健领域进行技术培训的一个结果是政府资金
应用于工人的培训和能力评估。在一些地方，由个人社会服务培训组
织支持的私人区域网络(Training Organisation of the Personal Social
Services，TOPSS)[①]、自愿和公共部门雇主正在出现，并形成一种两

261

---

　　①　在 2005 年，TOPSS 成为技能护理。

雇主以上合作发展培训的形式。因此可以说，法律要求工人参与NVQs，使得工人得到培训、技术得到发展，这通常是针对特定人群的(18—25岁的孩子和工人可以抵免税收)。

总的来说，英国培训系统的特点可以概括为，国家对劳动力市场供给方实行高度国家集权的干预。虽然国家和部门的机构已有一些发展，但它们的决策目标在实施上仍受到严重限制。委员会的成员代表不对自身的组织负责，而是由教育与技能部大臣任命(Keep，2004)。这种集权的国家制度有一个问题是，培训领域的其他潜在利益相关者，在某种程度上，承认或意识到培训政策的合法性。虽然国家对工作场所和职业政策知识方面，是否是最有决策权的质疑值得商榷，但同时对劳动力市场的制度倾斜，也激励了雇主在自己的工作场所进行投资培训。更重要的是，它对不同层次合作关系背景下的课程发展和个别行业创新的支持力度很小。虽然对少数部门有法律规定，但以自愿协议为基础的广泛推广是不现实的。在这种模式下，国家是资金的主要提供者，而且其他当事人的影响很小，或只有培训政策所有权。

四、在工作场所的继续培训

培训、员工的可塑性和敬业精神被视为是检验工作单位面对迅速变化的市场及其员工适应工作组织和对劳动力市场变化能力的最好体现。本部分首先介绍员工的在职继续培训，然后介绍培训是集雇主的商业策略及管理员工为一体的方法。

年长工人参与终身学习的能力一直都是工党政府政策的关注点，在方针政策如"学习时代的文件"(DfEE，1998)中宣布介绍的个人学习账户。该方案昙花一现，原意欲使个人可以申请资助学费和学习资源，但由于欺诈太多而中止。然而，一个类似的计划，即针对那些低等级水平员工的正式资格，在国家卫生服务行业继续施行并采取共同管理。

至于培训中个人参与的其他领域，建立以雇主提供为主的成年人培训或进行个体自主学习是困难的。然而，很显然，参与培训在劳动力中的分布是不均匀的。受过良好教育的人，更有可能获得雇主提供的培训和与工作相关的培训机会，并取得正式资格(Blundell等人，

1996），这不能仅仅归结于工人的学历和学习动机。1998 年职场员工关系调查发现，柯里等人认为，获得雇主提供的培训机会受工作角色和时间的影响较大。"技术工人、操作工、装配和常规的工人不太可能接受五天的培训，更不会比白领个人接受更多的训练，同时兼职工人也比同行的全职工人接受培训的机会少。"（Cully 等人，1999：149）

将来可能发展的一个领域是那些接受正规培训但只拥有低资格水平授权的工人。政府一直在探索鼓励雇主让没有资格的员工在工作时间参与培训的激励措施，以实现提升员工资格水平的目标。已经确认，大约三分之一的劳动力没有正式的资格，这些员工几乎不能对未来的就业能力提供保证。在 2002 年的预算中，雇主培训试点已宣布包括以下要素：

• 免费提供学习费用。费用在某些情况下朝着由雇主置换员工的培训成本和委派没有基本技能的员工进行培训的方向发展，如英语作为第二语言或 2 级工作资格并获得 2 级以上的资格水平的培训。这依据政府生活技能倡议中对免费课程的基本技能的规定。

• 对那些还没有达到最低资格至 2 级资格水平的员工，每年给予带薪休假并进行基本技能培训的福利。

• 通过对雇主的金融支持使员工通过请假培训获得技能，尤其是小公司的额外财政支持。

• 对雇主给予免费信息，指导和支持雇主和个人参与其中。

263　2002 年 9 月试点计划成立，招聘 4 000 个新雇主并为 24 000 名 2 级资格水平以下的低技能员工提供培训。他们分六个 LSC 进行测试，由雇主提供学习费用，其费用支出由公司的规模决定。该计划预计雇主对此有一定的贡献，例如，雇主可以为员工增加额外的休息时间以支持培训。雇主试点计划的第一阶段是扩展另外六个 LSC 领域，同时在威尔士引入一个类似的试点计划——工会通过工会的地区学习服务机构①参与雇主培训试点计划。然而，事实上，工会的参与程度是有限的，因为许多参与项目只是中小型企业的雇主。该方案已在全国范围内推广，同时"培训获得"计划在 2006 年至 2008 年间从学习与技

---

① 工会是全国工会联合会而且是以区域为基础的组织。

能委员会那里得到了 1.97 亿英镑的资金（Women and Work Commission，2006：57）。

在这组工人之外，那些被认为不具备基本技能水平的从业者，在劳动力市场中的就业能力不高，政府一直不愿意通过立法授权，给予这群人学习培训付费的政策。员工要获得这样的权利，通常是通过劳资谈判或以作为专业组织的会员为条件。

20 世纪 90 年代，工会被排除在正式的决策之外，这一现象导致了学习授权的出现。对于学习权利保障机制的缺失，工会采用一种替代性策略，主动提高培训，并发展成为一项集体谈判提供给成员，作为个人会员利益服务的一部分。从 1998 年起，这些发展的动力来源于教育和就业联合学习基金部和工党政府对于推动终身学习的兴趣。这使人们看到工会在工作场所中的"全新的和现代的角色"（DfEE，1998）。自 2006 年以来，工会代表大会关于学习与教育的活动汇集了学习联盟，并从 2007 年起接管该联盟，由学习与技能委员会管理学习联盟的基金（Laour Research Department，2006：30）。

依据这些项目工作成果，工会有权依据 2002 年就业法的规定任命学习代表。到 2006 年，在英国的工作场所大约有 14 000 名学习代表（Laour Research Department，2006：27）。根据该法，工会提供咨询、调解和仲裁服务（Advisory，Conciliation and Arbitration Service，ACAS），它是负责工业关系纠纷解决的法定组织，起草关于休息时间的守则。工会的职责和活动规定如下：

　　•带薪休假的职责，其中可能包括分析学习与培训需求、提供信息和建议、安排培训以及与雇主商议这些活动；

　　•为那些认可的工会官员提供带薪培训以履行其学习代表的责任。这可能包括的活动有：学习识别和记录学习需要的方法并起草计划来实现该目的；学习信息的获取途径并提供建议和指导；安排本地学习和与雇主一起工作的机会；安排以满足、适应个人和组织对学习和技能的需要。

　　•为接受工会学习代表服务的工会成员提供休假，但没有要求雇主为他们提供资金支付。学习代表将被允许通过合理的休假来履行自己的职责，并应获得相应的设施来履行自己的职责，考虑工作和所有

264

工人的位置模式。修订后的 ACAS 也指出休假学习的好处，并对此提供了明确的指导和有效的规划。不像早期的健康安全代表那样，学习代表必须完成由职工大会或自己的工会认可的课程。[①]

与健康及安全代表不同，ULRs 在谈判中不代表成员。相反，贸易和工业部的网页显示，"雇主和工人都受益。ULRs 对于雇主而言是一种廉价的专家意见、建议来源，并且也不会造成很高的行政负担"。[②] 尽管工会将培训作为谈判问题，2004 年的职场员工关系调查显示，在那些确认有工会集体谈判的公司中，经理参加的有关培训的谈判仅占 9%。经理更常用咨询（31%）或通知代表（24%）的方式参与相关培训问题而不是跟他们进行讨价还价式的谈判（Kersley 等人，2006：153）。不同于其他欧盟成员国，英国的职工代表没有权利参与公司培训规划的商议，也没有规定要求雇主与员工代表或工会代表商议培训事宜，除了在裁员的情况下。

21 世纪技能白皮书——《实现我们的潜力：政府、雇主、个人》（DfES 等，2003）中明确表示，对于私营企业雇主投资培训和员工发展的法律没有予以鼓励和要求的规定。然而，政府"以身作则"发挥了重要的作用（2003：114）。它指出了政府在公务员中作为雇主的角色，超过 500 000 名的公务员受聘于政府部门和专门机构。各级政府部门正在提供技能发展计划，并且将由经济事务、生产力和竞争力内阁委员会监督他们的实施计划的进度，该委员会由内阁大臣主持。其他重要的就业领域存在于地方政府和国家健康服务中。重点在于地方政府部门要履行这一承诺，以身作则以促进公众服务的改革。

在公共部门，有两个因素有助于在学习上发展合作关系：一方面，政府自身的日常工作事项面对公众服务现代化；另一方面，产业工会（UNISON）的存在，该联盟对工作场所学习有明确的策略计划。虽然产业工会（UNISON）在公共部门中并不是唯一的工会组织，但 13 万名成员的参与使它扮演了重大角色。此外，它的组织遍布各种行业和不同的公共服务部门，包括那些已经私有化的部门。可以说，在公共部门，尽

---

① 参见 http://www.acas.org.uk/codeofpractice，访问时间：2008 年 7 月 29 日。

② http://www.dti.gov.uk/employmetnt，访问时间：2008 年 7 月 29 日。

管这些组织可能要重组，但对服务部门的需求要比市场竞争背景下对私营部门的需求相对稳定，因为它通过选举过程组织对公众负责。

五、结　论

本文对英国职业教育与培训体系的探讨给人的印象是，在过去几年里有很大的变化。这种印象是正确的：国家角色有一个持续转变的过程，其国家的角色、性质、部门机构构成和国家资金分配机制都在改变。多年以来，一些政府部门已经改变了自己的名称和职责，并明确了在这一政策下的利益和责任，延伸性的机构和组织已经建立，改革并替换。此外，政治权力下放已经形成了四个独特的国家培训系统，而不是一个。

一系列的政策举措旨在让雇主参与培训，一直以来这都是一个持续的主题。奇普认为，政策制定者们已经确定了雇主可以支持技能发展的领域。这些领域包括："中学学生的工作经历，高级和基础的学徒制，14—16 岁的初级学徒，参与基础学位的设计和为学生提供工作实习，设计一套新的职业标准，并从中总结出一套新的合适的职业素质要求，以便更好地预测技能短缺和瓶颈问题，解决成人识字和算术问题，积极参与新 SSCs 工作"（2005：231）。然而，奇普也指出，这些积极举措的成果是复杂的，除了工程部门外，在政府支持背景下的学徒制培训质量很差。尽管这一制度的设计框架是为了鼓励雇主自愿提供培训，但通过强制雇主提供培训以便达到政府目的的方法正在被考虑，比如，对于特定职业工人的许可（比照里奇委员会早期讨论的建议）。在这样的背景下，年轻人参与继续教育和高等教育变得越来越容易，因为它主要是依赖于个人和家庭的投资达到职业资格，而这种干预不会遭到雇主的反对。

怎样描述英国的职业教育与培训的发展特征呢？就职业培训的投资而言，它和劳动力市场计划是互相关联。自 20 世纪 80 年代以来，本地培训与企业委员会的关系由相对不协调的关系向高度集中转变。虽然国家和地方的学习与技能委员会，与行业技能委员会已经确立了雇主、工会和其他组织的相应地位，但他们以个人身份获委任，并且要在中央政府的议程设置范围内做决定。实际上，随着国家提供资金和中央规划的主体方向，学习与技能发展已构成教育系统的一部分。

　　事实上，奇普指出，国家角色不断扩大的结果是"排挤"其他培训体系的参与者(Keep，2004)。建议废除学习与技能委员会(LSC)转由地方政府对年轻人负责以及英国就业和技能委员会的建立，都是一个正在进行着的过程，这些改革都是以为经济发展提供高技能人员为目的。

　　然而，这些发展并没有伴随着激励促进雇主合作和培训投资。虽然行业技能委员会强烈要求协调，但没有制裁和合作的激励机制，协调很难实现。同时在决策过程中，它也不允许集体所有权制、合法性和服从性的机制。在对培训的集体雇主活动没有证据的前提下，换句话说即"有组织的竞争对手之间的合作与集体利益的形式相左，修改市场运作模式和不同族群之间企业行为的交换规则"的开发(Crouch和 Streeck，1997：3)。

　　尽管政府口头承诺员工学习，并采用社会伙伴关系的方法，但相关领域的法律授权仍很弱，而且雇主拥有特权仍然再正常不过。给工会学习代表休假时间以履行他们职责的法定权利，在工会运动中很受欢迎，但对雇主与工会代表协商或建立工作机构的义务并没有作出说明。换句话说，一方面工会可能实现的目标是基于现有的与雇主的谈判力；另一方面他们的能力有助于政府对学习与技能议程目标的实现。与雇主建立双重代理的关键过程是不存在的。培训学习的法定权利受到限制而且很难执行。相比之下，技能战略白皮书(DfES 等，2003)确定了公共部门对涉及部门做法的工作场所学习的示范作用。

　　由保守党政府推行的新自由主义政策能在何种程度上解释这些发展？国家在一定程度上集中控制职业教育和培训，目前一个重大突破是在培训和企业委员会制度下进行权力下放。虽然在教育系统内有职业学习的实验，但是在教育系统，特别是高等教育的地位，仍比职业培训地位高。在各部门间对于工作角色没有广泛的劳资谈判和协议的情况下，培训与劳动力市场的关系仍然是非正式的，而不是正式的。在工作场所，雇主特权进展很小，过去往往在一些工人很少或根本无法接受培训的地区工会主导的培训有很大的发展。因此，国家一直未能创建培训合作机构，协调和社会伙伴关系的培训制度还有相当长的路要走[①]。

267

---

　　① 笔者要感谢宿・马圭尔和保罗・雷恩，他们未发表的作品的内容在文中有所引用。

【参考文献】

1. Ainley, P. and Rainbird, H. (1999) Introduction, in P. Ainley and H. Rainbird (eds.), *Apprenticeship. Towards a new paradigm of learning*, London: Kogan Page.

2. Ashton, D., Davies, B., Felstead, A. and Green, F. (2002) *Work skills in Britain*, Oxford: Oxford University and University of Warwick, ESRC Centre for Skills, Knowledge and Organizational Performance.

3. Besley, S. (2004) *Final report from the 'Tomlinson' Group. Comment and Coverage*, London: Edexcel, Briefing 2004/22.

4. Blundell, R., Dearden, L. and Meghir, C. (1996) *Determinants of effects of work related training in Britain*, London: Institute of Fiscal Studies.

5. Crouch, C. and Streeck, W. (eds.) (1997) *Political economy of modern capitalism: Mapping convergence and diversity*, London: Sage Publications.

6. Cuddy, N. and Leney, T. (2005) *Vocational education and training in the United Kingdom: Short description*, Luxembourg: Office for the Commission of the European Communities.

7. Cully, M., Woodland, S., O'Reilly, A. and Dix, G. (1999) *Britain at work: As depicted by the* 1998 *Workplace Employee Relations Survey*, London: Routledge.

8. DCSF/DIUS(2008)*Raising expectations. Enabling the system to deliver. Joint DCSF/DIUS consultation*, Nottingham: Department for Children, Schools and Families/Department for Innovation, Universities and Skills, Ref 00260−2008 DOM−EN, www. dcsf. gov. uk/consultations (accessed 22 August 2008).

9. DfEE(1998)*The learning age: A renaissance for a new Britain*, London: Department for Education and Employment.

10. DfES, DTI, HM Treasury(2005)14−19 Education and Skills. Norwich, HMSO, Cm 6476.

11. DfES, DTI, HM Treasury and DWP (2003)*21st century skills. Realising our potential. Individuals, employers, nation*, Cm 5810, Department for Education and Skills, Department of Trade and Industry, Her Majesty's Treasury and the Department of Work and Pensions, London: The Stationery Office.

12. Dickens, L. and Hall, M. (2003) Labour law and industrial relations: A new settlement?, in P. K. Edwards(ed.), *Industrial relations: Theory and practice*, Oxford: Blackwell.

13. Education Guardian(2006)10th October.

14. Eraut, M. (2004) Transfer of knowledge between education and workplace settings, in H. Rainbird, A. Fuller and A. Munro(eds.), *Workplace learning in context*, London: Routledge.

15. Fuller, A. and Unwin, L. (1999) A sense of belonging: The relationship between community and apprenticeship, in P. Ainley and H. Rainbird (eds.),

Apprenticeship: Towards a new paradigm of learning, London: Kogan Page.

16. Grugulis, I. (2003) National vocational qualifications: A research-based critique, *British Journal of Industrial Relations* 41(3): 45-475 .

    ——. (2007) *Skills, training and human resource development*, Basingstoke: Palgrave/Macmillan.

17. Grugulis, I. , Warhurst, C. and Keep, E. (2004) What's happening to skill?, in C. Warhurst, I. Grugulis and E. Keep(eds.), *The skills that matter*, Basingstoke: Palgrave/Macmillan.

18. HM Treasury(2002) *Developing workforce skills: Piloting a new approach*, London: HM Treasury.

19. HM Treasury, Department for Work and Pensions, Department for Education and Skills(2004) *Supporting young people to achieve: Towards a new deal for skills*, London: HM Treasury, Department for Work and Pensions, Department for Education and Skills.

20. Hodgson, A. and Spours, K. (2003) *Beyond A levels: Curriculum* 2000 *and the reform of* 14-19 *qualifications*, London: Routledge.

21. Huddleston, P. (2000) Work placements for young people, in H. Rainbird (ed.), *Training in the workplace*: Critical perspectives on learning at work, Basing stoke: Macmillan.

22. Institute for Employment Research, IFF Research(2004) *National Employers' Skills Survey*, 2003: *Main report*, London: Learning and Skills Council.

23. Keep, E. (1994) Vocational education and training for the young, in K. Sisson (ed.) *Personnel management: A comprehensive guide to theory and practice in Britain*, Oxford: Blackwell.

    ——. (2004) *The state and power——an elephant and a snake in the telephone box of English VET policy*, working paper, ESRC Centre on Skills, Knowledge and Organizational Performance, University of Warwick.

    ——. (2005) Skills, training and the quest for the holy grail of influence and status, in S. Bach (ed.), *Managing human resources: Personnel management in transition*, fourth edition, Oxford: Blackwell Publishing.

24. Keep, E. and Rainbird, H . (2003) Training, in P. K. Edwards(ed.), *Industrial relations: Theory and practice*, Oxford: Blackwell.

25. Kersley, B. , Alpin, C. , Forth, J. , Bryson, A. , et al. (2006) *Inside the workplace: Findings from the* 2004 *Workplace Employee Relations Survey*, London: Routledge.

26. Kessler, I. (2006) Remuneration systems, in S. Bach(ed.), *Managing human resources: Personnel management in transition*, fourth edition, Oxford: Blackwell Publishing.

27. Labour Research Department (2006) *Learning and skills: A trade unionist's guide*, London: Labour Research Department.

28. Leitch Review (2006) *Prosperity for all in the global economy — world class skills: Final report*, London: The Stationery Office.

29. Maguire, M. (1999) Modern apprenticeships: Just in time or far too late?, in P. Ainley and H. Rainbird (eds.), *Apprenticeship: Towards a new paradigm of learning*, London: Kogan Page.

30. Maguire, S. and Thompson, J. (2006) *Paying young people to stay on at school — does it work? Evidence from the evaluation of the piloting of the education maintenance allowance* (EMA), paper prepared for SKOPE and the Nuffield 14—19 review, University of Warwick, Centre for Education and Industry.

31. Marsden, D. and Ryan, P. (1989) Employment and training of young people: Have the government misunderstood the labour market?, in A. Harrison and J. Gretton (eds.), *Education and Training UK*, *Policy Journals*: 47—53.

32. National Skills Task Force (2000) *Skills for all. Proposals for a national skills agenda. Final report of the National Skills Task Force*, Sudbury, UK: DfEE.

33. Nolan, P. and Slater, G. (2003) The labour market: History, structure and prospects, in P. Edwards (ed.), *Industrial relations: Theory and practice*, Oxford: Blackwell.

34. Olsen, W. and Walby, S. (2004) *Modellmg gender pay gaps*, Equal Opportunities Commission, Manchester, Working Paper Series, No. 17.

35. Performance and Innovation Unit (2001) *Workforce development: Analysis*, London: Performance and Innovation Unit.

36. Purcell, K. and Elias, P. (2004) *Higher education and gendered career development*, ESRU/IER Research paper No. 4, Bristol, University of the West of England.

37. Raffe, D. (1997) The "transition from school to work" and its heirs, in A. Jobert, C. Marry, L. Tanguy and H. Rainbird (eds.), *Education and work in Great Britain, Germany and Italy*, London: Routledge.

38. Rainbird, H. (1990) *Training matters: Union perspectives on industrial restructuring and training*, Oxford: Blackwell.

——. (2003) Big on aspirations, weak on delivery, contribution to 'Has the government got it right? 21st century skills: Realising our potential', *Adults Learning* 4(11): 11—12.

39. Rainbird, H. and Vincent, C. (1996) Training: a new item on the bargaining agenda?, in P. Leisinck, J. Van Leemput and J. Vilrokx (eds.), *The chanllenges to trade unions in Europe: Innovation or adaptation.* Cheltenham, UK: Edward Elgar.

40. Rubery, J. and Grimshaw, D. (2003) *The organisation of employment: An international perspective*, Basingstoke, UK: Palgrave/Macmillan.

41. Ryan, P. (1999) The embedding of apprenticeship in industrial relations:

270

British engineering, 1925—65, in P. Ainley and H. Rainbird(eds.), *Apprenticeship: Towards a new paradigm or learning*, London: Kogan Page.

42. Ryan, P. , Gospel, H. and Lewis, P. (2006)*Large employers' and apprenticeship in Britain*, Department of Management, King's College London. Unpublished paper.

43. Senker, P. (1992) *Industrial training in a cold climate. An assessment of Britain's training policies*, Aldershot, UK: Avebury Press.

44. Stasz, C. and Wright, S. (2004)*Emerging policy for vocational learning in England: Will it lead to a better system?*, London: Learning and Skills Research Centre.

45. Tailby, S. and Winchester, D. (2000)Management and trade unions: Towards social partnership?, in S. Bach, and K. Sisson (eds.), *Personnel management: A comprehensive guide to theory and practice*, Oxford: Blackwell.

46. The Guardian/Department for Education and Skills(2007)14—19 *reforms*, Education Guardian.

47. Tomlinson, J. , Olsen, W. , Neff, D. , Purdam, K. and Mehta, S. (2005) *Examining the potential for women returners to work in areas of high occupational gender segregation*, University of Manchester, Cathie Marsh Centre for Census and Survey Research.

48. UNISON(2000) *The new learning agenda: UNISON's approach to lifelong learning*, London: UNISON. Unpublished report.

49. Women and Work Commission (2006) *Shaping a fairer future*, London: Women and Work Commission.

第十一章　美国的职业教育与培训体系

托马斯·贝利 & 彼得·伯格

一、引　言

在美国，很长的时期内，教育和劳动力市场之间的关系是简单明了的。高中没毕业的年轻人找到一份相当于中产阶级收入的好工作的机会渺茫，因此，他们遭受失业和贫困的概率较高（Mishel、Bernstein和 Allegretto，2005）。高中文凭已经是就业的最低门槛。仅持有高中毕业证的学生在劳动力市场的就业机会也微乎其微，他们大多只能从事不要求技术或者对技术要求较低的工作。完成大学教育或拥有副学士学位的人，如拥有副学士（通常在高中毕业后两年）学位或证书（高中毕业后不到两年）则可以从事一些技能型工作。专业型工作和管理类工作日益看重拥有学士学位的学生，在很多情况下，这些工作甚至要求有硕士学历。

在广泛的体系内，美国的职业教育与培训在传统上被认为是服务于从事那些需要一定的教育程度但不高于学士学历的岗位或职业的一些具体准备工作。职业体系基于学校并且有众多的提供方。由于美国的教育通常是由各州负责，因此课程和经费也因所在州和地区不同而不同。与其他许多国家相比，职业体系和劳动力市场之间的衔接在很大程度上是非正式的。

在本章中，笔者将介绍美国的职业教育体系，包括其提供方、完成率，以及不同的证书能获得的经济收益。我们将重点介绍职业教育发生的层面，以及跨机构的职业教育的融合。事实上，职业教育与普通教育之间的区别被夸大了。许多工作的预备教育包含了在学术教育或者普通教育之前进行的具体的职业培训。因此，许多人接受中学以上水平的普通教育之后就会进行专业的职业准备，这通常在大学阶段进行。然而，这种具体类型的职业准备被称为专业教育，而不是职业教育。因此，在大多数情况下，普通教育不是一个独立的教育途径，而是所有教育洪流中的一个阶段。此外，我们认为，由于多种原因，职业教育和普通教育的区别日渐变小。

接下来，我们将讨论职业教育体系和劳动力市场之间的联系，特别是非正式的联系。除了一些需要高级专业知识的工作和卫生部门，大部分工作没有法律认证的要求。因此，个人可以获得这些工作而在法律上并不需要任何特定的学位或认证。最近美国正在尝试建立一个国家技能标准体系，但是这个体系取得的收效甚微，而产生这种情况的原因在于雇主对这个体系没有太大兴趣。

最后，我们将讨论这个体系改革的成果。虽然促进劳动力发展对美国教育体系的要求越来越迫切，但是在这种情况下也没能达成共识，或者确凿有力的证据表明一个更规范的、与雇主有更多正式关联的体系能解决教育体系存在的问题。

二、美国的职业教育与培训概览

公立和私立教育机构数量庞大是美国教育的一个特征。在 2000—2001 年度，约有不少于 17 000 所公立机构在 14 859 个校区为 47 万学生提供初等和中等教育服务。这些校区包括从极小的乡村校区到人口数量巨大的城市校区。2004—2005 年度，接受高等教育的统计数据显示有 1 730 万学生、216 个学位授予机构、2 533 所四年制院校和 1 683 所两年制院校，此外有 1 700 个非营利机构和 516 私人机构。所有接受高等教育学生中的 25% 是在私立大学就读。美国的中学后教育是在一个数量庞大的非学位授予机构中来完成的。2004—2005 年度，这些机构中大概有 2 200 个，约有 50 万学生就读（Snyder、Tan 和 Hoffman，2006，表格 170、243、355 和 168）。

美国的教育水平往往要高于其他许多工业化国家的水平，并保持继续上涨的势头。因此，在 1989 年，年龄在 25 岁以上的美国人口 76.8% 至少拥有高中文凭，而这一比例在 2004 年已经上升到 85.2%。同样，在美国的职业教育与培训体系中，至少拥有学士学位的人口比例从 1989 年的 21.1％上升到 15 年后的 27.7％。[1] 这种增长趋势在年轻人群中更为显著。

此外，中学后教育程度的增长反映了对较高熟练劳动力的需求不断增加，而不仅仅由一个外因或由社会决定教育水平的增长。从 1975 年到 2004 年，真正意义上没有高中学历的工人收入下降了 12％，仅有中学学历的工人的收入上涨 3％，19％是大学本科毕业，33％的工人具有高级技工学历。[2] 因此，伴随着其对应收入的增加，熟练工人的相对供应量也增加，这表明这种增长是由对受教育劳动者的需求增加而驱动的。

美国的职业教育与培训分为多个层次（中学和中学后教育），分布在多个机构（公立或私立，四年或两年制，营利或非营利，学位或非学位）。图 11.1 所示的是美国职业教育与培训体系的示意图。

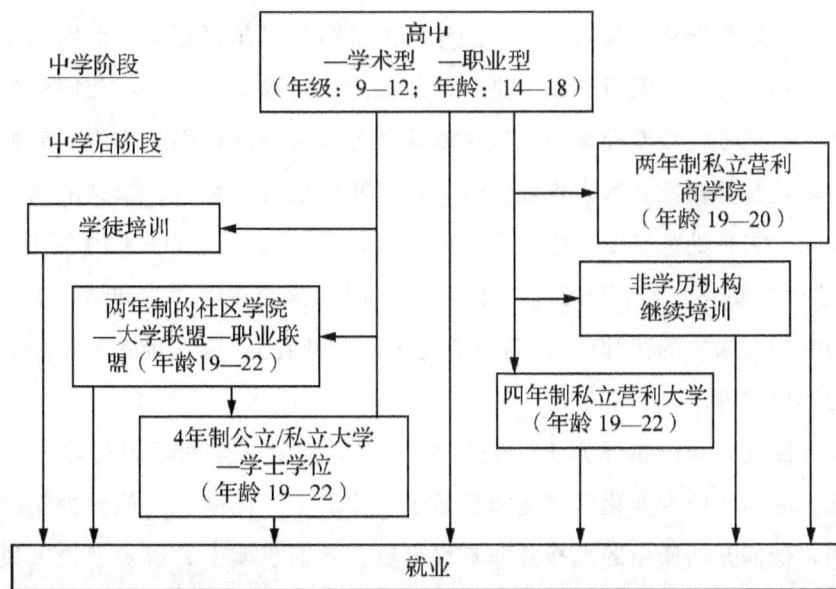

图 11.1　美国的职业教育培训体系

职业培训体系首先是基于学校教育的一个体系，其标准和机制在　　*274*

---

① http：//www.cen－sus.gov/population/www/socdemo/educ－attn.html，访问时间：2007 年 7 月 20 日。

② http：//pubdb3census.gov/macro/032005/perinc/new04 001.HTN，访问时间 2005 年；http：//www.census.gov/population/socdemo/education/taba－3.xls，访问时间 2008 年。

各个州均有不同。大家论述美国职业教育时用到三个概念：普通教育、职业教育和专业教育。职业和专业教育旨在提供专门的职业准备、两者之前的普通教育提供基本的通识教育、识字和与数学相关的学术能力的教育。无论是职业教育还是专业教育，都教授必要的基础学术能力和具体的职业技能。职业教育和专业教育的主要区别在于最终阶段的学位和文凭。在美国，传统的区分是以学士学位作为划分，学生的学历要求低于学士学历的教育被称作职业教育，学生拥有一个学士学历以上的教育被称作专业教育。这种划分在国家的联邦法律中有明确阐述，即 1917 年的帕金斯法案（Perkins Act）。该法案源于最初的史密斯—休斯法案（Smith—Hughes Act），它已经重新修订过多次。（最近一次是在 2006 年）该法案由联邦政府提供职业教育经费，同时对学生的学历低于学士的职业教育项目的资助提出明确限制。

美国教育体系为将要工作的年轻人准备的基本样板是，前期的学习是在普通学术教育体系中进行的，在这一阶段大家都学习相同的课程，后期才完成专业学习，这种专业学习是为获取他们工作需要的特定职业技能做准备的。也就是说，在其早期的青春岁月，未来的物理学家和未来的建筑工人学习同样的课程；未来的护士和未来的会计师（这类需要进入大学学习的专业）将有大同小异的高中学业计划；未来的医生和未来的律师（这类需要研究生专业教育），也在接受大致相同的本科教育。

因此，至少在原则上，美国教育体系避免学生的学习过早专业化，因为职业专业化学习选择是始于高中后期，当学生正值青少年时期，他们开始所做的选择并非不可变更。然而事实上，这对学校来说具有强大的内部分流能力的体系是分层的，且对学生未来的机会有一定的影响，更重要的是进一步加剧分层。私立中学和郊区的上层中产阶级的高中将大部分的毕业生输送到精英的大学院校。相比之下，在市中心只有少数的高中毕业生能进入到大学，而在贫困社区的一些学校，大多数学生甚至没法从高中毕业。

专业化的学习起点依赖于特定的学习水平、学术成果的积累或专业技能。相比牙医助理，培养一名医生需要更多的生物学知识和其他学术技能，所学的专业知识的持续时间取决于所从事工作的专业要求。这种专业知识在很大程度上不同于普通的学术技能，所以在专业化学习之前必须进行基本知识的学习。

此外，尽管有一些专门机构提供职业教育和专业教育，但在大多数情况下，这样的机构同时也提供学术或普通教育，如高中、社区学院、四年制高校教授普通的文科教育和专门的职业或专业教育。

除了最初的职业教育，学校也对那些从未进过正规学校的成年人和在职工人的继续教育发挥作用。雇主常常与教育机构签订合同，给员工提供量身定制的继续教育培训。这种培训可能建立在初始的职业培训基础上，在某些情况下，授予某种类型资格的认证。而对于工会参与的继续教育培训，大部分并没有正式规定，也没有统一的标准，它依赖于政府、行业、职业和劳资谈判的侧重点。此外，美国工会的实力有所下降，导致工会参与的继续教育培训的力度也同样在下降。与其他国家将继续教育和职业教育联系在一起的规范体系相反，这种联系在美国是非正式的，很大程度上是由雇主在培训方面的兴趣和个人意愿来决定，目的是获得更多的技能，以获得劳动力市场的青睐。

(一)中学

综合性高中提供中学教育。1998 年进入高中的学生，有代表性的样本数据(参见 1992 年毕业高中样本)表明，约有 7％的学生在 2000[①]年没有获得高中文凭或同等级别的文凭。另外在 2000 年有 16％的学生虽然已经完成了高中学业，但还没有升入高中后的教育机构学习。2005 年，一般的高中毕业生(仅有高中文凭)的收入刚刚超过 22 000 美元(以 2005 年美元比值估算)。

表 11.1　2005 年 25 岁或以上受雇佣的人口按受教育程度划分的收入

(单位：美元)

	高中毕业 (含 GRD)	大学肄业	大专	学士及以上
中等收入	22184	28070	31893	46282
最低收入	28355	35003	37954	62594

资料来源：美国人口普查局，流动人口调查，2006 年社会和经济补充，网

---

① 作者采用 1998—2000 国民教育纵向研究(NELS)进行计算。

上发布日期：2007 年 3 月 15 日；访问时间：2007 年 7 月 20 日（下同）

276　　　　综合性高中将学术课程和职业课程连接起来。在 2000 年，约 16.2％的学生在高中获得的所有学分是在职业科目上（U. S. Department of Education，2004：9）。在整个美国，中学生没有统一的职业课程，当地的学区、甚至有个别学校可以决定开设哪些职业课程，并为学生提供课程内容。通常情况下，职业教育课程与当地雇主紧密相连，当地教育咨询委员会帮助学校设计职业课程，并提供实习机会和服务。

　　纵观二十世纪，高中职业培训方案旨在培养学生高中毕业后能够立即工作，这些方案没有为学生接受中学后教育做准备。如今这种情况正在改善，我们将讨论这些未来的变化，但对一些高中毕业生的收入研究表明，如果学生不在高中毕业以后进一步深造，仅只有高中阶段所学的职业课程知识，对于他们收入增加的作用较小（U. S. Department of Education，2004）。

（二）中学后教育

　　如果高中学生毕业后不想就业，他/她有多种选择中学后教育的机会。如图 11.1 所示，其中包括两年制的私立职业学校、四年制的私立院校、非学历培训机构、学徒计划、两年制的公立社区大学和四年制的公立或私立大学。表 11.2 显示了美国中学后教育中各类学校的入学人数（包含研究生人数但不含学徒制学员），从中可以看出，公立四年制大学和非营利性的私营机构提供 90％以上的中学后教育。全国约 45％的本科生在两年制公立机构（社区大学以上）就读，其中约 60％的学生就读了职业院校或学习职业课程（Bailey 等人，2004）。在大多数情况下，这些课程是为参加一年制或两年制的社区学院学习后立即就业的学生准备的。反过来，大约有三分之一在职业院校学习的学生参加了证书课程的学习，脱产学习的时间不到两年，有时甚至不到一年，其余的学生选择两年制副学士学位课程。另外 40％的社区学院的学生（那些没有参加职业课程学习的）可转入大学（学院）继续深造，这些相当于四年制大学的前两年，而这些转入到四年制大学的学生大多数打算获取学士学位。

升学进入大学的学生主要选择更加学术或专业的课程，而职业院校的学生则选择只包含非常少的学术或专业知识的职业课程。在过去，大多数职业课程是不被四年制院校认可的，所以这类学生无法选择升学进入大学或继续在四年制学位深造（他们可以转学，但他们在社区学院所学的课程将不计入他们的四年制学位的课程中）。这些年这种情况也在发生变化，这将在后面讨论。

收益分析表明，社区学院的学位证书具有含金量。获得职业副学士学位（未完成四年学位）的男性，其收入比只有高中文凭（最高学历）的人高出 12％至 30％（取决于时间段），相同数目的女性大概是 45％（Bailey、Kienzl 和 Marcotte，2004）[1]。此外，技术和医学领域获得学位的学生（Jacobson、LaLonde 和 Sullivan，2005）能获得与职业学位本身相关联的工作（Grubb，2002），同时也比其他的职业学生收益更多。对于男性和女性来说，副学土学位的价值还不只如此（Bailey、Kienzl 和 Marcotte，2004）。副学士学位证书的价值在于，它能通过转学到四年制院校从而获得学士学位。因此，对于持有高中毕业证或者副学士学位的人而言，把有关职业的学位作为最高学位才是最有意义的。

虽然证书在劳动力市场上具有价值，但是参加社区学院的许多学生毕业时没有获得任何学位或 CER（社区学院）证书。在社区学院入学8 年内，有 6％的毕业生获得了 CER（社区学院）证书，16％获得了副学士学位，有 18％升入大学并获得了学士学位，另外 11％虽升学了但没能获得任何学位，其余 49％的人既没有升学也没有获得学位。8年后，只有 40％的人获得了学位。职业院校的学生比起学术/转入类学生更不太可能完成学位或者转学（Alfonso、Bailey 和 Scott，2005）。一些提前退学的学生最终还是会回来完成学位，当然他们中有许多在随后的几年中参加了额外的培训，无论是在他们的工作单位还是在教育机构。但是，没有可采用的数据能准确地进行测量，但采取跟踪学生八年多的方法很可能会使学位的完成率提高几个百分点。

---

① 这些收益数据基于控制个人特征，如年龄、种族、性别、社会经济地位和先前学术准备的回归分析。因此，他们为为类似学生所做的收入等级的额外收益的测量。表 11.1 只是简单的平均值的比较，所以表中呈现的不同等级的收益与本段中报告的收益不一定对应。

　　在美国，由于工作不需要正式文凭或证书，所以仍然有很多的就业机会是面向没有完成学位学习的学生。因此，参加但未完成两年制课程的女性收入要比高中毕业生高出 10％；在同一职位上的男性的收入要比高中毕业生的收入多 6％（Bailey、Kienzl 和 Marcotte，2004）。

278　　作为职业教育的主要提供者，社区学院面临着一些挑战。由于依赖当地税收、联邦政府财政拨款减少、学费资助的基金利率低等因素，2003 年，社区学院的每位学生比四年制学院的学生（取决于四年制学院的类型）①费用减少了 25％—75％。这种情况造成的结果是兼职教师的比例提高，近三分之二公共社区的教师、院校的教师是兼职教师（Snyder 和 Tan，2005）。在学术技能上，进入社区学院的学生比四年制院校的学生能力相对要弱（Bailey，Jenkins 和 Leinbach，2005）。学生也往往来自低收入家庭，也就更可能推迟入学或选择兼职学习，这就造成较低的毕业率（Alfonso 等人，2005）。由于社区学院获得的资助减少，入学的学生将面临着顺利完成学业的障碍。

(三)学士学位授予机构

　　正如前面所指出的，许多工作的最低要求至少是学士学位，这种学位被视为是专业教育，而不是职业教育。然而，专业教育的目标，正如职业教育的目标一样也是为学生的就业做准备。可以肯定的是，有许多四年制高校的学生主要分布在文科领域，如历史、人类学或生物，但相对于社会科学，就人文科学和与自然科学相关的专业来说，每年美国院校授予更多的商业、教育和卫生保健等专业学位（心理学除外）。（Snyder 和 Tan，2005）。此外，四年制人文科学大学的学生通常都非常注重职业目标——生物学专业的学生首选医学院，商学院的学生选择经济学专业，政治学专业的学生更倾向于法律院校。因此，对于许多学生来说，在大学主要从事学术研究很明显不是专业领域，他们在研究生期间的学习或在职业院校的学术研究是明确以工作为导向而准备的。此外，如果学生打算获得学士学位后立即工作，那么他们可能完成一个会计学

---

　　①　资料来源于美国州级高等教育协会主席 Paul Lingenfelter，美国国家教育统计中心行政主任（SHEEO）Boulder，科罗拉多州，根据 1993 年秋季综合高中招生数据体系（IPEDS）的调查。

位，而一个计划获得工商管理硕士学位（Master's in Business administration，MBA）的学生可以获得一个文科学位，也许是经济学、政治学或是历史学，并依靠 MBA 为自己提供具体的与职业相关的准备。

此外，大学的文科学习为许多职业提供了直接准备，如在大学学习英语或文学通常与编辑或作家的培养有关。1917 年，约翰·杜威（John Dewey）写道："许多老师和作家认为，文化和人文教育不应受到实用教育的侵蚀，却没有意识到反而是他自己的教育，其所声称的开放自由的教育，主要培养用来满足他自己特殊的职业需求。"

279

对于这类工作，不需漫长的明显的职业专业化学习，因为学生的学术或普通教育直接为他们提供了专业所需的技能。

收入分析清楚地表明了学士学位的经济价值。拥有学士学位的男性比只有高中学历的男性多挣 45％，而拥有学士学位的女性则比只有高中学历的女性多挣 90％。（Bailey 等人，2004）[1]"我们对在获得学术和专业教育的学士学位之间的学生收入差距并没有进一步的调查和研究。"

（四）其他机构

除主流教育（高中、社区学院、四年制大学和学院等）之外的机构，在职业教育与培训体系中发挥着重要作用。在私立职业学校需要两年或更少的时间完成学业的学生，可为其颁发不同类型的学位和毕业证书，但质量问题令人担忧，多数地铁乘客在地铁站的墙上可以看到它们无处不在的广告，虽然它们在中学后教育体系中只占很小的比例。

1992 年高等教育法案推出改革，联邦政府提供了超过 10 亿美元的财政支出援助低收入家庭的学生，使得在这些院校的学生获得财政资助的资格更难，因此它们在国家教育体系中的市场份额也受到了限制。虽然四年制院校的盈利增长一直较为显著，但它仍只占市场的一小部分。尽管它们的学费更高，与普通教育和文科教育相比更加注重职业教育领域，但是这些学院与选择性少的四年制公立大学的处境依然相似。（Bailey，2006）

280

---

① 见脚注 3，表 11.1 中呈现的工资数据和对比之间的关系解释。

	人数（人）	百分比（%）
公立四年制	6649441	38.4
公立两年制	6207618	35.8
私立四年制（非营利）	3296882	19.0
私立四年制（营利）	461230	2.7
私立两年制（非营利）	43836	0.3
私立两年制（营利）	241464	1.4
不授予学位的机构	428991	2.5
总数	17329462	100.0

表 11.2　2003 年秋季高等教育机构招生管理

资料来源：2005 年教育统计月刊，表 168。来自：http：//nces. ed. gov/pro-grams/digesdd05/tables/dt05 168，访问时间：2007 年 7 月 20 日。

(五)学徒制

美国有一个正式的学徒制体系。在这种学徒制下，政府调控确实会影响工资、员工培训和证书的价值，这对建筑行业的冲击最大。联邦政府资助的项目建筑承包商必须支付"标准工资"。传统上，工资被称为工会工资，由建筑工会和雇主协会的集体谈判而定。不同的行业（如木工或电工），如果这些工人加入由联邦学徒培训局（Bureau of Apprenticeship and Training，BAT)认证的学徒计划项目中，那么承包商可以付给工人低于标准的工资。许多州对于由各州财政资助的工程项目也有类似的规定。由于工会的工资相对较高，这奖励了使用学徒的雇主，而事实上，建筑业培训体系一直以来都被认为运行良好就是一个很好的例证。然而，该规定在非工会的地区影响不大，因为非工会工资通常比工会工资低（许多州的法律禁止和限制非工会工人就业）。此外，该规定并不适用于由私人提供资金的建设项目，而大多数住宅是由私人出资建设的。

因此，学徒制，尤其是在工会组织建设上，与欧洲的学徒制有许多相似之处。但作为教育途径，它呈现了一种相对较小，而且处于下滑趋势，在特定时间段，学徒制的人数约为 500 000 人左右并在一定的时期内保持稳定。此外，这些学徒往往是 20 岁，并且他们中的许多人已经拥有大专以上的学历，因此，尽管这种学徒制的培训被认为是高质量的，正式的学徒制仍然不是初始培训的重要组成部分。而且，由于它与工会组织的就业密切相关，只要工会会员数量和影响力持续下降，学徒制不可能变得更加重要。

在 20 世纪 90 年代，联邦决策者试图引进一种体系，该体系与较正式的欧洲就业和培训体系相类似。1994 年，美国国会通过《从学校到工作机会的法案》(School to Work Opportunities Act，STWOA)。很显然，从该法案的立法史和该法案本身的条规来看，它受到很多德国学徒制的启发。而且基于这种欧洲模式，在同一年，美国国会还成立了美国国家技能委员会(National Skill Standards Board，NSSB)。我们将在后面的章节讨论 NSSB。

在大张旗鼓地推行了几年后，由 STWOA 资助的项目并未对国家的教育体系产生太大影响。尽管他们鼓励雇主和学校之间建立联系，并提供了一些针对工作需要的基础教育资金，例如，实习制和学徒制，但这些活动纯属自愿。参与基于工作学习的 STWOA 从来不给学生提供工作特权，因此，欧洲体制的法律和监管特征都存在缺失这一问题。通过五年的发展，STWOA 导向了致命的政策反面，如基于这些不带强制性条款，政府过多地干预个人的职业生涯的选择和雇主的聘用决定。该法案在世纪之交已到期并且没有重新授权。因此，美国教育工作者和决策者也试图朝着一个更为正式的雇主和教育体系联系的监管制度努力，但是大多数努力是失败的，几乎没有太大的效果。

(六)继续教育培训

在教育领域与职业教育和培训相关的部分存在不被认同和评估的问题，因为在许多公司内有非正式和未认证的继续教育部分，同时在一些公共的和非盈利的机构也存在这样的现象。因此，有关继续教育培训的准确和可靠的数据通常难以获得。在询问个人以及在教育机构内外参加继续教育培训的周期性家庭的调查表明，在一定的时间内，越来越多的人参与培训，与在认可的教育机构获得学位或证书不同，这种类型的培训，大部分是在工作场所进行的(Bailey 等人，2004)。

这种类型的教育培训大部分是基于个人目的：个人兴趣(如个人选修投资或摄影)、增强就业技能、晋升或跳槽等。例如，抚养孩子的父母后来重返劳动力市场，可能返回到社区学院学习办公技能，并没有打算获得学位；从事计算机专业的人员可能要选修一门课程来学习新的编程语言或掌握新的操作系统。这些人可以找到教授这些技能的课程的许多公共和私立机构，但培训目的不是为了获得学位。还应当指出的是，与这些类型的目标相同和对学位不感兴趣的学生也可能在某些情况下，学习授予学分或学位的课程。此时，他们只关心课程内容，而不是这些课程能否获得认可的证书。

这种不以获得学分或学位为目的、涉及工作场所进行的教育或培训被称为第二种类型的教育。在大多数情况下，这样的教育培训是针对在职者和成人工作者进行的继续教育培训，他们学习的课程是我们前面已讨论的职前教育中的主要学位课程，而不是替代职前教育。大多数教育机构参与其中，这些机构往往会与公司签订合同，在工作场所制订量身定做的个性化培训。调查表明，超过 20 个雇员的商业机构 30％会选择社区学院作为他们的培训机构之一(Dougherty，2003)。与社区学院签订这种类型的培训合同的通常是大型企业(超过 500 名员工)，以及制造业或金融，保险和房地产业(Dougherty，2003)。

大学也参与继续教育培训，有些还提供专门的技能认证。例如，密歇根州立大学的劳动和工业关系学院为专门处理各种组织赔偿问题的员工或专业人员提供"工人赔偿"资质证书。"工人赔偿"证书主要针对在工作场所的工伤和意外事故，按国家的保险赔偿规定给予赔偿。该证书由劳动和工业关系学院授予而不是由国家正式批准，但该证书的国家声誉肯定了它的价值。

工会是否继续参与继续教育培训取决于行业、职业和劳资双方谈判的优先事项，正式的学徒制度例外。工会作用的日益削弱，国家的法律并没有赋予工会承担继续教育培训的权利。工会仅只能通过劳资双方的谈判影响员工的培训。由于培训不是一个劳资双方强制性的谈判问题，工会参与员工培训的能力取决于劳资双方谈判的优先事项和建立的特定行业或职业规范的标准。由于雇主和工会一般在安全的工作场所和合格的熟练工人两方面利益攸关，谈判协议包括要求员工接受安全培训以及有机会得到主管批准的进一步培训的情况是非常普遍的。许多工会也通过协商规定，安排年度的培训费用金额可以用来支付任何一所社区学院、职业学校或大学的继续教育培训学费。

在其他情况下，工会自身在培训中发挥着更加积极的作用。例如，在汽车行业，美国汽车工人联合会（United Auto Workers，UAW）与通用汽车公司协商的条款之一就是围绕工人的培训问题，按现有的合同规定，"工会将全面参与培训的各个阶段，如培训分析和开发，美国汽车工人联合会代表员工同雇主谈判"（Agreement，2003：277）。工会和公司代表以全国联合技能开发和培训委员会的身份，负责监督和促进在岗和失业工人的培训，该合同还设立了地方联合行动委员会，确保培训在地方一级的开展（Agreement，2003：277－280）。因此，虽然还没有明确的法律规定工会在继续教育培训方面的作用，然而工会通过劳资谈判影响继续教育培训，它们在不同部门和行业中的影响不同。其结果是，美国的继续教育培训往往反映本地公司的具体需求而非国家规范或职业标准。

（七）近期发展

职业教育的性质和特点由大众需要接受的最低教育水平标准左右：20世纪末，决策者、教育工作者和公众普遍认为，每个人都必须至少持有高中学历才能够发挥作为一名公民的作用，才可能过上相对舒适的生活。人们认为高中辍学是一个明显的社会弊病。基于这一观点，一个不含太多学术内容的高中职业学位是可以接受的。

然而，在过去的二十年中，可接受的最低教育水平一直在缓慢上升。越来越多的决策者和教育工作者认为，一些大学需要做到使每个人都有一份工作，其报酬可以足够养家糊口。到目前为止，一些分析家反对"大学就是一切"的观念并未达成一致（Rosenbaum，2001），他们认为很多高中毕业生还是有机会的，只要他们拿到优质的高中学历，职业准备就可以是优质教育的一部分。

不过，社会的共识至少已经转移到可以接受的目标上，每个学生都应该有进入大学的选择权。实际上就是，高中毕业和进入大学的准备不再有区别。从这个角度看，如果高中是为学生进入大学做准备，那么高中职业教育是唯一可以接受的。反过来，这就意味着在高中不能强调专业化，不然在中学阶段所学的学术或通识教育将会被大大削弱，可见对于职业教育的不重视已经非常明显。1983 年，一份有影响力的报告（卓越教育全国委员会）"国家的危机"指出，美国教育已不如其他发达国家，因为高中基础学术课程给职业课程的学习留的空间太少。在最近的美国教育部国家职业教育评估（2004 年）中，作者明确指出，如果高中职业教育也是为学生进入大学做准备的话，那么它才是唯一可以接受的。

　　因此，许多州正致力于建立普遍的高中毕业标准，该标准应与大学入学要求相符合，即使是中职学生也将不得不迎合这些需求。现在职业高中教育越来越多地改变教学计划以确保学生为两年制或者四年制大学及就业做准备。目前通过制订课程计划将高中教学计划与社区学院教学计划直接衔接起来，要么通过课程的计划顺序衔接，要么通过二元录取项目衔接，即高中生在高中阶段在学术和职业课程中获得的学分可以得到大学的认可。

（八）普通教育和职业教育之间区别的弱化

　　在不断变化的环境中，基础教育问题主要集中在既要为学生提供他们工作所需的专业技能，又要传授他们为达到较高教育水平所需的学术技能。这两种发展可能会减轻为工作做准备和为后续教育做准备之间的矛盾。

　　首先，历经几年时间，职业规划者认为，工作的日益变化既需要学术技能，如阅读理解、书面表达、数学科学、社会科学，又需要通用技能，如解决问题的能力，即应对不确定性和不明确性或与他人有效协作的能力。因此，为工作所做的有效准备与为后续教育所做的实际准备之间密切相关。从这个角度来说，与学历教育有直接冲突的狭义上的职业培训类型将不会是为学生提供工作准备的最佳策略。虽然这种说法看似合理，但是在实践中，学术和职业教育的结合依然非常困难。

　　其次，普通教育和职业教育的发展似乎减弱了学术教育和职业教育在教学实践中所关注内容的变化。该课程的倡导者认为，精心设计的、切实可行的方案实际上在学术技能的教学上比传统的抽象学术课程发挥的作用更好。从这个角度来看，在现实世界的背景下，如果学生在实际生活中了解并运用数学知识，而不是作为抽象的公式和概念，他们就会在更深层次上理解数学。然而，尽管这种做法有教育学理论的支持，但至少在高中阶段已经遭遇实际问题，因为基于应用的学术学习比传统的教学方法需要更多的时间，因此可覆盖的学科较少，这给高中使用这种方法增加许多问题。随着越来越多的州使用这种方法，在高中建立全州的高中毕业会考，学生要掌握特定水平的学术知识。高中教师必须确保他们的讲课涵盖所有将在考试中出现的主题。也因此发现，使用更慢的基于应用的策略更加困难，尽管这些策略可能是更深刻的。

　　因此，尽管学术教育和职业教育可能在中学阶段更能被有效整合，而关于整合方法的实际问题以及学生确实需要至少是上大学的理念问题，都把高中教育推向一个更加传统的学术方向。

285

　　与之相似的是，虽然社区学院阶段的职业教育发展势头减弱，但在一定程度上，"大学就是一切"的理念转变成了"一切为了大学学位"的理念。正如我们指出的，社区学院的职业课程历来被认为是终端的课程——也就是为获得副学士学位或证书的学生参加工作做准备。为了最终获得学士学位而转至四年制大学学习的学生首先需要完成主要的学术课程。在职业教育课程中，为了能够提供足够具体的职业准备、能够立即有效地工作、获得副学士学位，在学生的课程表上已经没有多少空间留给需调换的学术课程。

　　经济和教育的发展也在给这个体系施压。首先，正如大家所看到的，学士学位的经济回报非常丰厚，并呈现增长趋势。此外，大部分社区学院学生说他们最终想要获得学士学位（Bailey、Jenkins 和 Leinbach，2005）。与此同时，许多发展最快和最好的高薪职业领域越来越多地与学士学位相连。因此，越来越多的教育工作者和决策者达成共识，接受社区学院职业教育的学生至少可以在未来有转学的选择，并且获得学士学位，即使他们打算或需要在完成副学士学位的学习后立即工作。

　　护理专业是一个很好的专业例子，它有两年制和四年制学位。护理专业是社区学院最成功的专业之一，并且超过一半的新入行的学生都有护理副学士学位（Associate Degrees in Nursing，ADN）。ADNS

适合许多护理岗位，但若想升为护士长或获得各种专门的护理职位就需要学士学位（Bachelor's Degree in Nursing，BSN）。这个理想化的体系可以使护士在获得 AND 之后参加工作，并可以选择继续攻读四年制大学获取 BSN 以满足更高职位的要求。该体系在护理领域运行良好，但在很多职业领域，这种类型的转换非常困难。

另一个问题是，在四年制的专业中读完两年大学之后为立即参加工作所做的准备并不算是最佳选择。因此，四年制的会计或计算机科学专业的前两年的学习涉及许多文科课程，后两年集中在业务或计算机专业的学习，而在社区学院，同样的专业，学生们显然会竭尽全力在头两年完成他们的专业课程。因此，当他们试图转学时，他们的学术课程就很少了，即使他们已经学过了四年制大学的学生在后两年才学的很多实用的课程。

286　　许多大学的发展往往受国家部门对高等教育的调控所影响，它们正在努力克服这些障碍，但许多问题依然存在。正如我们所看到的那样，甚至依据明确的转学设计的课程，转学的几率都相当低。不过，由于在高中阶段，这个层次的教育问题涉及学生为工作而准备和为后续教育而准备之间的矛盾关系。

三、与劳动力市场的联系

职业教育与培训和美国劳动力市场的关系没有其他国家那么正式。与德国不同，美国职业培训认证与企业内部组织的各种类型工作并不是对应的，特定的教育认证和具体的工作或职业之间的相关性不强。在广泛的职业领域，包括银行业、大多数商业领域、办公事务、零售业、制造业和其他领域等，都不要求法定资格证书。

证书

法律的认证要求有两种情况：第一种，专业人士有足够的政治力量来影响政府，建立规定专业准入和限制竞争的要求。第二种，证书作为一种优先方式，其目的是为了保护公共领域，因为在此领域中很难判断产品的服务和质量。这种类型的证书多存在于难以判断质量的服务行业，而职业认证在制造业却不太常见。

在实践中，职业管理和公众要求安全认证的因素有很多重叠之处。保护公众的有关争论往往是行业委员会的委员及他们的代表用来说服国家立法机关制定法律认证要求的手段。

在大多数情况下，这两种因素都倾向于赞成技能较高的工作才能获得资格证书。那些难以理解且对公众安全具有举足轻重影响的职业通常要求更高层次的技能，通常来说，高学历人员具有政治影响力，他们的职业可以和相关法律规定对接。

因此，与职业教育相关的证书比专业教育的更少（正如我们在本文已经明确的）。证书可以成为雇主降低交易成本的有用工具。持有证书的求职者很难获取空岗的工作信息。然而，美国的雇主似乎更多地依靠非正式网络和当地教育机构以获得有关应聘者的信息。此外，与欧洲相比，美国雇佣和解雇员工的成本相对较低，因此使得雇主可以通过反复招聘来寻找适合该项工作的人选，而非单凭一张证书。

建筑类工作需要证书，这类证书是为这些工作被视为职业而准备的。然而，在大多数情况下，这个认证是通过建筑工会的政治影响，控制建筑工人行业的准入。正如我们所指出的，美国的建筑工人通常不得不经历政府的学徒制项目并且通过认证。在很多州，联邦政府和州立法机关要求通过联邦或州政府资助建设，由工会承包商承建。但是，工会组织势力较弱，例如，在南方各州，建筑业工人受制于证书的较少。事实上，在全国各地，住宅建筑常常都是那些技术娴熟的工人建造的，而这些人并没有获得过正式的证书。

被认证的职业教育包括保健业等其他领域，如护理助理和许多技术型职业（如 X 射线技师），社区学院的许多课程是为这些职业员工而开设的。

专业水平的职业认证更为常见，医生、律师、护士、注册会计师及其他更高级的职业需得到他们实习所在地各州的政府认可。在这些职业中形成了一支庞大而又有良好组织的从业人员群体，且在大多数情况下，他们也拥有良好的公众安全理由（注册会计师核实公开上市公司的财务报表）。为获得认证，申请人必须通过评估考试，有时实践经验也要加以审核。在多数情况下，申请人必须持有教育机构认可的学位才有资格参加评估考试。因此，个人必须持有法律学位才能参

287

加律师考试等。

在大多数情况下，雇主并不需要系统的技能标准和技能认证。技能认证的确能为雇主提供信息，但如果当这些成为招聘的必要条件时，雇主(招聘)的灵活性就会降低。此外，由于证书成为员工进入某个职业领域的一种限制(条件)，所以员工的工资很可能会更高。事实上，我们认为必须推动雇主去使用工会或政府规定的证书。

美国认证的弊端已经在历届的全国技能标准委员会上做了明确的阐述。支持者认为美国的劳动预备制度相比欧洲来说，成效甚微。因为年轻人不知道特定的工作需要什么样的技能，所以雇主在筛选应聘者技能高低时遇到了困难。建立委员会旨在使显然混乱无章和毫无管制的美国教育体系更加透明化。委员会创立之前，教育部和劳动部资助的试点项目已经制定了 22 个行业和职业标准，委员会后又制定了 15 大类行业或职业领域的标准，但资金早在十年前便已停止投入。虽然委员会的工作产生了很大的争议，但项目仍继续在零售业和先进的制造业运行，而委员会却无法建立一个以国家为主体的技能标准体系。尽管雇主们参与了委员会和它的工作，建立了一些技能标准和评估体系，但是他们却不能有效地利用这些体系。当然，如果有数量众多的工人达到这些可用的标准，雇主可能会采用这些标准，所以，也许利用率低只是简单反映了其初始的难题。当然有些雇主配合委员会的工作，并给予政治支持；尽管如此，雇主没有集体叫嚣要创造这样一个国家体系，也不要求委员会继续工作。

教育、证书及工作场所之间复杂多变的关系也反映在对信息技术(Information Technology，IT)的发展认证上。20 世纪 90 年代末，由开发特定设备的专门公司(如微软和思科)研发的 IT 证书，其应用增长迅速，并引起了极大关注。获取这些证书只需参加考试，因此，他们似乎割裂了认证和教育机构之间的联系。这些证书为雇主提供了工人的具体的技能信息，似乎是以一个有效的流水线方式来使培训体系系统化，并同实际工作相关联。一些分析师预测，这是一个具有深远意义的教育趋势，将与传统的大学教育体制相竞争（Adelman，2000）。然而，证书的使用随着网络泡沫的破灭而失宠，企业似乎更愿意聘请学习范围更广泛的工作者，而非只持有某种特定证书的员工。(Jacobs 和 Grubb，2006)。认证机制必然是由雇主推动的，但在这种情况下，雇主对体系中最感兴趣的不是工人获取的证书，而是生产设备的制造商对工人进行操作和维修的培训。无论如何，即使在经济繁荣时期，虽然社区学院参与提供认证培训，但这是在职工人寻求提升自我技能的更常见的一条教育途径，而不是为年轻人最初建立的教育途径。也就是说，认证只是继续培训体系的一部分，而不是基础的职业教育体系。

雇主经常与社区学院以及其他机构对职业教育体系的设计和运作密切合作。他们经常担任咨询委员会顾问，帮助设计具体职业领域的课程。事实上，许多辅助课程都是由当前或过去在这个职业领域有实践经验的从业者所教授。然而，难以判断这类校企合作的成效，企业通过这种方式参与到当地的培训机构中，雇主便逐渐了解到毕业生所具备的工作技能，而这种技能是在一个灵活而又伴随着正式的认证体系下所获得的。

289

当然，雇主在雇用员工时会考虑他们的学历和证书。毕竟，副学士和学士学位在劳动力市场上的回报丰厚。然而，那些学位往往是广泛意义上的，并且雇主在雇佣时可采用灵活的方式，经验(或人际关系)等其他因素可能同等重要，甚至比获得的学历证书更为重要。

我们已经描述了美国职业教育与培训体系的特点——较弱的职业监管体系和教育体系、雇主和劳动力市场之间的非正式连接。这个体系与许多欧洲体系在劳动力市场和教育机构之间拥有更强的职业监管和更正式的关系形成对比。如何让这个不太正式的体系正常运作？

在 20 世纪 80 年代末和 90 年代初，改革者和决策者的确相信，该教育体系未能培养出具有国际竞争力的员工队伍。当时，人们普遍认为，美国的大学制度是世界上最好的，这一说法受到了质疑。但是，潜在的经济问题存在于中级的职业体系，而不是高级。日本和德国，教育和工作场所之间的联系更紧密，技能培训分布的中间段，技术水平熟练的工人会获得更好的工作，这就成功形成了先进制造行业的中间骨干力量。德国的学徒制和日本完善的在职培训体系把最新的、复杂的技术扩散到了技能的核心部分。美国的报告强调职业培训质量的下降和私营部门在职工人培训投资水平低，传统的观点认为，美国通过不断创新产生高度熟练的高层次劳动力，但是其他国家，特别是日本和德国，更广泛地依靠中级技能，更擅长应用和发展创新成果（National Center on Education and the Economy，1990）。

美国经济 20 世纪 90 年代的繁荣，再加上日本和德国所经历的经济动荡，冲走了作为美国竞争对手整整十年的焦虑。这一时期出现了职业教育与培训的改革，受到德国教育体系的启发，尤其是 1994 年出台的从学校到工作机会的法案和全国技能标准委员会（成立于 2004 年）的建立，都与经济复苏有关。这些改革在十年中接近尾声时落幕，再没有重演，到 21 世纪初期时悄然结束（Bailey 和 Morest，1998；Neumark，2007）。

然而，21 世纪初期对教育和经济竞争力之间关系的关注再度浮现。伴随 20 世纪 90 年代后期的繁荣衰退，贸易赤字的增长，在较高水平的技术行业，中国、印度和其他亚洲国家作为潜在的竞争对手出现了。与在 20 世纪 90 年代对教育和劳动力的关注相反，其后的焦虑是基于当今其他国家对美国在更高层次的职业结构上的威胁。更进一步，未来的国际竞争力是来自于想象力、创新力和基于高级技能和科技能力的创业活动。如果在 20 世纪 80 年代，多种技能的德国学徒制或持续培训的丰田工人似乎威胁了美国的国际经济地位，那么在新世纪就是印度的软件工程师和中国的企业家。

因此，对教育改革推动经济增长和生产效率的担忧现在集中在高中水平这样一个问题上，也许只有教育才能解决应对新的竞争、高级熟练工人的培养问题。此外，教育国际化的趋势似乎也构成了美国能否提供高级熟练工人的担忧。过去，在美国，拥有大学学历的人口比例居于世界之首，然而，如今其他许多国家正迎头赶上。2004 年，据经济合作与发展组织（OECD）的资料显示：在美国，45—54 岁之间接受"高等教育"的人口比例（约 41％）高于其他任何一个经合组织成员国，但在瑞典、日本、韩国、比利时、挪威、爱尔兰、加拿大这些国家，25—34 岁这一年龄区间内拥有同等教育程度的人数比例已经达到或超过了美国。在这一指数上，澳大利亚、芬兰、西班牙和法国比美国少了三个百分点。所有这些国家受教育程度的增长速度都已快于美国。事实上，在美国，已经完成高等教育的年轻人口的数量（39％）实际上低于45—54岁之间（41%）完成高等教育的人口数量。但是在其他任何一个经合组织成员国，接受高等教育的年轻群体的人数高于老年群体（Organization for Economic Cooperation and Development，2006：表1.3 A）。

除了关注大学毕业生的数量，很多分析师和决策者对美国高等教育的教育内容越来越感到不满。2006年，美国教育部长成立了一个委员会来研究高等教育的未来，得出的结论是，典型美国大学的教育质量令人怀疑。从全国成人识字调查引用的数据来看，委员们认为许多获得学位的学生其实并没有掌握他们所期望的大学毕业生在阅读、写作和思维方面应具备的能力。在过去的十年里，大学毕业生的知识水平实际上在下降（U.S. Department of Education，2006）。但是这些评论没有关注到与劳动力市场的连接方面，而将重点非常明显地归结到了大学在教授基本学术技能方面表现出的无能为力。

291

人口结构的变化加剧了美国高等教育部门的弱化。正如我们指出的，美国的教育仍然极不平等。此外，美国黑人和西班牙裔是人数增长最快的群体，从历史的观点来说，他们一直是受教育水平最低的群体。因此，除非美国可以在长期存在的教育不平等的问题上取得进展，否则它可能难以依靠提高教育水平来满足对日益增长的技术工人的需求（Bailey forthcoming；Kelley，2005）。

四、结论

综上所述，在美国的教育体系中，高中、社区学院、公立和私立的四年制院校是入职前准备阶段中最重要的教育机构。职业教育和专业教育的主要区别在于不同的工作对于教育水平的要求不同。四年制的学位教育是区分线——低于四年制的学位教育被认为是职业教育，至少要求四年制的学位教育被认为是专业教育。

每个机构都提供学术或普通教育，并且为明确的职业或专业做准备。在美国，职业教育和学术教育并非有不同的流向或轨迹，反而是学习顺序中的一个阶段结束的学术指导，要么接受专业教育，要么接受职业教育，以便为某些特定的职业做准备。因此，对于每个层次的教育，学术教育是为那些想在更高层次的教育机构接受教育的学生准备的，而职业和专业教育是为那些不打算继续攻读的学生准备的。每个层次的教育都和收入息息相关——持有学士学位的要比拥有副学士学位的毕业生收入更高，如此等等。然而，在高中和社区学院阶段，如果他们已做好职业准备，不打算接受后续教育也许可以挣得更多。在其他的教育机构中，如以营利为目的院校、非信贷提供者和学徒制，对初始的职业和专业准备来说起很小的作用，虽然它们对在职者或成人工人继续培训能发挥更大的作用。

292　　　　经济和教育改革引发了劳动预备制度的变化，进一步模糊了职业培训和普通教育之间的界限。决策者和教育工作者正致力于在高中和社区学院阶段中发展职业教育，为学生提供或多或少直接和工作有关的培训或为后续教育做准备。然而，在这种综合体系被广泛接受和使用之前，尚有大量工作有待完成。

　　最后，美国教育继续保持着一直以来的特点，即特定职业所要求的资格和具体学位或证书之间较弱的联系。雇主的工作与是否在教育机构担任的非正式的顾问的角色密切相关，但没能推进把正式的法定技能认证作为聘用要求。这样，专业教育水平的认证比职业教育的认证更为常见。然而，美国在努力开发国家技能标准体系、引入更正式更规范的雇主和教育体系之间的连接方面收效甚微。也许法律上要求的认证最有成效，尤其是在服务领域的质量很难判断的情况下，如在职人员和他们的代表们在政治上的优势足以加强对行业准入的限制，当州议员深信技能认证可以保护公众时。

　　因此，美国教育体系能否催生具有国际竞争力的劳动力的能力引起了极大关注，但是改革派们并未注重与劳动力市场的连接形式，这种形式在许多欧洲国家更为典型。这种连接的确是20世纪80年代末和90年代教育改革的重点，但这一改革运动在20世纪90年代末的经济繁荣中便悄然结束。当前教育改革努力的重点放在提高中小学的成效上、为学生进入大学做准备、提高大学生毕业率和减少顽固的种族问题导致的受教育和收入的不平等。教育工作者和决策者也担心美国培养不出受过足够良好教育的科学和工科毕业生，因此需要一个具有更强大的职业法规、雇主和工作场所之间具有更正式的连接关系的职业教育和培训体系，希望这体系将会带来美国劳动力质量的明显改善，但是对于这一点，当下还没有达成共识。

【参考文献】

1. Adelman, C. (2000). *A parallel postsecondary universe: The certification system in information technology*, Washington, DC: U. S. Government Printing Office.

2. Agreement between the UAW and General Motors Corporation, 18 September 2003.

3. Alfonso, M. , Bailey, T. R. and Scott, M. (2005)Educational outcomes of occupational sub—baccalaureate students: Evidence from the 1990s, *Economics of Education Review* 24(2): 197—212.

4. Bailey, T. R. (2006) The response of community colleges to increasing competition and growth of the for—profits, in T. R. Bailey and V. Smith Morest (eds.), *Defending the community college equity agenda*, Baltimore: Johns Hopkins University Press.
——. (forthcoming) Implications of educational inequality in a global economy, in H . Levin and C. Belfield(eds.), *Educational inequality in a global economy*, Washington, DC: The Brookings Institution.

5. Bailey, T. R. , Jenkins, D. and Leinbach, D. T. (2005)Is student success labeled institutional failure? Student goals and graduation rates in the accountability debate at community colleges, CCRC Working Paper No. 1, New York: Columbia University, Teachers College, Community College Research Center.

6. Bailey, T. R. , Kienzl, G. S. and Marcotte, D. (2004)*The return to a sub—baccalaureate education: The effects of schooling, credentials, and program of study on economic outcomes*, Washington, DC: U. S. Department of Education, National Assessment of Vocational Education.

7. Bailey, T. R. and. Morest, V. S. (1998)Preparing youth for employment. in S. Halperin (ed.), *The forgotten half revisited: American youth and young families*, 1988—2008, Washington, DC: American Youth Policy Forum.

8. Bailey, T. R. et. al. (2004)*The characteristics of occupational students in postsecondary education*, CCRC Brief No. 21, New York: Columbia University, Teachers College, Community College Research Center.

9. Dewey, J. (1917) *Democracy and education*, New York: Macmillan Company.

10. Dougherty, K. (2003) The uneven distribution of employee training by community colleges: Description and explanation, *Annals of the American Academy of Social and Political Science* 586: 62—91.

11. Grubb, W. N. (2002)Learning and earning in the middle, Part 1: National studies in pre—baccalaureate education, *Economics of Education Review* 21: 229—231.

12. Jacobs, J. and Grubb, N. (2006) The limits of "training for now": Lessons

from information technology certification, in T. R. Bailey and V. Smith Morest (eds.), *Defending the community college equity agenda*, Baltimore: Johns Hopkins University Press.

13. Jacobson, L. , LaLonde, R. and Sullivan, D. (2005) The impact of community college retraining on older displaced workers: Should we teach old dogs new tricks?, *Industrial and Labor Relations Review* 58(3): 398—415.

294

14. Kelly, P. (2005) As America becomes more diverse: *The impact of state higher education inequality*, Boulder, CO: National Center for Higher Education Management Systems.

15. Mishel, L. , Bernstein, J. and Allegretto, S. (2005) *The state of working America* 2004/2005, Ithaca, NY: ILR/Cornell University Press.

16. National Center on Education and the Economy(1990) *America's choice: High skills or low wages! The report of the Commission on the Skills of the American Workforce*, Washington, DC: National Center on Education and the Economy.

17. National Commission on Excellence in Education(1983) *A nation at risk: An imperative for educational reform*, http: //www. ed. gov/pubs/NatAtRisk/index. html(accessed 15 October 2005).

18. Neumark , D. (2007) Improving school—to—work transitions: Introduction, in D. Neumark (ed.), *Improving school — to — work transitions*, 1 — 23, New York: Russell Sage Foundation.

19. Organisation for Economic Co—operation and Development (2006) *Education and training: Education at a glance*, retrieved from http: //www. Ooecd. org.

20. Rosenbaum, J. E. (2001) *Beyond college for all: Career paths for the forgotten half*, New York: Russell Sage Foundation.

21. Snyder, T. D. and Tan, A. G. (2005) *Digest of education statistics*, 2004 (NCES2006—005), http: //nces. ed. gov/programs/digest/d04/(accessed 15 October 2005).

22. Snyder, T. D. , Tan, A. G. and Hoffman, C. M. (2006) *Digest of education statistics* 2005 (NCES 2006—030), U. S. Department of Education, National Center for Education Statistics, Washington, DC: U. S. Government Printing Office, http: //nces. ed. gov/pubsearch/pubsinfo. asp? pubid = 2006030 (accessed 21 July 2007).

23. U. S. Census Bureau *Current Population Survey* (2006) Annual Social and Economic Supplement, http: //www. census. gov/population/www/socdemo/educ—attn. html (accessed 20 July 2007), Internet release date: 15 March 2007.
——. http: //www. pubdb3. census. gov/macro/032005/perinc/new04 _ 001. HTN (accessed 2005).
——. http: //www. census. gov/population/socdemo/education/taba—3 . xls (accessed 2008).

24. U. S. Department of Education (2006) *A test of leadership: Charting the fu-*

ture of U. S. higher education，Washington，DC：U. S. Government Printing Office.

——．（2003）NELS：88/2000 *Postsecondary education transcript study* (*PETS*：2000)，NCES 2003—402 [Data CD—ROM]，Washington，DC：National Center for Education Statistics.

——．（2004）*National assessment of vocational education：Final report to congress*，Office of the Under Secretary，Policy and Program Studies Service，Washington，DC：Author.

作者介绍

　　托马斯・贝利(Thomas Bailey)　美国哥伦布大学教师学院的经济学和教育学博士,专门研究乔治和艾比奥尼尔。社区大学研究中心和国家高等教育研究中心的创始人和负责人。研究领域集中在社区大学,通过诸如双招生项目和补习项目以促进低收入学生和少数民族学生平等就学。最近发表的著作是与瓦内萨・英瑞斯特(Vanessa Morest)共同编辑的《捍卫社区大学平等日程》(约翰霍普金斯大学出版社,2006年)。

　　彼得・伯格(Peter Berg)　美国密歇根州立大学的劳动和劳资关系学院副教授。发表著作领域广泛,包括工作与生活的弹性政策和实践、高效工作体制、比较就业关系。在世界各国进行研究工作。CRIMT(Centre de recherche inter — universitaire sur la mondialisation et le travail/Interuniversity Research Centre on Globalization and Work 全球化和工作的校际研究中心)的成员。

　　格哈德・博什(Gerhard Bosch)　经济学家,社会学家,德国杜伊斯堡—埃森综合大学教授,工作资格学院的院长(Institute Work and Qualification,IAQ)。发表著作领域广泛,包括比较就业制度、低薪酬、劳资关系和职业教育培训。最近发表的著作包括 2008 年与 G. 博什(G. Bosch)、C. 温科波夫(C. Weinkopf)共同编辑的《德国的低薪酬工作》(纽约:拉塞尔塞奇基金);2005 年与 G. 博什(G. Bosch)、S. 林顿尔夫(S. Lehndorff)共同编辑的《在服务行业工作:不同世界的故事》(伦敦:劳特利奇出版社)。

　　布拉姆・波达贝特(Brahim Boudarbat)　加拿大蒙特利尔大学劳资关系学院的经济学副教授。此前曾担任英国哥伦比亚大学(UBC)博

士后讲师。发表多篇论文,涉及领域包括移民的经济行为、加拿大人力

资本的投资与回报、职业培训、摩洛哥年轻人就业。

吉恩·查尔斯特(Jean Charest)　加拿大蒙特利尔大学劳资关系学院的经济学教授。研究领域和发表著作主要关注劳动力公共政策、劳资关系机构、劳动力培训和工会主义。CRIMT(Centre de recherche inter — universitaire sur la mondialisation et le travail /Interuniversity Research Centre on Globalization and Work 全球化和工作的校际研究中心)的研究者,在那里,他配合完成了公共政策研究。

理查德·库尼(Richard Cooney)　澳大利亚莫纳什大学管理系老师,也是莫纳什大学教育培训经济学 ACER 中心研究人员,研究领域包括工作制度设计、团队合作、雇员培训、技能形成与可雇佣性。最近在编辑关于工会参与工场培训的书籍,并且负责召开国际培训、可雇佣性和雇佣研究会议。

皮尔·科特(Pia Cort)　丹麦奥胡斯大学丹麦教育学院博士研究生。研究领域和发表著作主要集中于职业教育培训、教育政策和欧洲一体化。博士论文论述欧盟职业教育培训政策的形成。

乌苏拉·克瑞托夫(Ursule Critoph)　经济学硕士,在加拿大阿萨巴斯卡大学教授社会学和政治经济学,综合学习艺术大师。多伦多大学安大略教育学院的在职博士研究生。研究领域主要集中于女性如何获得公费培训和就业支持,尤其关注女性因等级、种族和少数民族被边缘化的问题。

阿那夫·阿提加·加西亚(Arnulfo Arteaga García)　墨西哥伊斯

塔帕拉帕市自治大学社会学家、教授和研究人员。学术研究小组：生产模式和劳动研究的协调员。教学科研和发表著作集中于社会学、工会主义、工作制度、劳动能力和培训、工作与公民地位。CRIMT（Centre de recherche inter — universitaire sur la mondialisation et le travail/Interuniversity Research Centre on Globalization and Work 全球化和工作的校际研究中心）。

曼迪·拉赫洛(Mehdi Lahlou)　摩洛哥国家数据和应用经济学研究所的经济学家、社会人口统计学家和教授（INSEA，拉巴特，摩洛哥）。发表著作领域广泛，包括教育和就业、职业培训与劳动市场、马格里布地区。过去十年发表了多项研究报告，领域涉及国际移民，尤其是来自非洲的非法移民。主持大量相关问题提案，获得来自 ILO、EU 和 UNDP 的支持。

297

李秉熙(Byung — Hee Lee)　韩国劳动学院的经济学家和高级讲师。研究领域主要集中于学校到工作的转换衔接、职业培训和劳动市场政策。目前研究领域包括非正规就业、工作贫困和激化政策。

罗伯托·弗洛雷斯·利马(Roberto Flores Lima)　1976 年到 1999 年期间担任墨西哥政府各要职，包括就业局长，专门负责国家就业服务、整体质量和现代化项目。自从 1999 年以来，一直担任美洲开放银行和世界银行的顾问，负责 35 个劳动市场项目。获得墨西哥国立自立大学的经济学本科学位和研究生学位。

迈克尔·朗(Michael Long)　劳动市场经济学家，澳大利亚莫纳什大学教育培训经济学 ACER 中心（CEET）的高级研究员。过去三十年负责多项教育研究咨询,主要包括澳大利亚政府部门和机构、非营利组织、商业机构和国际机构。

菲利普·麦伯特(Philippe Méhaut) 法国艾克斯(LEST)劳动经济和工业社会学研究所的经济学家和高级研究员。主要从比较视角研究劳动市场、公共政策和职业培训。

海伦·瑞恩博德(Helen Rainbird) 英国伯明翰商业学院的人力资源管理主席。在结合劳资关系和职业培训方面有相关研究著作,尤其对低薪酬工人和工场学习中工会作用颇有研究。发表著作七部,包括《培训因素:工会和工业重组》(布莱克威尔出版社,1990);《工场培训:以批判角度审视边工作边学习》(麦克米伦编辑,2000);《工场学习》(帕尔格雷夫和麦克米伦共同编辑,2004)。

塞尔吉奥·塞拉·罗梅罗(Sergio Sierra Rotnero) 经济学家,专门研究劳动经济学和评估社会项目。为摩洛哥政府工作,研究劳动力,进行调查,制定积极的劳动市场政策,政府就业服务,职业培训项目和公共财政。作为私人顾问,还提供成本效益分析,社会项目的影响评估和区域研究。在就业和职业培训领域发表论文。

298

苏桑娜·威伯格(Susanne Wiborg) 英国伦敦大学教学学院比较教育学的高级讲师。专门研究北欧地区教育比较历史和教育政治学。目前正在研究欧洲教育的总体发展,2008年由帕尔格雷夫出版社发表《教育和社会一体化》一书。

金荷允(Jin Ho Yoon) 韩国仁川仁荷大学的经济学家和教授。早期研究领域集中分析韩国劳动市场。近来发表著作包括：2008 年发表的《韩国的低薪酬就业：现状与政策选择》；《首尔：韩国工会同盟》；2003 年和 B. G. 康共同发表的《制造混乱：建筑行业违规的国际比较》(G. Bosch 和 P. Philips 主编) 以及在伦敦和纽约劳特利奇出版社发表题为"韩国建筑行业改变的动力：规定与违规"的文章。

索　引

A

B

C

N

O

P

V

W

Y

后　记

　　本书系云南大学职业与继续教育学院"成人教育与职业技术教育前沿理论原著译丛"中的一册,由云南大学职业与继续教育学院成人教育学、职业技术教育学专项课题研究基金资助。近年来,我国成人教育和职业技术教育取得了辉煌的成就,但同时,在快速发展的过程中也逐渐暴露出一些亟待解决的问题。意识到职业教育以及职业培训(以下简称 VT)对国家社会和经济的重要性,1996 年,中国颁布了《中华人民共和国职业技术教育法》,经过多年的实践,中国的 VT 在为劳动力市场技能提供、在职技能提高、减少社会就业不平等、促进国家经济发展方面取得了不少成绩。多年来,中国的职业教育工作者也随着 VT 实践的展开而进行了不少与之关联的研究,在研究中国的情况时也渴望看到其他国家 VT 的结构、发展,以及与国家社会、经济问题的关系、解决的办法等。基于此类迫切的需求,我们翻译了此书。

　　本书的研究样本涉猎较广,包括了经合组织国家的总体研究和多个国家的个别研究;数据和引用可靠翔实,数据来源于各国各类权威统计资料,引用文章众多;另外,研究还具有时间的跨度和问题的深度的特点,追溯了随着国家经济发展而变化的 VT 改革,研究包括了与普通教育的关系、与劳动力市场的联系、与国家发展需求的匹配、各方参与的方式、对社会公平的促进程度等。本书特别适合职业教育专业的学生以及职业教育行业的管理者、教学研究人员阅读。

　　本书共分为十一章,第一章为总体研究,其余十章分别研究了澳大利亚、加拿大等十个国家的具体情况。本书由翻译课题组齐心协力共同完成,课题组成员投入了大量的时间和精力,查阅文献、咬文嚼字、字斟句酌,力求表达作者原意,历时 3 年,终成此书。本书的翻译者按章顺序为:刘颖执笔第一、四、九章,马勇执笔第二、十一章,赵兴碧执笔第三、七、八章,魏娜执笔第五、六、十章,最后由马勇、赵兴碧完成全书统稿。

　　在本书即将付梓之际，还要感谢张辉、张洁颖、乔楠、刘冰、李茂春对此书翻译作出的校对工作，感谢北京师范大学出版社易新编审为本书出版花费的心血。

　　由于译者水平有限，难免存在错误，敬请读者不吝指正。

译者

2015-03-15